高等职业教育物业管理专业系列教材
GAODENG ZHIYE JIAOYU
WUYE GUANLI ZHUANYE XILIE JIAOCAI

物业管理公共关系

（第2版）

WUYE GUANLI
GONGGONG GUANXI

主编/陈 瑛　　副主编/赵华明　艾建勇　　主审/林升乐

重庆大学出版社

• 内容提要 •

本书是高等职业教育物业管理专业系列教材之一。它系统论述了物业管理公共关系基本理论、基本方法和应用技巧。主要内容分为物业管理公共关系的产生、研究对象、研究方法;物业管理组织面临的各种内外关系及不同类型的物业管理公共关系;物业管理公共关系程序;物业管理公共关系具体实务和方法;物业管理公共关系工作机构和人员等5大部分。

本书体现了理论、案例、实务相结合的特点,具有较强的针对性、实用性和可操作性,可作为普通高等院校物业管理专业和房地产专业的教材,也可作为物业管理、房地产企业员工的培训教材。

图书在版编目(CIP)数据

物业管理公共关系/陈瑛主编.—2版.—重庆:重庆大学出版社,2007.10(2022.1重印)
(高等职业教育物业管理专业系列教材)
ISBN 978-7-5624-3326-2

Ⅰ.物… Ⅱ.陈… Ⅲ.物业管理—公共关系学—高等学校:技术学校—教材 Ⅳ.F293.33 C912.3

中国版本图书馆CIP数据核字(2007)第136679号

高等职业教育物业管理专业系列教材
物业管理公共关系
(第二版)
主 编 陈 瑛
责任编辑:林青山 李文杰 版式设计:林青山
责任校对:邹 忌 责任印制:赵 晟
*
重庆大学出版社出版发行
出版人:饶帮华
社址:重庆市沙坪坝区大学城西路21号
邮编:401331
电话:(023) 88617190 88617185(中小学)
传真:(023) 88617186 88617166
网址:http://www.cqup.com.cn
邮箱:fxk@cqup.com.cn(营销中心)
全国新华书店经销
POD:重庆新生代彩印技术有限公司
*
开本:787mm×1092mm 1/16 印张:15 字数:374千
2007年10月第2版 2022年1月第12次印刷
ISBN 978-7-5624-3326-2 定价:39.00元

编委会名单

特别鸣谢（排名不分先后）：
上海市房地产科学研究院
重庆经济技术开发区物业发展有限公司
重庆华宇物业管理有限公司
重庆新龙湖物业管理有限公司
重庆华新锦绣山庄网络物业服务有限公司
重庆大正物业管理有限公司
重庆科技学院
三峡联合职业大学物业管理学院
成都航空职业技术学院
四川建筑职业技术学院
昆明冶金高等专科学校
成都电子机械高等专科学校
黑龙江建筑职业技术学院
重庆城市管理职业学院
湖北黄冈职业技术学院
武汉职业技术学院
贵州大学职业技术学院
广东建设职业技术学院
广东白云职业技术学院
福建工程学院
重庆市物业管理协会
解放军后勤工程学院
重庆教育学院
重庆邮电学院
重庆大学城市学院
西安物业管理专修学院
四川外语学院南方翻译学院
西南大学
宁波高等专科学校
成都大学
成都市房产管理局物业管理处

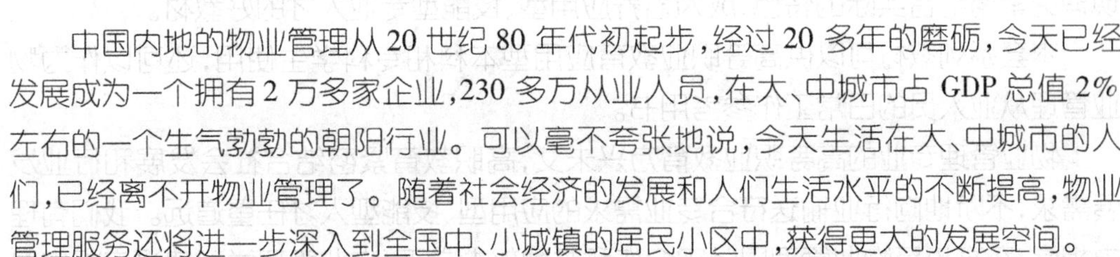

序

中国内地的物业管理从20世纪80年代初起步，经过20多年的磨砺，今天已经发展成为一个拥有2万多家企业，230多万从业人员，在大、中城市占GDP总值2%左右的一个生气勃勃的朝阳行业。可以毫不夸张地说，今天生活在大、中城市的人们，已经离不开物业管理了。随着社会经济的发展和人们生活水平的不断提高，物业管理服务还将进一步深入到全国中、小城镇的居民小区中，获得更大的发展空间。

行业的发展引发对物业管理专门人才的强烈需求。以培养人才为己任的高等院校，尤其是高等职业院校，用极大的热情关注着物业管理这一新兴行业的发展，纷纷开设物业管理专业。20世纪90年代中期，广州、深圳、重庆等地建立了物业管理专门学院，争先为物业管理行业培养和输送各类应用型人才，在一定程度上缓解了物业管理专业人才匮乏的矛盾。许多教育工作者、理论工作者和实务工作者，在百忙之中编写出版了物业管理专业高等和中等教育的多种教材和专著，一定程度上满足了物业管理专业教育的急需。

由于物业管理专业在我国尚处于起步发展阶段，对物业管理的经验总结和理论研究虽有一定进展，但尚未形成完善的物业管理学科体系。各类物业管理专业基础课、专业课的教学大纲正在制定，物业管理的相关政策法规陆续出台。在新的形势下，编写出版一套“高等职业教育物业管理专业系列教材”，以适应物业管理专业教育迅速发展和不断提高的需要，是十分必要和紧迫的。重庆大学出版社在广泛深入调研的基础上，邀请国内物业管理界和20多所高等院校的专家、学者和部分知名物业管理企业“双师型”职业经理组成编委会，由上海房地产科学研究院副院长王青兰博士任主任，重庆经济技术开发区物业发展有限公司副总经理、重庆华宇物业管理有限公司总经理、各高校教授、专家任副主任和编委。经反复研究，决定在2004年秋季陆续推出一套理论够用、突出应用、定位准确、体例新颖、可操作性强的“高等职业教育物业管理专业系列教材”。

本套系列教材的框架体系，教材与教材之间的相关性、独立性及衔接性，每本教材的编写大纲、知识点的提出，实例和案例的选择，思考题和习题设置，均由任课教师和物业管理界的专家、实务工作者共同研究确定，并由企业界专家负责审稿。旨在使学生通过本套教材的学习，既掌握物业管理专业的基础理论和专业知识，又熟悉物业管理企业各主要工作部门实际操作的标准程序与技能，真正成为应用型、技能型的专业人才。

来自教育界、理论界、实务界的编委、主编、参编、主审，按照教育部《关于以就业为导向深化高等职业教育改革的若干意见》提出的“高等职业教育应以服务为宗旨，以就业为导向，走产学研结合的发展道路”的精神，结合自己熟悉的领域，承担相关任务，实现了优势互补，确保教材质量。期盼这一良好的开端，能使本套教材充分凸现理论紧密结合实际的特色，成为培养应用型、技能型专业人才的好教材。

本套系列教材可以供高等职业教育应用型本科和专科学生使用，还可以作为物业管理从业人员的日常工作参考用书。

物业管理专业的高等职业教育方兴未艾，高职教育紧密结合社会发展和行业发展需求，不断地向行业输送符合专业需求的应用型、技能型人才任重道远。我们有理由相信，在高校与物业管理界紧密合作和共同努力之下，物业管理学科建设定将取得丰硕成果和明显进步，使我们的高等教育更好地为物业管理行业提供优质的人才资源。

让我们一路同行，共创物业管理的美好明天！

编委会

2004 年 8 月

改版前言

我国的物业管理属于新兴行业，随着物业管理法规的进一步完善，加之人们对居住、办公等物业管理的要求越来越高，公共关系在物业管理活动中的重要性和地位不断上升。物业管理组织，只有树立先进的公共关系理念，塑造具有品牌效应的企业形象，不断提高物业管理公共关系的整体工作能力，才能在更加激烈的市场竞争中促进物业管理事业的健康发展。

本书第1版自2005年出版以来，受到广大师生和物业管理从业人员的欢迎。在本次改编过程中，遵循实用和便于学生掌握的原则，在书中贯穿大量的示例。将学生应掌握的知识点用通俗易懂的示例加以分析、总结并提出问题，增强该书的可读性、实用性和操作性，使学生学以致用。同时，紧扣本书的学习要点安排相应的复习思考题与案例分析题，以增强学生的实际操作能力。

本书编写中力求突出以下特色：1. 理论问题的阐述大多围绕示例展开，不枯燥乏味，增加趣味性；2. 在每一章前补充了[学习目标]，加强对学生学习的指导；3. 在每一章前引入[案例导入]，帮助学生理解每章的内容；4. 每一章后均有复习思考题与案例分析题，以强化学生所学的知识；5. 为帮助学生更好的理解、掌握全书的内容，本书提供电子课件、综合练习题，在重庆大学出版社网络资源上，供读者免费下载。

本书由陈瑛（昆明冶金高等专科学校）负责内容结构设计并最终修改定稿。具体分工为：李海艳（贵州大学职业技术学院）编写第1章；艾建勇（昆明冶金高等专科学校）编写第2、8章；张然（湖北职业技术学院）编写第3、4章；赵华明（昆明冶金高等专科学校）编写第5章；牛东霞（四川建筑职业技术学院）编写第6、11章；袁玫（重庆教育学院）编写第7、9章；陈瑛（昆明冶金高等专科学校）编写第10章。

本书可作为普通高等院校、高职高专院校物业管理专业、房地产专业的教学用书，也可作为物业管理企业、房地产企业对员工的培训教材和上述企业经营管理人员的学习读物。

在改编本书的过程中，参考了大量的资料。从公开发表的书籍、报刊、网站上选用了一定的案例，在此对这些著作者一并表示感谢。

由于编者水平有限，书中难免有不足与疏漏之处，敬请广大读者批评指正。

编　者

2007 年 7 月

目 录

第1章 物业管理公共关系概述

【学习目标】

1. 了解物业管理公共关系的历史演进；

2. 理解物业管理公共关系的定义、特征；

3. 掌握物业管理公共关系的基本原则和基本职能。

【案例导入】

最近,有关机构对北京人渴望什么样的社区规划及物业管理进行了一次调查,被调查者中,有38.1%的人认为可承受的最高物管费为2元/(m^2·月),希望得到的物管服务则包括24小时保安、定点班车、接送孩子……可见北京人对物管企业的要求不低。此外,建设部规定,从2000年开始物管企业实行资质等级评定,物管项目实行公开招投标制。于是,"今年的市场不好做"便成了物业公司老总们挂在嘴边的一句"流行语"。统计数据显示,北京市目前共有物管企业904家,其中专营公司777家,兼营公司127家;内资企业831家,涉外企业73家。在"不好做"的情况下,北京物管市场竞争会呈何种态势?各家物管企业如何使自己的服务被业主认可?物业管理公共关系又该如何?(资料来源:http://www.cpmu.com.cn/)

1.1 物业管理公共关系历史演进

1.1.1 物业管理公共关系溯源

传统意义上的"物业管理"起源于19世纪60年代的英国。当时英国工业正处于一个发展的高涨阶段,劳动力需求很大。随着大量农村人口的涌入,城市原有各方面的房屋及设施已远远满足不了人口增长的需要,房屋的空前紧张已成为一大社会问题。一些开发商相继修建了一批简易住宅，以低廉租金租给贫民和工人家庭居住。由于住宅设施极为简陋，环境条件又脏又差，租房人拖欠租金严重，人为破坏房屋设施的情况时有发生，严重影响了业主的经济收益。当时有一位名叫奥克托维娅·希尔(Octavia Hill)的女性住宅业主，率先为其出租的住宅制订了一套别开生面的管理办法，而且出人意料地取得了成功。这不仅有效地改善了居住环境，而且还使业主与使用人的关系由原来的对立变得友善起来，首开物业管理之先河。

经过140多年的发展，这种管理模式日益被业主和政府有关部门所重视，被普遍推广于世界各国，并不断发展成熟。除了传统意义上的楼宇维修、养护、清洁、安保外，物业管理的内容已延展至工程咨询和监理、物业功能布局和划分、市场行情调研和预测、目标客户群认定、物业租售推广代理、通讯及旅行安排、智能系统化服务、专门性社会保障服务等全方位服务。

随着物业管理业的蓬勃发展，公共关系理论在物业管理的实际操作中得到了具体运用，物业管理公共关系就应运而生了。物业管理公共关系作为现代化城市管理和房地产经营管理的重要组成部分，在国际上十分流行并获得了蓬勃发展，物业管理公共关系机构已经成为市场化、企业化、社会化和专业化管理的一个新型的服务部门，被视为现代化城市的朝阳产业。

1.1.2 我国物业管理公共关系的产生与发展

了解我国物业管理公共关系的产生与发展，还得先从我国物业管理说起。我国物业管理起步较晚，作为房地产业的一个分支，我国的物业管理几经沉浮，大体经历了起步、休眠、复苏与发展3个时期。

1)起步

从19世纪中叶到20世纪20年代，是我国房地产业萌芽和初步发展的时期。20世纪20年代初到抗战前夕，我国房地产业开始进入蓬勃发展阶段。作为其标志的是，这一时期在上海、天津、武汉、广州、沈阳、哈尔滨等城市陆续建起了许多八九层高的高层建筑和民宅。特别是上海，出现了28座10层以上的高层建筑，其中最高的24层，还建造了许多风格迥异的民宅。例如，外滩的建筑群，繁华的南京路和淮海路商业街，幽静的西区住宅群，各种类型的石库门建筑等，形成了有“万国建筑博览”之称的上海市容特色。当时的房地产市场上，已经出现了代理租房、清洁卫生、住宅装修、服务管理等经营性的专业公司。这些物业管理公司的管理形式与现代化的物业管理公司的服务形式颇多相似，它们与房地产开发和销售一起，共同繁荣了上海房地产市场，并为以后物业管理的发展准备了初步条件。

2)休眠

1949年新中国成立后，城市土地收为国有，实行无偿划拨使用，房产绝大部分转为公有制,住宅基本上由政府包下来建设,房屋作为福利分配。房地产管理由政府设立的管理机构统一管理,政企事合一。房地产这一生产、生活要素不作为商品进入流通领域,房地产经营活动停止了,物业管理也随着房地产市场进入“休眠”状态而悄然无声。

3) 复苏与发展

进入 20 世纪 80 年代以后,我国城市建设事业迅速发展。在改革开放浪潮的推动和社会主义市场经济理论指导下,城市土地逐步从无偿划拨变为有偿使用,住房从福利分配向商品化转变,房屋管理由政府派出机构实行行政管理向企业经营性管理转变。特别是进入 20 世纪 90 年代后,物业管理公司纷纷成立,房管所也都挂起了物业管理公司的牌子,物业管理业得到了较快的发展,显露出蓬勃发展的生机。

随着房地产综合开发的崛起和房地产管理体制的改革加快,深圳、广州的物业管理借鉴香港经验,大胆探索、不断发展,并像春风一样由南往北吹,使我国长期沉睡的房地产业及其分支——物业管理业迅速复苏。

随着物业管理业的迅速复苏,公共关系在物业管理中的重要性也日益明显。公共关系 20 世纪 50 年代传入我国台湾、香港地区。到了 20 世纪 80 年代,香港地区的公共关系已经发展到较高水平,公共关系公司已达 20 多家,所有的大型餐饮业和新闻传播机构以及大中型工商企业几乎都设置有公共关系部。作为物业管理主体的物业管理公司,为更好地开展工作,在业主、政府主管部门、新闻媒介、社区等公众面前树立良好的组织形象,就有必要遵循公共关系的基本原则和基本职能,掌握公共关系的工作程序和技巧,以优质、全方位的服务赢得各类公众的好评。

1.2 物业管理公共关系的定义及特征

1.2.1 物业管理公共关系的定义

物业管理是指物业管理公司,依照合同,对各种房屋建筑物和附属设施以经营方式进行管理,并向业主或住户提供多方面综合服务,以实现社会、环境、经济效益。物业管理内容归纳起来分为 5 大管理,即:治安消防管理、房屋及共用设施管理、绿化管理、环境卫生管理和车辆交通管理;3 类服务,即:常规性服务(合同服务,包括日常维修保养、治安保洁、确保业主或使用人遵守房屋管理法规和物业管理公约、管理费征收及使用、其他特色服务等)、委托性服务(非合同零星委托)和经营性服务(娱乐、商业等服务)。

“公共关系”一词来自英语 Public Relations,缩写为 PR。按英语词汇直译应为

"公众关系",但"公共关系"这一名称已普遍被接受并广为流传,其汉语简称"公关"。公共关系是社会组织运用传播手段实现与相关公众之间的双向交流,使双方达到相互了解、相互适应和相互信任的一种管理活动。

为此,借鉴国内外众多学者对物业管理和公共关系的认识,结合我国物业管理以及公共关系的实践活动,我们认为:物业管理公共关系是物业管理公司运用传播手段实现与业主、房地产开发商、政府、媒介等相关公众之间的双向交流,使双方达到相互了解、相互适应和相互信任的一种管理活动。

1.2.2 物业管理公共关系的特征

从物业管理公共关系的定义可以了解物业管理公共关系的基本特征,具体可概括为以下4点:

1)物业管理公共关系是一种"公众关系"

物业管理公共关系是物业管理公司与相关公众的相互关系,即是一种群体之间的社会关系,而不是个人与个人的私人关系。物业管理公共关系的双方,一方是物业管理公司,另一方是与它相关的公众。

(1)物业管理公共关系的行为主体是物业管理公司　物业管理公共关系是一种组织的关系、组织的活动、组织的职能。而组织是一个特定的社会群体组合,它大到一个国家或一个国际机构,小到一个单位或一个部门。它可以发起和从事物业管理公共关系活动,是物业管理公共关系活动的具体实施者,即物业管理公共关系行为主体。

(2)物业管理公共关系的对象是相关公众　物业管理公司的公共关系活动对象是与组织相关的公众,即影响和制约着组织的生存和发展,物业管理公司必须与之保持良好沟通的个人、群体和组织的总和。物业管理公司开展的一切公共关系活动,都是针对公众的,不是针对公众的活动就不能称为公共关系活动。"公众"构成物业管理公司的一种特定环境,任何物业管理公司的发展和成功都有赖于良好的公众环境,都需要得到公众和舆论的认可与支持。

2)物业管理公共关系是一种传播活动

物业管理公共关系是通过传播媒介的信息沟通而建立起来的,因此,物业管理公共关系过程很大程度上就是信息传播的过程。物业管理公共关系活动是通过信息交流,在公众中进行感情交流或感情传播,从而影响公众的态度,达到关系和谐、信誉增强,而谋求与公众的相互了解、信赖、支持与合作。这是物业管理公共关系有别于其他活动的显著特征。

3）物业管理公共关系具有管理职能

物业管理公共关系作为一种科学的管理方法，在许多环节上显示出它的管理职能。它可使物业管理公司感知和预见外部环境的变化，使物业管理公司与外部环境的变化达成自动均衡。它可协调物业管理公司内部决策者与其他职能部门和员工之间的关系，使之同步运转、和谐合作，创造一种内求团结、外求发展的积极氛围。它还尽可能准确及时地向物业管理公司的决策者提供关于公众的信息，并在此基础上提出自己的分析意见，以便组织能及时对公众的变化做出反应，也就是为物业管理公司的经营决策提供咨询建议，从而参与管理的过程。所有这些都是它的管理职能的具体表现。

4）物业管理公共关系以树立良好的公司形象为目标

在公众中树立良好的公司形象是物业管理公共关系活动的出发点，也是物业管理公共关系追求的目标。但公司形象不是由公司自己主观认定的，而是由公众来认可和评价的。因此，只有以真诚为信条，通过自己的行为来取信于公众。

另外，公司形象塑造也不是一蹴而就的，而是通过长期的不懈努力才能实现的。当然，物业管理公司形象塑造离不开传播沟通手段，物业管理公司与公众建立和保持良好的沟通，从而赢得公众的了解、理解、信任和支持，这既是物业管理公司塑造良好形象的前提和过程，又是物业管理公司具有良好形象的标志和结果。物业管理公共关系的传播活动区别于其他传播活动的特征之一就是以塑造公司形象为目标。

以上几个方面综合地、立体地构成了物业管理公共关系的基本特征，对这些基本特征的了解与把握，将有助于深化对物业管理公共关系含义的认识。

1.3 物业管理公共关系的基本原则与基本职能

物业管理公共关系在我国是一种新兴的学科，正处于发展、完善和逐渐成熟的阶段。因此，要有相应的基本原则来指导理论研究、规范实践活动、制约物业管理公关人员行为，这也是实现物业管理公共关系各种基本职能的重要前提。

1.3.1 物业管理公共关系的基本原则

物业管理公共关系的基本原则是指对物业管理公共关系具有宏观指导意义的原则。它是物业管理公共关系的具体工作原则和职业原则的基本精神，其具体表现为4个方面：

1) 真实诚信原则

一切物业管理公共关系活动的成败都要以真实诚信为基础,真实诚信原则是物业管理公共关系总原则的核心。真实与诚信是并存的,没有真实便没有诚信,是真实创造了诚信。物业管理公司领导集团要把培养树立信誉观念,作为公司自身建设的一件大事来抓,要让公司内每一个成员都明白,信誉来自于自身的思想和行为。信誉不仅是一种道德规范,也是一种具有修养的文明行为。真实诚信的原则要求物业管理公司做到以事实为基础,以信誉为目标,尊重客观事实,具体要求如下:

(1)塑造物业管理公司的社会形象必须依靠事实　物业管理公共关系是建立信誉、塑造形象的艺术,但形象不能"制造",只能"塑造"。这种塑造的材料就是事实。公共关系专家认为,公共关系百分之九十要靠公司本身具有过硬的事实,只有百分之十来自宣传技巧。

如果一个没有任何值得称道的事实作基础,甚至以不实的事实为依据,良好的公司形象是不可能塑造出来的。如果以虚假的信息欺骗公众,那只能瞒过一时一地,一旦被公众识破,组织就失信于公众,不仅公司形象受到损害,也给今后开展物业管理公共关系工作造成极大的困难。

(2)物业管理公共关系的计划制订必须依据事实　制订物业管理公共关系计划的第一步是进行调查研究,收集各种信息,如物业管理公司的内部情况、物业管理公司外部公众的构成、外部公众对物业管理公司本身及其物业管理公共关系活动的态度等。只有掌握了足够的事实,才有可能制订出切实可行的物业管理公共关系计划。

(3)物业管理公共关系的信息传递必须尊重事实　信息传递的生命在于真实可信。不论向内输入信息,还是向外输出信息,都必须坚持实事求是,绝不能有任何虚假。首先,物业管理公共关系人员必须向物业管理公司输入真实、客观、全面的信息。信息是决策的依据,是搞好物业管理公司管理的前提,如果传递信息失真,就会造成物业管理公司对面临的形势做出错误判断,导致决策失误。其次,物业管理公共关系人员要如实地输出信息,向公众报告公司本身的实际情况。

2) 平等互利原则

无论是作为物业管理公共关系主体的物业管理公司,还是作为物业管理公共关系客体的公众,一旦进入物业管理公共关系的实践环境,都希望得到对方的尊重与信任,并具有强烈的平等意识;同时,也都希望在平等的交往中满足自己的需要,并具有明确的互利意识。因此,平等互利是所有物业管理公共关系实践活动都必须遵循的原则。

(1)尊重对方,处事公正　尊重对方,这是保持关系各方平等地位的一种积极行为,它包括尊重对方的尊严、权利、感情、需要、意见等。当然,尊重并不是"服从"对方或者让对方"服从"自己，而是双方互敬的一种形式。希望得到对方的尊重，首先要尊重对方，更要自尊自重。

处事公正，这是物业管理公共关系平等意识的行为体现。物业管理公司在处理与公众的关系时，无论对方社会地位如何，都应一视同仁，平等相待，要坚持在客观事实基础上，把"一碗水端平"，这就是处事公正。没有公正，就没有平等。

(2)互惠互利，共同发展　互惠互利，共同发展是指在物业管理公共关系活动中，既使本公司受惠，也使对方得利。通俗地讲就是"利己"与"利他"的统一。既要对公司负责，又要对公众负责，只有对公众负责，才能最终对公司负责。因此，互惠互利、共同发展是处理物业管理公司与公众关系的行为准则。

物业管理公司在积极主动地开展有偿的、全方位的服务的同时也为居民创造了良好的生活环境。物业管理公司从开展多种经营中，提取一部分资金以解决小区管理经费的不足，走"取之于民、用之于民"、"以区养区"的道路，使住宅小区的管理经费有固定的来源，并形成良性循环。只要是用户需要的事，公司就要去做，就应去做，并应做好。比如，为防止在小区内乱停放车辆，可修建专门的收费停车场，昼夜服务；为方便居民可成立搬家公司、"便民服务社"之类的组织，为居民有偿搬家、送液化气罐、打扫卫生等。

因此，物业管理公司在公共关系活动过程中，必须强调与公众之间利益的平衡协调，既要实现本公司目标，又要让公众得益，只有这样才能长久合作。

3)服务社会原则

物业管理公司只有把自身目标与服务社会结合起来，才能长期立于不败之地。为此，要做好以下几点：

(1)注重社会效益　物业管理公司是整个社会的一个组成部分，公司的经营管理活动不仅给本身带来效益，同时也将对社会产生积极的或消极的影响。它的经营管理活动不仅为社会生产出各种产品、提供各种服务，而且给社会经济、环境和精神文明等带来不同程度的影响。

物业管理公司在发展过程中应注重"三效益"，即社会效益、环境效益、经济效益。社会效益在于通过对治安、交通、维修、卫生、绿化、社区文化等多功能的服务管理，解决居民对生活、生产、教育、娱乐等方面的要求，从而促进小区在社会生活中的积极作用，利于发展和睦的家庭关系，处理人际关系，特别是邻里关系；环境效益主要是指小区内的绿化、雕塑、活动空间、治安与居民交往的和谐协调，与城市大环境的融洽等。我们只有在环境效益和社会效益上下功夫，使综合管理水平上去，使优质服务达到标准，那么经济效益也会自然而然提高。良好的物业管理能创造出一个整洁、舒适、安全、优雅的生活环境，住户居住方便、舒服，能满足日益增长的物质和文化生活的需要，大家愿意购买这样的住房，也愿意缴纳管理费等，这对物业管理公司来讲则提高了经济效益。同样从另外一个角度来看，即管理好、维护好房屋、楼宇及各种配套设施，延长其使用寿命，充分利用它的居住价值，使国家和个人少投资，这也是一种经济效益。

片面追求经济效益而忽视环境、社会效益是错误的;反之不讲经济效益也是不对的;“三效益”是相互影响、相互制约共同组成一个有机的整体,是物业管理行业所追求的目标,也是国家所要求的。所以应强调“讲究环境效益、追求社会效益、提高经济效益”的3种效益并重的原则。

[示例1] 日本鹿耳岛首屈一指的观光饭店旁有座光秃秃的土山,饭店把它用来供旅客们种植新婚和旅行纪念树。一年不到,2万多坪(1坪约合3.3平方米)的秃山已成为一片万紫千红、花香扑鼻的绿山。这不仅美化了环境,有益于社会的生态效益,而且也为饭店带来了很大的经济效益。仅从种树一项就净赚了600多万日元,况且栽种纪念树的旅客,每隔一段时间还会再去饭店投宿,看看亲手栽植的树木,重温昔日的欢乐之情,这给饭店带来的经济效益更是无法估量的。

(2)投身社会服务　要深刻地意识到自身应有的责任和义务,支持社会事业,提高参与社会服务的自觉性与主动性,增强社会责任感。如参加社会公益活动,关心城市建设及环境保护,支持社区公共事务,从事社区福利事业,开展社会性的文体活动,促进文化教育事业的发展及良好的社会风气的形成等。这对争取社会舆论,扩大物业管理公司影响大有益处。

(3)接受社会监督　一个物业管理公司要更好地服务于社会,必须加强与社会公众之间的双向沟通。一方面,物业管理公司应及时向社会各界通报自己的政策、方针和措施,自觉地置于社会监督之下。另一方面,主动搜集社会公众对本公司的意见和评价,用来修正自己的政策、行为。可设置监督电话、意见箱、群众来访日,定期召开公众座谈会等,使物业管理公司的行为更好地反映公众的意愿。

[示例2] 某物业管理公司开业3周年之际,想出了“有奖征求意见”的妙计。他们认为:“听听公众的意见,可以更上一层楼。”于是,该公司在报上刊登一则非常醒目的广告:某某公司为庆祝开业3周年,特举办有奖征求意见活动,活动结束将评出10名最佳意见奖,10名最佳建议奖,50名感谢奖……这是公司具有上进心的表现,是尊重公众的体现,这不仅有利于物业管理公司迈上新台阶,而且能大大地提升公司形象。

4)科学指导原则

物业管理公共关系由发展初期的凭经验、靠直感转为以现代科学理论为指导来开展工作。物业管理公共关系不仅是一门艺术,也是一门科学。有效的物业管理公共关系必定是科学与艺术有机结合的产物。科学指导的原则具体表现在以下2个方面:

(1)以科学的方法对物业管理公共关系工作对象做定量研究　物业管理公司需要了解自身所面临的环境条件,要掌握公司与环境的平衡情况,要研究公众的构成和变化情况。对这些情况的了解和研究,不能靠直觉、灵感、估计或主观判断,而必须采用科学的调查方法,对物业管理公共关系工作对象在量的层次上进行分析,才能获得较完整、准确的数据资料。没有这些定量研究，物业管理公共关系人员就不能进一步分析综合，也就不能得出正确的结论。

[示例3]　北京长城饭店每天按等距抽样方式，向客人发送喜来登集团在全球统一使用的调查问卷。每日收回，月底集中寄到喜来登集团总部，进行全球性综合分析，并在全球范围内进行季度评比。根据量化分析对全球最好的喜来登饭店和进步最快的饭店给予奖励。

(2)以科学的理论对物业管理公共关系做定性研究　定性研究能起到描述物业管理公共关系的表象作用，而物业管理公共关系工作需要与人打交道。人具有主体性，人的主体意识和选择意向使物业管理公共关系在其表象下隐藏着极其复杂的内容。物业管理公共关系的深层结构以及各种现实问题的原因，必须依靠先进的社会科学理论，特别是行为科学理论才能被充分揭示和合理地解释。这就必须采用定性研究的方法。

1.3.2　物业管理公共关系的基本职能

物业管理公共关系的职能是指物业管理公共关系工作对公司、个人和社会发挥的特有的作用或影响，也就是物业管理公共关系部门及其人员在工作中应履行的职责和发挥的作用。为此，2004年国家职业资格工作委员会公共关系工作委员会和中国国际公共关系协会制定了《公关员国家职业标准》(新版)。物业管理公共关系的5个基本职能如下：

1)协调关系的职能

物业管理公司面对各种各样的公众，处理协调好与相关公众之间的关系是物业管理公司的一项重要任务。

(1)协调物业管理公司与内部公众的关系，求得团结　物业管理公司领导和员工关系的好坏，直接关系到员工积极性、主动性、创造性的发挥和领导者职责的实现，也关系到物业管理公司全体员工能否形成良好的团结奋斗精神和产生有效的协同作用。

[示例4]　某物业管理公司门口宣传栏办了个《每日新闻》专栏，主要反映本公司的动态信息，既有最新的决策意见、重要的人事变动、经营服务的最新动态，又有关于公司员工福利消息和文化娱乐消息，还有各部门的情况通报以及公司员工的批评建议等。大家感到这个新闻墙报比开大会更有用，因而积极地为编辑部提供信息，由此加强了公司内部的沟通和横向联系，理顺了人际关系，有效地将全体员工凝聚在一起。可见，内部关系的协调有赖于良好的内部信息沟通，信息的分享度越高，关系就越和谐。

物业管理公司内部各种职能部门之间只有相互配合，相互协调，才能使公司管理的各项职能得以充分发挥，取得最佳的管理效果。但是由于各个部门的工作对象和特点有所不同，以及信息沟通不及时等缘故，往往出现这样或那样的矛盾，直接影响各个职能部门作用的发挥。因此，物业管理公司公共关系部门通过沟通，传递信息，宣传解释，消除误会，促进各部门的密切合作，造成一种相互支持、信任、谅解的团结合作气氛，共同实现公司目标。

(2)协调物业管理公司与外部公众的关系，寻求发展　物业管理公司在其发展过程中不可避免地与众多各种类型的外部公众发生关系，如与业主、房地产开发商、政府部门、新闻媒介等。作为物业管理公共关系的重要任务之一就是努力实现与社会各方的交流沟通，尽可能扩大物业管理公司的公共关系网络，广结善缘。

2)宣传的职能

物业管理公共关系在物业管理过程中发挥宣传的作用，即通过各种传播媒介，将物业管理公司的有关信息及时、准确、有效地传播出去，争取公众的了解和理解，为公司创造良好的公众舆论，树立良好的社会形象。物业管理公共关系宣传的主要内容包括以下几个方面：

(1)创造舆论，告知公众　物业管理公共关系的宣传功能首先在于"告知公众"，即向公众说明和解释公司的有关政策、行为和制度，争取公众的了解和理解，促使公众的认同与接受。这是一种为物业管理公司创造和形成公众舆论的工作。

当公众对物业管理公司缺乏认识和了解的时候，公司就需要主动地传播自己、介绍自己，促进公众的认知与了解。当物业管理公司的政策和行为与公众有关的时候，就需要满足公众的知情权、知晓权，主动做出说明和解释，消除公众的疑虑，避免舆论的误解。让公众知道并正确地了解本公司，是建立良好公众形象的基本前提。所有关系都是从了解开始的，不了解就谈不上理解、好感与合作。因此，"告知公众"，并形成良好的舆论，是物业管理公共关系宣传的基本职能。

(2)强化舆论，扩大影响　运用各种现代传播媒介加强公众对物业管理公司的印象，深化公众对物业管理公司的了解，为公司提升形象、扩大影响，这是物业管理公共关系宣传的重要任务。

当一个物业管理公司有较好的公众印象及良好的评价之后，还需要注意坚持不懈地做宣传推广，不断维持、完善已经享有的社会影响，强化良好的公众舆论趋势，塑造良好的社会公众形象。公共关系宣传不能只造一时的舆论轰动，而需要经过长期不断、潜移默化的传播渗透，不断加深公众对本物业管理公司的良好印象，使之不断积累、巩固和强化。

(3)引导舆论，控制形象　物业管理公共关系的宣传功能还在于调节信息输出量，引导公众舆论向积极、有利的方向发展，根据舆论反馈适当调整物业管理公司的行为，控制物业管理公司的形象。

比如，当公众对物业管理公司的评价毁誉参半的时候，物业管理公共关系宣传需要小心谨慎地发挥"观念向导"的作用，缩小不利舆论的影响，引导有利舆论的发展。当公司形象不佳时，物业管理公共关系宣传应降低姿态，减少公众对公司的注意力，并根据具体的原因,诚恳地向公众道歉和解释,争取公众的谅解;或澄清事实真相,纠正舆论误解,扭转被动局面,恢复公司的声誉。

3)搜集信息的职能

现代社会是信息社会,任何组织的生存与发展都离不开信息,信息也是物业管理公共关系活动的基础。从物业管理公共关系的角度看,搜集信息主要包括以下几方面的内容:

(1)公司形象信息　物业管理公共关系是以建立良好的公司形象为目标,因此,了解物业管理公司的社会形象是物业管理公共关系活动的基本内容之一。广州的中国大酒店公共关系部就有专人负责搜集有关本酒店的一切新闻报道、图片、资料,并按月剪贴成册,成为本企业形象评价的重要参考资料。公司形象信息包括知名度信息和美誉度信息,如公众对本公司的认知率、对服务内容的了解度、对服务质量的满意度等。一般包括以下具体内容:

①公众对服务质量的评价。包括服务态度的优质性、对待业主的责任性、咨询建议的诚实性及售后服务的全面性等。有人提出一个奇妙的公式:“100 - 1 = 0”。这是说,如果其他都做得很好,唯独服务没有做好,那就相当于什么都没做。公式中的“1”指的就是服务。

②公众对物业管理公司管理水平的评价或看法。公众对管理水平的评价,主要是看经营方针是否明确、决策方向是否正确、市场预测是否准确、用人制度是否科学,等等。高超的管理水平是组织机构优化的基础,也是求得公众信任、建立良好组织形象的重要前提。

③公众对物业管理公司人员素质的评价或看法。公司人员的素质主要是指物业管理公司决策层及各部门人员的工作能力、道德修养、业务水平、文化程度、工作效率、创新精神、人际关系、观念意识、工作作风等。

④公众对物业管理公司领导机构的评价。主要包括领导能力、创新意识、办事效率、用人原则、信誉威望等,这一切都会给公众留下深刻的印象,是形成公司形象的重要因素。

(2)社会环境信息　社会环境信息包括社会政治信息、经济金融信息、文化科技情报、市场动态信息、新闻舆论热点、时尚潮流变化,等等。就拿市场动态信息来说,包括业主的需求、合作者的态度、投资者的意向、竞争者的状况、新闻界的评价、意见领袖的观点等。

(3)内部员工信息　员工作为物业管理公司的主要成员,他们既了解外部公众的意见,又站在与外部公众不同的角度来评价公司,其所反映的信息是值得管理者充分重视的。这类信息包括员工对本公司的决策及各项活动的看法,员工的思想状态、愿望、工作态度以及他们对公司的期望、设想和建议等。通过对员工信息的采集和分析,可以使物业管理工作建立在现实的基础上,克服因情况不明而产生的各种问题。

4)咨询建议的职能

物业管理公共关系咨询建议,是指物业管理公共关系专业人员向公司领导提供有关公众方面的情况说明和意见。对物业管理公司而言,公共关系机构充当的是"参谋部",公共关系人员扮演的是"军师"。因此,从物业管理公共关系事业发展趋势来看,咨询建议在物业管理公共关系实务中的作用越来越突出。

物业管理公共关系的咨询建议一般包括下述3类:

(1)公众的一般情况咨询 这类咨询主要提供物业管理公司与公众状态的一般情况说明,如内部员工的归属感、社会的评价、业主对服务的反映、新闻媒介的舆论、同行们的评估等。

根据不同的需要,这类咨询可以是定期的,也可以是不定期的。目的是要让物业管理公司及时了解和掌握公众的一般情况,以便适时调整运行机制,为实现公司目标创造有利条件。因此,这类咨询是物业管理公共关系部门经常性的工作。

(2)公众的专门性情况咨询 这是指物业管理公司拟举办某个专题活动,公共关系专业人员提供与该活动直接有关的情况说明和意见,以使专题活动更具有针对性。

如拟举办新闻发布会,公共关系人员应提供新闻媒介的近期宣传动向、新闻记者对本公司的了解程度等情况,还应建议安排邀请出席会议者名单、会场的布置等。如要解决公共关系危机,应分析危机产生的原因,进而提出实施矫正的方案。

(3)公众心理变化趋势咨询 这类咨询是借助经过长期观察和积累而形成的对公众心理变化的趋势分析意见,结合公司的长期规划,向决策层所做的通报。

上述的公众一般情况咨询,主要是对公众现状的分析说明,但由于社会环境的变化,公众的心理状态也会随之发生变化。公众的心理变化对于公司的运行影响极大,如果在公众心理已发生大的变化时,物业管理公司仍照旧运行,那就会使公司与公众的关系受到影响,不利于物业管理公司目标的实现。因此,公共关系人员还必须对公众心理变化及时进行分析和预测,并向公司的决策层通报。这类咨询常常能富有成效地为物业管理公司中期战略规划的制订和调整提供可靠的根据。

5)参与决策的职能

决策是物业管理公司在对自身条件和外界环境进行比较,经过认真思考所做出的决定性选择。由于物业管理公司的自身条件和外界环境都包含了公众因素,因此在物业管理的决策过程中,公共关系工作的参与是理所当然的,并发挥着重要的作用。主要表现在以下3个方面:

(1)站在公众立场上发现决策问题 物业管理中处在不同地位的人具有不同的立场。一般说来,从各种不同的立场和角度去寻找决策问题都是需要的,但站在公众立场上去寻找决策问题,往往能使问题显得更加明显和直观,更能接近问题的实质。

(2)保障决策体现公众利益 物业管理公司在决策过程中,若没有一定的约束就容易产生只顾自身利益而忽视公众利益的片面性倾向。因此,在决策中物业管理公司应当自觉地建立相应的约束机制,代表各种公众从物业管理公司内部对决策进行约束。

[示例5]　某物业管理公司下设的一家商店原来的经营准则是“货物出门,概不退换”,后来公共关系部门建议改成“货物出门,负责到底”,由此吸引了源源不断的顾客,使该店生意越来越好。公共关系部门的建议虽然与原来的“准则”只有几字之差,但却体现了对公众利益态度的根本转变。

(3)帮助物业管理公司实施决策方案　公共关系部门一方面要协助物业管理公司把决策方案传达到各个部门甚至每一位员工,宣传并帮助他们理解方案;另一方面,又需要对其实施效果进行观察、分析、评价,并及时反馈给决策部门,以便对原有的决策做出必要的调整,或为新的决策提供信息。

物业管理公共关系部门往往是物业管理公共关系活动的具体操作者。每一次公共关系活动的成功,都离不开公共关系人员的精心策划和具体组织,正是他们的出色工作,保障了公共关系活动的顺利实施。

小　结

随着公共关系在我国各行各业的广泛运用,它在物业管理中的重要性也日益明显。我们认为:物业管理公共关系是物业管理公司运用传播手段实现与业主、房地产开发商、政府、新闻媒介等相关公众之间的双向交流,使双方达到相互了解、相互适应和相互信任的一种管理活动。

物业管理公共关系的基本特征是:物业管理公共关系是一种“公众关系”,是一种传播活动,是一种管理职能。它的目标是树立良好的公司形象。

物业管理公共关系基本原则是物业管理公共关系的具体工作原则和职业原则的基本精神。具体说来,物业管理公共关系基本原则有真实诚信原则、平等互利原则、服务社会原则、科学指导原则。

物业管理公共关系的基本职能是通过塑造良好的公司形象外显于社会公众。它包括协调关系、宣传、搜集信息、咨询建议和参与决策等职能。

复习思考题

1.判断并改错

(1)公共关系专家认为,公共关系百分之九十要靠组织本身具有过硬的事实,只有百分之十靠宣传技巧。 ( )

(2)物业管理公共关系过程很大程度上就是信息传播的过程。 ( )

(3)以行政手段、经济手段、法律手段、军事手段与公众发生的关系和活动,不属于公共关系活动。 ( )

2. 选择题

(1)公共关系的英文是( )。

A. Public Relations　　B. Public Relation

C. Publication Relations　　D. Publication Relation

(2)物业管理公共关系参与决策的主要意义是( )。

A. 使决策更加严密

B. 让公众利益贯穿于组织决策的始终

C. 使决策更加科学

D. 为组织获得更多利益

(3)物业管理公共关系的宣传功能首先在于________。

A. 告之公众　　B. 强化舆论

C. 引导舆论　　D. 诱导公众

(4)公共关系在物业管理公司中的作用是( )。

A. 联络关系　　B. 宣传信息

C. 内求团结　　D. 外求发展

3. 填空题

(1)物业管理公共关系是物业管理公司运用________手段实现与________、房地产开发商、政府、媒介等相关公众之间的________交流,使双方达到相互了解、相互适应和相互信任的一种管理活动。

(2)物业管理公共关系的行为主体是________。

(3)物业管理公共关系活动是通过________,在公众中进行感情交流或感情传播,从而影响________,达到关系和谐、信誉增强,而谋求与________的相互了解、信赖、支持与合作。这是物业管理公共关系有别于其他活动的显著特征。

(4)物业管理公共关系的传播活动区别于其他传播活动的特征之一就是以________为目标。

(5)物业管理公司在发展过程中应注重"三效益",即________、________、________。

4. 简答题

(1)试析物业管理公共关系的基本特征。

(2)物业管理公共关系工作应遵循哪些基本原则?

(3)物业管理公共关系有哪些基本职能?

案例讨论

在一个个住宅小区布满滨城上下的同时,物业管理开始走进了百姓的生活。于是,在大连市中心区住宅比较集中的地段流传着这样一个口号:“有困难,请找我。”

××物业管理中心所管辖的几个居民住宅小区,给人的第一印象就是整齐干净、环境清静,在这里看不到违章占道建筑的小屋和随意堆放的杂物,也看不到沿街叫卖的商贩和串楼收购废品的小拖车,见到的只是一个个统一佩带“有困难,请找我”胸卡上岗的清洁工、保安员和维修工。

一住户说,原来我们不懂得什么是物业管理,认为不就是收收房租、修修房子嘛!现在可好啦,卫生绿化有人搞,治安保卫有人抓,下水道堵塞有人修,家务琐事有人帮,特殊服务有人应……总之,大伙都尝到物业管理的甜头了。

有一次,住户下水道堵了,渗漏到楼下,找到物业管理中心,正要下班的谷经理赶忙换上工作服,说声快走,便带领几个工人直奔现场。

一天下午,二楼有一住户匆忙外出,未带钥匙便关上了防盗门,屋里点燃的煤气灶上还烧着水。这可怎么办呢?无奈之中,他想到了物业管理中心。当安保人员得知这一情况后,二话没说,叫来两个伙伴,直奔他家,他们不顾个人安危,从一楼阳台翻爬到二楼阳台,设法打开封闭阳台的窗户,进入屋内关上煤气,然后打开了住户的屋门。

“有困难,请找我”,贵在不分分内分外。1999 年 10 月 16 日晚 10 时许,一住户家中水阀突然裂开流水,按说应找水电公司维修,住户在紧急之中,抱着试试看的心情拨通了物业管理中心的电话,值班的刘师傅没有半点推辞,迅速跑到住户家。一看大吃一惊,原来夜晚水压太重,阀心断裂,强大的水流四处喷射……刘师傅来不及多想,便奋不顾身冲了上去,双手紧紧压在水阀上,让水流变小,在自来水公司维修站罗师傅等人的协助下,先用止水器将水止住,然后又找到总阀门将其关上,终于使险情排除了,而刘师傅满身却被水浸透了。第二天,天刚蒙蒙亮,刘师傅又冒着细雨将总阀门打开,恢复了整栋楼房的正常供水。

有意思的是,中心除了进行维修、清洁、绿化、治安等正常管理工作外,连一些住户家务琐事也参与管理。一天夜里,一住户小两口为了生活琐事大动干戈,从楼上吵到楼下,从楼里吵到楼外,弄得左邻右舍不得安宁。中心得知后,派出男女两名工作人员,劝说、调解,直说到他们脸红耳热,心服口服,最后,各自承认了自己的错误,合好回家。

“有困难,请找我”这胸卡确实名不虚传。难怪,小区内每当碰到外地人找人或比较难处理的事,居民都会好心相告:“找物业中心,保证能办到。”一天晚上,山东荣城一老人乘船来大连,找失散多年的妹妹,老人只知道妹妹住在中山区单士街北一巷某个旧屋里，可如今旧房已拆除盖成了新大楼，而十几栋大楼都是一个样，这么晚了，到哪里去找呢？老人转悠了好几个小时，也没找到，急得坐在路边哭了起来。后经人指点，老人找到物业中心，中心值班人员查对了住户资料，很快帮这位老人找到了多年不见的亲妹妹。

××物业管理中心所管辖的港湾、朝阳、湖畔3个小区，共64栋楼房，住有3 840多户、13 400多位居民。管理中心的42名职工不管事大事小，分内分外，公事私事，都当正事、要事、急事去办。谷经理说："群众有困难找我们，是对我们最大的信任，我们都要尽力办到、做好！"

问题：

(1)该物业管理中心工作的主导思想是什么？

(2)请以该案例谈谈你对物业管理公共关系的理解。

第2章 物业管理公共关系构成要素

【学习目标】

1. 了解物业管理公共关系的主体——物业管理公司;
2. 了解物业管理公共关系的客体——公众;
3. 了解物业管理公共关系的媒介——传播。

【案例导入】

2005年5月,北京××小区业主将小区物管公司北京××物业管理有限公司告上法庭。业主认为该公司对××小区进行的物业管理存在不实收费的情况。

该小区上一届业主委员会曾与该公司就物业收费问题进行过多次磋商,该公司也曾承诺对物业收费进行合理调整,剔除不当部分,但至今未公示调整情况。据介绍,小区业主委员会在经过核对相关材料并征询有关部门意见后,认为该物管公司采用小区总体住宅建筑面积,小区住宅套数,小区电梯规格、数量及高压水泵数量等方面为计量依据来进行收费存在错误,虚抬了物业费的收费数额。业主委员会就以上问题分列了12项针对北京××物业管理有限公司的收费不当内容向法院提起诉讼,目前本案正在审理中。

物业管理公共关系作为公共关系的一个分支,与其他类型的公共关系一样,也是由3个基本要素构成,即主体——社会组织(物业管理公司)、客体——公众、媒介——传播(包括行为规范)。在现实生活中,和上例类似的业主告物管公司,物管公司告业主的事例,我们已经司空见惯。物业管理公共关系的主体、客体之间的关系有时比其他公共关系要复杂得多,有必要对它们分开进行讨论。

2.1 物业管理公共关系主体——物业管理公司

2.1.1 物业管理公司的定义

根据我国自2003年9月1日起实施的《物业管理条例》和其他相关的法律法规规定,物业管理公司是具有独立的企业法人地位的经济实体,是直接从事地上建筑物、基础设施及周围环境管理,为业主和非业主使用人提供良好的生活或工作环境的专门机构,属于第三产业中的服务行业。按自主经营、自负盈亏、自我约束、自我发展的机制运行,其指导思想是:以服务为宗旨,以经营为手段,以经济效益、社会效益和环境效益的综合统一为目的。

2.1.2 物业管理公司的特征

1)专业化

物业管理公司对物业的统一管理是将有关物业的各专业管理都纳入物业管理公司的范畴之内,它可以通过设置分专业的管理职能部门来从事相应的管理业务。但是,随着社会的发展,社会分工逐渐趋于专业化,物业管理公司也可以将一些专业服务以经济合同的方式交给相应的专业服务公司经营。例如:把机电设备维修承包给专业设备维修企业,可以向保安公司雇用保安人员,园林绿化可以承包给专业绿化公司,环境卫生可以承包给专业清洁公司。

2)企业化

物业管理公司是企业单位,不具备政府行为职能。物业管理公司作为一个独立的法人,应按照《中华人民共和国公司法》的规定运行,必须依照物业管理市场的运行规则参与市场竞争,依靠自己的经营能力和优质的服务在物业管理市场上争取自己的位置和拓展业务,用管理的业绩去赢得商业信誉。

3)经营化

物业管理公司的服务性质是有偿的,即推行有偿服务,合理收费。物业管理的经营目标是保本微利,量入为出,不以高额利润为目的。物业管理公司可以通过多种经营,使物业的管理定位于“以业养业、自我发展”的道路,从而使物业管理有了造血功能,既减少了政府和各主管部门的压力和负担,又使得房屋维修、养护、环卫、治安、管道维修、设备更新的资金有了来源,还能使业主得到全方位、多层次、多项目的服务。

2.1.3　物业管理公司的类型

1)独立的物业管理公司

这是专门为从事物业管理工作而注册的企业,它的专业化程度较高,具备专业化、企业化、社会化和经营性的特点。这类公司在我国物业管理公司中占绝大多数,是我国物业管理公司中的主要模式。

2)房地产开发企业的附属子公司或部门

这种物业管理模式主要是在前期物业管理中。优点是,它能尽快把物业开发中的问题反映给开发企业,同时由于公司的良好服务也能促进企业售房。房地产开发企业因此将会增加利润,反过来可利用这些利润补偿到物业管理中。但这种模式也有一些缺点,因为物业管理部门是房地产开发企业的下级单位,而不是由业主招聘并签订合同的。因而在管理过程中,一方面开发企业有干预物业管理的可能,另一方面也存在物业公司和业主发生冲突的隐患。

3)物业管理集团公司

随着物业管理行业的发展,物业管理公司承担的工作日益增多。物业管理公司逐渐形成了自己的多部门体系,这些部门形成一定规模后才有竞争力,因此相应的物业管理部门也趋向独立企业,于是形成相对独立的子公司或分公司。这样,在原来的物业管理公司的基础上,包括下级子公司或分公司一起的物业管理集团公司逐渐形成。

4)体制转轨中的几种过渡模式

为了适应经济体制的转轨,随着房屋管理体制的转变,原房管所和企事业单位下属的房管科(处)也在积极探索,努力转换经营机制,越来越多的房管科(处)转变为物业管理公司。由于客观条件限制,在向真正意义上的物业管理公司转变的过程中不可能一步到位。这就出现了不同的物业管理公司模式,如有的仍是事业单位,企业化管理;有的虽然注册,但还做不到独立法人,自主经营等。这些物业管理公司与原行政部门、企事业单位仍有着千丝万缕的联系,未完全摆脱原事业单位的影响。这类模式可称之为体制转轨中的过渡模式,还不是真正意义上的物业管理公司。

5)附属于物业代理机构的物业管理公司或部门

在许多国家,物业管理都隶属于物业代理机构,其专业人员与房地产经纪人同持一种资质证。我国的一些城市里已逐渐出现了这类物业代理机构,但个人的资格证与房地产经纪人是分开的。这种物业代理机构的业务范围比较宽,主要包括出租代理、出售代理、房地产估价和物业管理。

2.1.4 物业管理公司的资质条件及审批

1)物业管理公司的资质条件

物业管理公司的资质条件即设立条件,是企业实力、规模的标志。国家对从事物业管理活动的企业实行资质管理制度。具体办法由国务院建设行政主管部门制定。

2)资质申报时需提供的资料

资质申报采用书面形式,并须提交资质等级申请表、营业执照、人员编制、专业人员情况、资金证明、经营场地规模、财务状况等有关材料,填写"物业管理公司审批申请表"。

3)物业管理公司的资质审批

物业管理公司的资质审批工作应由当地房地产行政主管部门负责,或由专司此职的物业管理办公室负责;涉及物业管理单位的资质应由省、自治区、直辖市房地产行政主管部门负责;跨地区从事物业管理的企业原则上应向物业所在地区的房地产行政主管部门登记备案,获准后方可在当地从事物业管理。

从根本性质上说,物业管理也是一种代理行为,因为物业管理是接受业主委托,替业主管理物业。在房地产市场比较发达的地区,经纪活动比较频繁,在代理销售的同时也延伸到了物业管理。由于我国在行政管理上,还没有把经纪人与物业管理人员的资质统一管理起来,目前采取这种模式还有不便之处。但从业务操作上,它近似于开发公司的经营部中销售组和管理组管售合一,更便于运作。

2.2 物业管理公共关系客体——公众

物业管理公共关系是一种"公众关系",公众是物业管理公共关系的工作对象,是组织赖以生存和发展的基础。只有了解公众,才能真正了解公共关系的对象和内容,才能制订正确的目标、策略和方法,从而使物业管理公共关系工作建立在科学的基础上。

2.2.1　物业管理公共关系中公众的含义和特征

1) 公众的定义

公众一词来源于英语"public"。在公共关系学中,"公众"是一个具体的待定的概念,它与人们日常所熟悉的"大众"、"群众"含义不同。在物业管理公共关系中,所谓公众,是指因面临共同的利害关系而与物业管理公司发生关系的社会群体,比如业主。

2) 公众的特征

(1)同质性　同质性是指公众面临由相同行为引发的共同问题和共同利益。共同问题和共同利益把形形色色的群体结合在一起构成物业管理公司的公众,他们的行为具有比较一致的趋向。例如购买同一个小区房屋的业主,就共同成为这个小区的物业管理公司的公众。

(2)相关性　相关性是指公众因一定的问题而与物业管理公司相联系,组织决策和活动对公众所面临的问题的解决具有影响力、制约力,公众的意见和行动对物业管理公司的目标和发展也具有影响力、制约力。例如物业管理公司代收电费和电力公司之间就形成了联系。

(3)多样性　公众的存在形式不是单一的,而是复杂多样的。"公众"仅是统称。具体的公众形式可以是个人,可以是群体,也可以是团体和企业。即使是同一类公众,也是可以有不同的存在形式,比如业主,可以是松散的个体,也可以是特殊的利益群体——业主委员会。

(4)可变性　公众的选择和确定是由物业管理公司的运行所决定的。由于物业管理公司的运行处于动态过程中,因此物业管理公司所面临的公众对象也每时每刻都处在变化之中。例如一个人没有购买小区的房屋,他和物业管理公司似乎没有关系,当他在街上被物业管理公司的广告牌砸到时,他就是物业管理公司的一个重要的公众。

2.2.2　公众的类型

从公众的概念、特征可以知道,公众是一个集合概念,它有着极其复杂的结构,为了把握其复杂的结构,对公众进行分类是十分必要的。对公众的分类,可以从不同的角度考虑,如可按公众内部联系的紧密程度划分,也可以从公众与物业管理公司的关系角度或关系密切程度来划分,还可以根据公众对组织的态度来划分,等等。

1)按公众的归属关系划分

按公众归属关系划分可分为内部公众和外部公众。内部公众主要指物业管理公司的员工、股东等;外部公众主要有:业主、政府各职能部门、行政管理部门、街道居委会、公共事业部门(如供电、供水、煤气等)、新闻传媒、周边辖区居民等。

对于内部公众,公关目标是要树立企业良好的信誉形象,争取他们对公司的信任,使他们和公司的利益始终处于最佳状态。这是物业管理得以进行的关键。对于外部公众,公关目标是要建立起与这些部门、单位互通信息的网络,通过增进同这些部门、单位的感情交流,争取他们对小区物业管理的理解和支持。

2)按公众的演变阶段划分

(1)非公众　非公众是指那些与物业管理公司之间没有相互联系的组织或个体,他们既不受物业管理公司的影响,也不对物业管理公司的生存和发展产生任何后果。由此,有人认为非公众不能列入公共关系工作的对象范围。但从组织运行的角度来看,在对物业管理公司运行的必然趋势进行分析时,有必要对今后可能与物业管理公司发生关系的现在非公众中的一部分提前进行认识,即公共关系对公众的确定要有一定的"提前量"。例如一个人现在没有购买某小区的房屋,他是一个"非公众",但未来他可能购买或租用该小区的房屋。但是这绝不是说,可以把公众与非公众混淆起来等同看待。事实上,提出"非公众"的概念就是要帮助公共关系工作减少盲目性,避免把力量过多地用到并不太需要用的地方去,因为非公众毕竟不是公共关系工作的重点工作对象。

(2)潜在公众　潜在公众是指那些事实上已与物业管理公司发生关系但目前尚未意识到的公众。潜在公众已经是物业管理公司的对象公众,已经受到物业管理公司行为的影响,但他们尚未意识到,物业管理公司也尚未正式与之相联系。由于潜在公众本身没有意识到问题的存在,所以他们目前没有付诸任何行动,但对物业管理公司的影响是潜在的。物业管理公司必须随时掌握潜在公众的情况,有目的地进行公共关系工作。如果存在的问题是对物业管理公司有利的,那么应当尽快让潜在公众知晓;如果存在的问题是对物业管理公司不利的,那么应该在让潜在公众了解的基础上采取补救措施,主动变不利为有利。这两方面工作的目的都是促使潜在公众向物业管理公司的意愿方向发展,以有利于建立物业管理公司信誉,维护物业管理公司良好的形象,进一步赢得公众的好感和信任。

(3)知晓公众　知晓公众是指那些意识到问题的存在,并将其与物业管理公司的运行联系在一起的公众,他们是由潜在公众发展而来的。知晓公众已经意识到问题的存在,但正等待事态的发展,以决定自身的行动,因此对一切与问题有关的信息表现出强烈的兴趣和高度的敏感。对此,物业管理公司必须抓住时机,采取有力措施,积极同他们交流信息,做到相互了解,相互合作。特别是当不利于物业管理公司的问题已经暴露时,物业管理公司更需要选择最合适的传播渠道,尽快向他们提供一切他们要求了解的信息，主动向他们说明问题的缘由并提出解决问题的方法，使他们向有利于物业管理公司的方向转化。

(4)行动公众　行动公众是指那些意识到问题的存在并准备或已经采取某种行动的公众，行动公众是由知晓公众进一步发展而来的。行动公众已经与物业管理公司相互影响和作用，因此他们是物业管理公司必须重视和处理的对象。如果这类公众的行为是对物业管理公司有利和有益的，那么应该鼓励和支持他们的行为；如果这类公众的行为是因为物业管理公司对已出现的问题重视不够、解决不力或出现的问题过于严重而产生的，如他们对物业管理公司不满而诉诸政府部门或诉诸大众传媒，甚至诉诸法律，那么物业管理公司就应该全力以赴，积极弥补，竭力让他们了解组织为解决问题所做的努力，督促物业管理公司的有关职能部门开展补救工作，变被动为主动，变不利为有利。否则，物业管理公司信誉、形象将会受到极大损害，成为众矢之的，而且在短期内很难挽回和恢复。

从非公众到行动公众是动态的变化过程，非公众可能变为潜在公众，潜在公众可能很快变为知晓公众，知晓公众也可能较快地发展成为行动公众。一旦物业管理公司与公众相互影响而产生的问题获得解决，公关意义上的公众也随之解体和消失，但新的问题出现后，新的公众又会形成。例如一个小区隔壁的住户首先是非公众；小区建造中的楼房未来会挡住其光线时，非公众变为潜在公众；楼房建造竣工后，潜在公众很快变为知晓公众；与小区的物业管理公司协商未果，向报社或有关部门投诉时，知晓公众发展成为行动公众。

3)按公众对物业管理公司的态度划分

(1)顺意公众　顺意公众是指那些对物业管理公司的政策和行为持赞赏和支持态度的公众，如对该物业管理公司的现行措施、行动持赞同、支持和积极配合的员工、业主等。

顺意公众是推动物业管理公司发展的基本公众与主要力量，他们的态度与行为是物业管理公司生存、发展的巨大动力，是维持物业管理公司良好形象的决定性因素。因此，物业管理公司不能忽视顺意公众的态度与行为上的变化、放松对他们的公共关系工作，而必须及时同他们联系，收集和分析反馈信息，为他们解除疑虑，防止他们态度发生逆转而产生对物业管理公司不利的影响。

(2)逆意公众　逆意公众是相对顺意公众而言，是指那些对物业管理公司的政策和行为持否定或反对态度的公众，如对小区的物管不满意，要求更换物管公司的业主。

逆意公众也是物业管理公司重要的工作对象，物业管理公司必须加强同他们的信息沟通、感情联系，改进服务和产品质量，促使逆意公众改变不满及对抗的态度，向顺意公众转化，从而为物业管理公司赢得有利的生存和发展环境。

(3)独立公众　独立公众是介于顺意公众和逆意公众之间行为持中间态度或态度不明朗、不表态的公众。例如不愿意积极参与业主委员会管理的部分业主。

对物业管理公司来讲,独立公众最值得注意,因为这部分公众既可向顺意公众转化,又可向逆意公众转化。如果物业管理公司采取积极、主动的措施,争取他们向有利于物业管理公司的方向转化,就能为物业管理公司的生存和发展创造条件。

2.2.3 物业管理公司主要公众分析

1)业主与业主委员会

业主与物业管理公司之间的关系是依法建立的服务合同关系,是物业管理公司受业主委托管理物业,并提供居住服务的关系。按照《物业管理条例》的规定:业主不仅仅是所购物业的所有权人,同时依法享有物业共用部位、共用设施设备的所有权或者使用权。

业主委员会,是指由物业管理区域内业主代表组成,代表业主的利益,向社会各方反映业主意愿和要求,并监督物业管理公司管理运作的一个民间性组织。业主委员会的权力基础是其对物业的所有权,它代表该物业的全体业主,对该物业有关的一切重大事项拥有决定权。

【相关链接】

《物业管理条例》:

第十一条业主大会履行下列职责:

(一)制定、修改业主公约和业主大会议事规则;

(二)选举、更换业主委员会委员,监督业主委员会的工作;

(三)选聘、解聘物业管理企业;

(四)决定专项维修资金使用、续筹方案,并监督实施;

(五)制定、修改物业管理区域内物业共用部位和共用设施设备的使用、公共秩序和环境卫生的维护等方面的规章制度;

(六)法律、法规或者业主大会议事规则规定的其他有关物业管理的职责。

由于我国的许多物业管理合同起初是由房地产开发商与物业管理公司签订,住宅卖出后,通过与新业主再次签署服务合同形成的。由于各种条件的制约,物业管理者常常具有不可选择和替代的地位,因此业主的权利地位被淡化和忽略,在双方的关系中失去委托人和权利人的地位,成为只能听命于物业管理者的被管理对象。这种长时间的服务关系的扭曲造成物业管理者认识上的错误,导致服务意识淡薄、服务质量低下,以致引发双方的矛盾。

[示例1] 杭州××小区的业主们7月25日召开了一次“非常”业主代表大会,以物管公司收费乱、账务混乱等为由,“炒”了杭州××物业管理公司的“鱿鱼”,并决定以公开招标的方式来选择自己满意的新物业管理公司。

事实上,这样的事件只是当前物管纠纷中的一个缩影,类似的事件在杭州乃至全国都十分普遍,从2006年全国消费者组织受理的投诉看,物业管理成投诉的焦点,该年投诉数量比2005年增加20.86%。出现这种状况的原因一是物业管理公司认为自己是管理者,而业主是被管理者,因此出现自定收费标准、服务准则、随意变卖或改变共用设施设备等现象,引起和业主的冲突。二是部分业主的习惯与观念问题。一些业主的消费习惯与观念还未从计划经济时期的福利体制转变过来,没有将物业服务看作是使自己物业保值增值的消费行为。而这些冲突的结果往往是两败俱伤,物业管理公司的形象、效益被极大地损害了。因此,在处理与业主的关系中首先应摆正位置。

【相关链接】

《物业管理条例》规定,业主在物业管理活动中,享有下列权利:

(一)按照物业服务合同的约定,接受物业管理企业提供的服务;

(二)提议召开业主大会会议,并就物业管理的有关事项提出建议;

(三)提出制定和修改业主公约、业主大会议事规则的建议;

(四)参加业主大会会议,行使投票权;

(五)选举业主委员会委员,并享有被选举权;

(六)监督业主委员会的工作;

(七)监督物业管理企业履行物业服务合同;

(八)对物业共用部位、共用设施设备和相关场地使用情况享有知情权和监督权;

(九)监督物业共用部位、共用设施设备专项维修资金的管理和使用;

(十)法律、法规规定的其他权利。

物业管理公司在处理和业主、业主委员会关系中应注意:物业管理费账目的管理与监督应该有专门的、统一的规定,应该体现对业主负责,受业主、业主委员会的监督。防止挪用,随时公开。具体收费标准和方式,应该由业主或业主委员会和物业管理者双方协商,而不是由物业管理者单方面决定。公共设施的管理、费用的分摊,主体建筑的维护、翻修、加固的确定以及费用的分摊方法应该有明确的法律依据,事先经过业主、业主委员会的同意,并在透明公允的条件下进行。有了变化应该提前公示和通知,而不是先斩后奏,到费用结算时才通知业主。空闲公共设施和场地,物业管理者不得擅自出租或改做他用。物业管理双方的服务合同应该有统一、详细的格式,以保护双方的利益。比如可以在善后条款中规定物管费的滞纳金,为以后可能出现的物管费纠纷提供有利的依据。

同时要积极支持成立业主委员会,争取多数业主、业主委员会对管理公司的信任,利用业主委员会来处理一些不讲理的业主。减少物管公司和业主之间的冲突。

[**示例2**]“小区大门无人把守,夜晚出行路灯不亮;垃圾成山,遍地恶臭;化粪池快溢进底楼住户,随时存在沼气爆炸的危险;缴费业主与欠费业主分成两派经常互相谩骂攻击,甚至大打出手,业主委员会负责人还曾被欠费业主殴打致伤。与此同时,开发商占据楼顶修建庙宇,消防隐患及一户一(水)表问题迟迟不能解决,前期物业管理撤离不办移交手续,物业管理用房没有着落以致新的物业管理企业不愿入驻

……”这就是××市某小区的现状。就在同年年初，该小区刚刚成立业主委员会，报当地房管局备案。业主大会以三分之二多数业主通过决定由小区业主委员会暂时对小区物业进行自治管理。业主委员会在与欠费业主协商对话无果的情况下，被迫将欠费业主作为被告，向法院提起民事诉讼，请求法院判决被告支付欠缴的物业管理费及滞纳金。(资料来源：http://www.ecpmi.org.cn/,2007.4)

管理公司应多向业主介绍实施专业化物业管理的好处，树立企业良好的信誉形象，及时通报即将实行或正在进行的物业管理情况。就小区管理问题召集业主开建议征询会，或是举办“做一次物业管理员”等活动，让他们知道物业管理的运作，体会物业管理的艰辛，从而产生对管理公司的谅解与支持，建立起业主与管理公司沟通的渠道。应保证内部信息沟通渠道的通畅，如设立宣传栏，公布各种通知，通报小区管理信息；设立业主投诉信箱、电话，及时收集各种意见并及时处理；创建小区刊物，报道小区的事件，反映住户心声，搭起沟通的桥梁等。管理公司还可以组织形式多样的公共关系活动，增进彼此之间的了解，培养彼此之间的感情。例如：组织社区文化活动、节日联谊、义务植树；组织参观其他小区，交流经验；评选物业管理荣誉家庭，奖励多提合理化建议的住户等。管理公司可以引导新闻媒介对小区的新人新事新风尚进行报道，树立小区的良好形象，激发居民爱护小区的荣誉，从而意识到物业管理的好处，自发地配合物业管理的开展。

[示例3]　深圳××花园管理处为感谢业主们多年来的关爱，“六一”儿童节之际，为业主们奉献了一场别开生面的“六一”儿童节游艺晚会，同时还邀请了肯德基的“奇奇”与小朋友共度“六一”。

2)员工

员工是指物业管理公司内的职员，是物业管理公司直接面对的、最接近的公众。在公共关系学中，员工具有二重性，他们既是物业管理公司内部公共关系工作对象，又是物业管理公司开展外部公共关系工作的依靠力量。

物业管理公司目标和利益的实现，良好形象的树立，都与物业管理公司的员工密切相关。因此，作为物业管理公司，首先要重视对其员工的公关工作，搞好同员工的关系，使员工对本物业管理公司有认同感和归属感。

3)行政职能主管部门

物业管理公司的运行受国家相关的法律法规的约束，需要增进同相关的行政职能主管部门、单位的感情交流，争取他们对小区物业管理的理解和支持。

(1)物业管理的地区行政主管　区、县房地产行政管理部门负责对本辖区物业管理进行监督，主持辖区内具体的直接的管理，接受业主委员会、业主和使用人的投诉，对物业管理中心违章行为依法做出处罚。

(2)建设、电力、公安、物价、工商等有关部门　建设、市政、规划、环保、公用、环卫、园林等有关行政管理部门，按照有关法律、法规和行政规章的规定，按职责分工，负责主管房地产开发建设、配套交付使用、环境环卫管理等各环节，协助行政主管监督物业管理。

电力、公安、工商、物价等部门对用电照明、社会治安、道路交通、物业管理公司经营、收费价格确定等实施行政管理，按分工依法协助行政主管监督物业管理。

(3)街道办事处、乡镇人民政府　物业管理与社区管理联系紧密，街道办事处、乡镇人民政府要协助有关行政部门对物业管理进行监督，对物业管理与社区管理、社区服务的相互关系进行协调。从一个居住地区来说，区、县房管局有关部门或派出的办事处负责日常的物业管理的行政管理工作，物业管理公司是作业企业，街道和乡镇不能替代物业管理公司的具体管理工作为业主及使用人提供的生活服务，但在行政上由街道统筹社区管理，包括宣传政策、组织协调、提供服务、依法检查监督。物业管理公司要与物业所在地街道和乡镇政府机关保持密切联系，接受指导，并互相配合、互相支持，构筑高效优质的社区管理服务系统。

4) 新闻界

新闻界是指报刊、广播、电视台等大众传播媒介。新闻界公众是指服务于报社、电台、电视台等部门的记者、编辑、节目主持人、专栏作家等。在公共关系学中，新闻界具有二重性，它既是物业管理公司建立良好形象的工具，又是物业管理公司重要的外部公众。

新闻界在公共关系的信息传播中具有几大特点：传播的信息量大；信息传播的范围广；信息传播的速度快；信息传播的保证度强；信息传播的费用低，比较经济，容易为物业管理公司所接受。上述5个特点体现了大众传播的作用，表现出新闻界在社会生活中的巨大威力。任何一个物业管理公司要实现自己的目标，宣传和建立物业管理公司的良好形象，必须重视新闻界，搞好同新闻界公众的关系，并充分利用大众传播媒介为建立形象服务，扩大物业管理公司的知名度和美誉度。物业管理公司要搞好同新闻界的关系，必须做到以下几点：一是克服两种倾向。作为物业管理公司，在与新闻界的交往中，既要正确认识新闻界的重要作用，又要正确利用新闻界为自己服务，克服只要新闻界为我所用而不顾其独立性或一味迎合新闻界的需要，从而丧失自己基本立场的倾向。二是保持经常接触。由于新闻媒介不可能总是那么公正和毫无偏见，因此要重视新闻媒介的作用，物业管理公司就应不定期地举办新闻发布会，主动靠近新闻媒介，向他们通报物业管理公司的真实情况并提供有价值的新闻，同时也坦诚地介绍自己的困难，希望他们客观、公正地报道自己，千方百计地维护公司的形象；三是尊重新闻规律。作为物业管理公司，应该懂得什么是新闻、什么事情才有新闻价值，懂得如何写作新闻稿，了解新闻界的职责及不同新闻媒介的特点，并在实际工作中学会用好新闻媒介。

总而言之，公众是公共关系工作的对象，它与物业管理公司的存在与发展密切相关。认识公众对象，了解公众对象，掌握公众对象，对公共关系的理论研究和工作实践至关重要。

2.3 物业管理公共关系手段——信息传播

物业公共关系的主要任务是通过沟通,使组织与公众相互了解,促进双方建立良好关系。从本质上说,公共关系活动是一种系统的信息传播活动,自然离不开有关传播的理论、方法和技巧。

信息传播是构成公共关系系统的要素之一,是架接公共关系主体与客体的桥梁。公共关系要运用传播手段来达到沟通目的,这就与研究人类各种沟通行为及其规律的传播系统有着密切的联系。

2.3.1 物业公共关系传播的构成要素

传播的构成要素有两大类:一类是传播的基本要素,包括信源和信宿、信息、信道和反馈,是公共关系传播的"硬件"要素;另一类是公共关系传播的隐含要素,包括传播活动的时空环境、心理因素、文化背景、信息质量等,被称为公共关系传播的"软件"要素。其中每一个要素,都会对传播效果产生一定的影响,缺少任何一个要素,都无法构成公共关系传播。

1)基本要素

①信源。信息发布者,也叫传者或主传者。公共关系传播的信源一般指某一个具体组织。

②信宿。接受并利用信息的人,也叫受众或受传者。一般称为公众,可以是组织,也可以是个人。

③信息。从公共关系角度看,信息应该是指具有新内容、新知识的消息、信号、编码、符号、观念、情感、态度等。

④信道。信息传递的途径、渠道。

⑤反馈。这里指受传者对传者所发出信息的反应。在传播过程中,这是一个信息的回流。传者可以根据反馈检验传播的效果,并据此调整、充实或改进下一步工作。

例如,前面所举[示例3]深圳××花园管理处举办的活动,可以通过在小区中张贴通告的方式来传播。那么在这次物业公共关系传播中的基本要素就包括,信源:花园管理处;信宿:中天安高尔夫花园业主;信息:奉献一场别开生面的"六一"儿童节游艺晚会等;信道:通告、视觉;反馈:业主的咨询、报名。

2)隐含要素

(1)时空环境 时空环境指传播的时间环境和空间环境。

“时”,包括时间、时机。公共关系传播要选择适当的时间和时机。如开业、易名、传统节日等。物业公共关系活动掌握利用好时间、时机,会收到事半功倍的效果。

[示例4] 陕西××房产于2003年8月30日中秋到来之际,为了迎接广大业主的入住,在××花园举办了大型的“迎中秋、民俗民艺游园会暨××花园业主会”活动。

“空”,指空间,物业公共关系传播要创造良好的空间环境,主动把握有效空间。包括视觉空间(光线、色彩、造型)、听觉空间(音量、音调)、感觉空间、心理空间(接受、反对)等。

(2)心理因素 心理因素主要是指信息接受者的情感心理状态。不同情感状态下,人们接受信息的效果是不一样的。情绪愉悦时,人们能迅速接受信息,并强化理解、记忆或行动;情绪低落时,人们会抑制信息的接受,从而可能放过许多有利的机会。因此,传播行为的发生、延续和发展,应建立在双方心理愉悦的基础上,心灵不通,传播效果会受到很大影响。

(3)文化背景 传播是一种文化现象,它反映了广泛的时代文化背景,又受到文化特质的制约。传播过程中,传受双方的文化差异往往影响传播效果。不同文化履历、习俗、性格、思维方式、价值观的人,对同一信息会产生不同的认识和感受。

(4)信息质量 信息质量是指该信息对接受者的利用价值。对受传者来说,时刻面临着大量的信息袭击和选择,而那些最有价值的、最适合他自身需求的信息方能引起其有效注意,才有可能产生预期的效果。

2.3.2 物业公关传播的类型与媒介选择

1)传播的类型

传播作为无处不有、无处不在的社会现象,常常以不同的形式表现出来,按照不同的划分标准,传播可以划分为不同的类型:

①以传播所使用的媒介及人体器官作标准,传播可以划分为口语传播、动作传播、实物传播、文字传播、电子传播等。物业管理公司可以使用多种方式,例如平时物业管理人员和上级主管部门的交流——口语传播、动作传播;在小区中定时公布物业管理费用的使用情况——文字传播;建立自己的小区BBS,供业主反馈意见——电子传播。

②以传播所涉及的主客体关系及规模大小作标准,传播可以划分为自我传播、人际传播、小群体传播、组织传播、公共传播、大众传播等。

2)物业公共关系传播中的媒介的种类及选择

传播媒介是信息或观点进行传递与交流的渠道、途径和手段,是传播内容的载体,传播要借助于传播媒介进行信息或观点的扩散和宣传。离开媒介,传播的作用就无法实现。同样离开传播的需要也无所谓媒介。在现实生活中,可承载信息的传播媒介多种多样,归类方法也各不相同。

①按照传播对象和手段来划分,可将传播媒介分为个体传播媒介、群体传播媒介和大众传播媒介3种。

个体传播媒介即物业管理公司成员所具有的反馈信息功能的社会表现态度和社会行为,如物业管理公司内部员工的职业行为准则、待人处事的基本态度和行为特征等。这种传播媒介的特点是,在传播过程中物业管理公司成员与公众的接触是直接的,双方比较容易进行情感的交流,信息反馈周期也短。

群体传播媒介即物业管理公司自身对传播的内容、方式、时间、对象能直接掌握和控制的媒介,例如小区电视台、内部刊物、黑板报、宣传橱窗、员工手册、标语牌、陈列和展览等。群体传播媒介调节外部公众的能力远远不及大众传播媒介,但它处理内部公众关系却比大众传媒方便得多。

大众传播媒介即通过专业性的信息传播组织和机构,如报纸、电视、出版物、电影、期刊杂志等为人数众多、范围大、互不联系的社会公众传播信息的媒介。大众传播媒介的特点是空间跨度大,因此广泛性是它的特点。

②按照传播过程中所选媒介的物质构成形式和表现态势来划分,可将传播媒介分为符号媒介、实物媒介、人体媒介3种。

符号媒介即按特定编码程序组织自成一体的系统,如语言媒介、印刷媒介和技术媒介等。符号媒介是现代社会运用最广泛的传播媒介,物业公共关系的许多活动,如编写新闻公报、制作各种口语信息等,都要运用符号媒介。因此,如果说公共关系工作人员不一定要是语言文字专家的话,那么,他们也应是遣词造句的能手。国内外许多公共关系协会对公共关系从业人员的第一要求就是运用语言文字的能力,其道理就在于此。

实物媒介是指为特定目标而制作的实物。实物也有运载信息的作用,而且实物的质量是一种最过硬的信息。实物媒介的作用不如符号媒介那样广泛,但却比后者牢靠,所谓“耳听为虚,眼见为实”,就是佐证。

人体媒介是指物业管理人员的言谈、举止、行为和服饰等身体上的信息显示物。人体媒介的特点是容易建立双方的感情,树立组织的直接形象。这对公共关系活动来说,是一项重要的内容。

2.3.3 物业管理公共关系传播与沟通方式

物业管理公司公共关系传播与沟通可以采用语言式传播、文字式传播和实像式

传播等方式。现介绍如下:

1)语言式传播

(1)选择传播语言的技巧

①选择通俗、规范和有一定典雅色彩的语言。物业管理公司要与各个行业、各种层次的人员交往,特别是要与各种业主和物业使用人打交道,其公共关系涉及的社会领域非常广泛,这就要求物业管理公司的公共关系人员运用语言必须符合通俗、规范和有一定典雅色彩。

②选择灵活多样,简单短小的句子。由于受面对面语言式传播的限制,公共关系传播口语中,大多采用普通词语、中性词,大多选用结构简单、短小并且灵活多样的句子。

(2)掌握"说"的技巧　"说"的技巧,其中心内容是使自己的语言富有说服力和感染力。一般可以通过以下途径做到:概述和论证相结合;使用事实与统计数字;使用重复叙述;有效运用语言手段;用好眼睛示意。

(3)掌握"听"的技巧　"听"的技巧,其关键是在与业主及物业使用人进行交谈时要表现出诚恳、友好和耐心,从而获得对方的认同。具体应该做到:

①尽量给予对方肯定性的回答。这样做能够使对方觉得二者之间有共同语言,体会到对方对自己的欣赏和认可,保证会谈的融洽气氛,提供建设性会谈的基础。

②给予恰当的提问与评价。谈话进行的过程中,恰当地插入提问或评价,其目的是表明对谈话内容的重视,表明自己对某事的看法,以期引起对方共鸣。

③运用非语言的手段。公共关系人员在与公众交往的过程中,必须注意自己的言谈举止和表情。微笑、保持与对方目光接触、身体前倾等都是表明对谈话内容关注的表现。

2)文字式传播

(1)新闻稿　物业管理公司出于公共关系目的而进行的新闻报道与普通新闻报道比较,具有新鲜性、简洁性、让事实说话和政策指导性的特点。

(2)公共关系广告　物业管理公司的公共关系广告主要有信誉广告、实力广告、声势广告、创意广告和公益广告。公共关系广告制作必须满足主题明确,内容真实可信,广告针对性强,图案、照片清晰别致的要求。物业管理公司在做公共关系广告时应选择最适合的大众传播媒体,比如可以选择小区内的社区小报进行传播,也可以在小区局域网上传播。

(3)内部刊物　物业管理公司创办与发行内部刊物,是公司传递信息、进行沟通的重要形式。其主要内容可以包括:介绍公司新的经营管理服务理念和方法,消除业主和客户的服务障碍,传递物业管理市场信息,宣布奖惩情况,调动员工的积极性,提高物业管理服务水平。

3)实像式传播

实像式传播就是物业管理公司通过自身的经营服务内容向公众传播信息,即公司运用图片资料、操作表演等,向公众推出各种示范性管理服务、操作表演等的内容。在公司的公共关系操作中,实像式传播是最基本的操作内容之一。

运用实像式传播要掌握一些技巧:要充分调动公众的美感意识;要注意环境气氛的烘托;要注意展示实像传播的细节,解剖实像的功能。

实像式传播可具体运用:

①橱窗陈列,定期在内容与形式上对橱窗进行更新,特别注意随着季节变化、节日的到来或者工作重点的转移而重新布置;

②举办经营管理服务的展览会,通过集中的实物展示和示范表演,来宣传服务品种和公司形象。

2.3.4 物业公共关系传播的基本原则

①真实性原则。传播的信息一方面要以事实为基础,客观、真实、全面地进行;另一方面,要在信息传播过程中力求反映事物的客观规律。

②目标针对性原则。公关传播的对象要明确,要有针对性。

③公众利益至上原则。传播过程中主传者要时刻坚持公众第一、公众至上。没有公众利益的被保护,组织利益也就不能实现。

④目标一致原则。公共关系传播目标要与组织的发展目标相一致。

⑤双向沟通原则。公共关系的信息传递是双向对称式的互动型交流,不是单线灌输或强制接受。

⑥科学性与艺术性相结合原则。公共关系传播要按科学办事,尊重传播规律,同时要讲究方法技巧。

小 结

物业管理公司是物业管理公共关系的主体要素。公共关系以组织为主体,从维护公众利益出发,协调与公众的关系。

公众是公共关系的客体要素,公众是一个复杂的多层次的体系,针对不同类别的公众,物业管理公司需要采用恰当的方式处理与公众之间的关系。业主是物业管理公司最重要的客体,业主不仅仅是物业管理公司的服务对象,同时也是物业管理公司的雇主,因此如何处理好和业主这个特殊客体的关系,是物业管理公司需要认真研究的问题。

传播是公共关系的媒介要素，包括多种方式。物业管理公司需要根据不同情况选择传播方式来达到沟通目的，其主要方式有语言式传播、文字式传播、实像式传播。

复习思考题

1. 判断并改错

(1) 知晓公众是指那些意识到问题的存在并准备或已经采取某种行动的公众。（　　）

(2) 信源是指接受并利用信息的人。（　　）

(3) 物业管理公司不具有独立的企业法人地位。（　　）

(4) 股东属于物业管理公司的外部公众。（　　）

(5) 业主是所购物业的所有权人，但不享有物业共用部位、共用设施设备的所有权或者使用权。（　　）

2. 选择题

(1) 公众具有（　　）特征。

A. 同质性　　B. 相关性　　C. 多样性

D. 可变性　　E. 统一性

(2) 物业管理公司的公共关系传播和沟通可以采用（　　）。

A. 语言式传播　　B. 文字式传播

C. 实像式传播　　D. 电子式传播

(3) 按公众对物业管理公司的态度划分，公众可分为（　　）。

A. 顺意公众　　B. 行为公众

C. 逆意公众　　D. 独立公众

(4) 下列属于外部公众的有（　　）。

A. 股东　　B. 员工

C. 业主　　D. 业主委员会

E. 工商部门　　F. 社区委员会

(5) 按照传播过程中所选媒介的物质构成形式和表现态势划分，传播媒介可分为（　　）。

A. 个体传播媒介　　B. 符号媒介

C. 实物媒介　　D. 人体媒介

3. 填空题

(1) 所谓公众，是指因面临共同的利害关系而与物业管理公司发生关系的________。

(2)业主委员会,是指由物业管理区域内________组成,代表业主的利益,向社会各方反映业主意愿和要求,并________物业管理公司管理运作的一个________组织。

(3)同质性是指公众面临由行为引发的________和________把形形色色的群体结合在一起构成物业管理公司的公众。

(4)在公共关系学中,新闻界具有二重性,它既是物业管理公司________的工具,又是物业管理公司重要的________。

(5)公共关系要运用________来达到沟通目的,这就与研究人类________的传播系统有着密切的联系。

4.简答题

(1)物业管理公共关系中主要的公众有哪些?

(2)试举例说明,物业管理公司可以通过哪些公共关系手段提高知名度和美誉度。

(3)当物业管理公司和业主的关系处于和谐状态时,仍需要公共关系吗?为什么?

案例讨论

案例 1

北京市××法院出动上百名警力,对拒交物业管理费用的业主进行强制执行,并对其中12名拒不执行法院判决和4名妨碍公务人员处以15天司法拘留,并处1 000元罚款的处罚。

问题:结合本章内容,谈谈你对此事的看法。

案例 2

广州××花园是市政府用来安置道路扩阔的大型生活小区,住在里面的都是以前住在广州旺区的各种拆迁的市民,他们当初响应市政府号召,来到这个远离广州的小区居住,虽然心里也不大情愿,但为了城市的建设,也委屈自己来这里居住,希望可以重新习惯新的环境,以此为家。但原发展商指定的物业管理公司不肯放弃所谓"管理者"的立场,大有"我是管理你的,我要加收你管理费就加收,你不能发表意见,反正你不能炒我"。单方面提高物业管理费,而管理的水平却不想办法提高,导致业主无法接受。后来由业主组织的业主委员会经过公开议标,招标,一家新的物业管理公司中标了,他们中标的服务条件、管理费用等都经业主委员会同意。但当新管理公司进驻的时候,出现了旧的不愿走,新的一定要接的局面。业主欢迎新进驻的公司,旧的不愿意让出地盘,业主协助新公司接管,将原来在保安亭站岗的旧管理公司保安人员赶出来,让新公司保安人员接管。

问题:

结合本案例,谈谈物业管理公共关系主体和客体关系的特殊性。

案例3

某市东部某小区业主委员会今年共打了5起官司,四输一赢。赢的是夺得了一间业委会办公用房,业委会委员们再也不用到小区隔壁的咖啡馆碰头开会了。输的官司里有一个是侵害了物业公司的商誉,须赔偿几万元,业委会希望每家每户分摊几百元钱,但遭到绝大多数业主的反对,理由是这5起官司中没有一起征得过业主大会的表决通过。因此,业主表示该由业委会成员本人承担诉讼风险,业委会准备将拒付诉讼费的业主告上法庭,由法院替业委会做主,讨回公道。

问题:

结合本章内容,并依据我国相关法规,谈谈你对此事的看法。

第3章 物业管理公司内部的公共关系

【学习目标】

1. 掌握物业管理公司内部公众协调的原理和方法
2. 培养开展和实施对内部公众关系协调的关系能力

【案例导入】

万科物业公司有一个与众不同的岗位:员工关系专员。你可别小瞧这个岗位,它必须经过600多名员工投票选举产生,其主要职责是协调员工关系,反馈员工心声。何小姐在这个岗位已经干了两年多了。她告诉记者,由于公司严格执行国家《劳动法》等法律法规,自觉维护员工合法权益,她在这一岗位两年多来,受理最多的是员工们就政策及规章制度方面的咨询,投诉内容少之又少,工资和劳动合同方面的投诉更是为零。员工们把"员工关系专员"当成自己的知心人,何小姐更是把这一岗位当作沟通协调决策层和普通员工关系的纽带。

物业管理公司面临的公共关系可以分为两大系统或形态:一是内部公共关系系统;二是外部公共关系系统。由于内部公共关系是物业管理公司最先接触,也是最为直接、最为密切和重要的公共关系系统,所以,探究整个物业管理公司公共关系的协调机制首先应起始于这一系统。

3.1 物业管理公司内部公共关系的基本理论

物业管理公司内部的公共关系,是由物业管理公司与其内部各类公众之间的利益关系而构成的一种客观的社会关系。作为客体,不同的公众与物业管理公司这一主体之间存在着不同的利益关系,因而与物业管理公司之间结成了纵横交错的关系网络,形成了复杂的物业管理公司内部公共关系结构。

物业管理公司内部的公共关系犹如一张网,分布于物业管理公司的一切活动领域。只要物业管理公司运行,就总会时时处处遇到各种各样的内部公共关系问题,因而就得予以协调,否则就会运转失灵。为此,我们有必要了解物业管理公司内部的公共关系结构。

从总体上看,物业管理公司同其内部公众之间的关系主要有两个方面:员工关系,股东关系。

员工关系,即物业管理公司同内部所有员工之间的一种关系,包括自最高领导至最基层的劳动者等一切员工之总和。

股东关系,则是指物业管理公司同所有股东之间的一种关系,包括董事会成员、个人和集团股东等一切股东之总和。

员工关系与股东关系的交汇点,是指物业管理公司内部一部分既属员工,又属股东的公众,他们与物业管理公司结成了双重的内部公共关系。

这两种公众关系代表了两类不同的利益交汇模式,不同的利益关系使得物业管理公司必须予以分别对待,并将之引到不同的利益交汇点。物业管理公司同内部公众关系协调,通常首先从这两类基本的关系入手。

要协调好物业管理公司内部的公共关系,先得对物业管理公司内部公共关系的基本理论加以分析。只有充分了解物业管理公司内部公共关系的重要性,以及如何处理内部公共关系,才能进一步发现物业管理公司同内部各类公众的协调机制及其规律性。

3.1.1 物业管理公司内部公共关系的重要性

国际公关界对公共关系的通俗定义是:"PR(公共关系)= do good(做好)+ tell them(告诉人们)";"公共关系90%靠自己做,10%靠宣传"。这些说法告诉我们:良好的公司形象和卓越的事业成就来自本公司全体成员的共同奋斗和不懈努力,来自内部良好的公共关系。培养股东的认同感,员工的归宿感、信任感、成就感,强化公司的凝聚力和竞争力,是内部公共关系的目标,也是物业管理公司内部公共关系重要性的主要内容。

1)发挥导向功能,增强物业管理公司凝聚力

内部公众是物业管理公司的首要公众。内部公共关系工作的一个重要任务就是把本公司全体成员的意志和力量凝聚在一起,"心往一处想,劲往一处使"。"心往一处想"就要让确定的价值观念、行为准则成为大家的共同意愿,为全体成员所理解,所接受,所遵循。有了共同的利益宗旨、共同的价值观念和共同的追求目标才会"劲往一处使,"这就是内部公共关系的导向功能。这种功能是建立一个高度和谐的高效率群体所不可或缺的。

传统的说法是要求物业管理公司全体人员增强集体荣誉感。这种集体荣誉感在心理学上叫"我群感",是群体得以维系的纯心理特征。成功的物业管理公司十分注

重培养这种“我群感”,使人们在个人目标与公司集体目标高度一致基础上建立一种以公司为中心的群体意识,从而产生一种无形的向心力,增强物业管理公司的凝聚力。每个人都是公司的细胞,全体成员对物业管理公司这种有机体的认同和依附,就是物业管理公司得以存在的基础。

有的物业管理公司重视信息的对外传播,有什么事,不会忘记告诉记者、告诉传播媒介,但往往忽略了告诉自己的股东和员工,更谈不上保证他们有了解本公司信息的优先权。经常在外人面前说“我不知道”的股东和员工,想要他对公司有很强的责任感和主人翁意识,是不切实际的。当他觉得被忽视,被冷落时,什么向心力、归宿感、集体荣誉感都可能荡然无存。不重视内部公共关系,势必影响物业管理公司内部环境的和谐。“公众被告知”是公关的一条原则,“内部公众优先被告知”应是这一原则的重要内容。

2)发挥制约功能,培养企业精神

在内部公共关系工作中,如何纠正违纪员工的越轨行为,历来是一个难题。相信它会自然消失?不一定,说不准还会愈演愈烈。靠发火,靠行政命令?也不行,既不符合公关工作的基本原则,实际效果也不会好,很容易僵化员工关系,恶化内部环境,产生离心力。比较可行的办法是一方面及时地采取比较科学的办法认真地予以批评和纠正,另一方面,也是更重要的一方面,就是根据绝大多数人的共同利益和意愿确立一系列的行为规范,通过规范的约束功能努力建设一种公司精神。人们往往因遵循了公司特定的行为规范而受到肯定、赞扬和奖励,从而获得精神上的满足和心理上的平衡;因为舍弃了行为规范而犯众怒,受到谴责,产生冷落感和挫折感。长此以往,一种新的公司精神就会形成,这种精神如同一面旗帜,如同一种强有力的召唤,具有很强的感召力和制约力,对于内部环境的净化和内部关系的优化,具有不可忽视的作用。

3)发挥激励功能,增强物业管理公司竞争力

物业管理公司之间的竞争在很大程度上是公司形象之间的竞争,而公司的形象又需要通过员工在生产、服务岗位上的实际行动体现出来:电话总机的接线员,服务台、问询处、接待室的接待员,直接与外部公众打交道的服务员、业务员、保安员、一线的工人,他们的一言一行都代表着物业管理公司的形象,反映着公司文化建设的成就,都可能给外部公众留下或好或坏的印象,因此,良好的内部关系是物业管理公司竞争力的重要因素。

只要物业管理公司能够善待员工,在培养员工的认同感、归宿感上花了功夫,员工的凝聚力就强,员工就会时时处处自觉地维护公司的形象,通过自己的努力来增强公司的知名度和美誉度,达到在激烈竞争中获胜的目的。

[示例1] 北京长城饭店总经理名言是:欲使长城饭店跻身于世界第一流,有三件事最重要:第一是员工,第二是员工,第三还是员工。领导的重视产生了特殊的效

应。饭店的全体员工都有公共关系意识。饭店内曾有过这样两件“小事”，但却反映出饭店员工出色的公关理念。一件是服务员进客房打扫时，发现房客将看了一半的书扣在床上，服务员没有简单地将书合拢或折叠一角再合拢了事，而是找来一张小纸条，放在分页中再合拢放好；另一件是服务员进客房打扫时，发现房客将零钱散乱在床上桌上，她找来保安，一起细心的收拢，放置在一起，并在旁边留下一张纸条，上面写着：“先生，您好，您的零钱已收拾在一起，共计××元，请你收好，服务员×××。”

[示例2] 广州花园酒店有一个口号叫做“员工第一”。经营者认为，只有把员工放在第一位，尊重他们的劳动，维护他们的尊严，使他们处处感受到自己就是“花园”的主人，“花园”的荣辱与他们息息相关，才是成功之道。基于这一认识，酒店决策层制订出了一系列协调员工、激励员工的措施。如每月固定一天为员工日，届时高层领导一起为员工炒几道菜；公关部定期邀请员工家属参加“酒店与员工家庭亲善会”，征询意见；员工有了成绩，当天就能收到总经理签发的嘉奖信；员工生日当天，都会收到总经理赠送的生日贺卡；酒店设立意见奖，最高决策层对建设性意见保证3天之内作答，并给予奖励。2 000名员工的向心力有效地提高了酒店的竞争力，“花园”酒店的形象和经济效益都得到了很大的提高。

[示例3] 服务水平已经成为各行业竞争的焦点。良好的服务能够增加顾客的满意度，提高顾客忠诚水平，这使得企业利润增加，业务增长。但是企业如何能够提供超越竞争对手的卓越的服务呢？成功的秘诀就在于不断增加员工满意度。美国西南航空公司的案例告诉我们，要提供卓越服务，首先要从提高激励员工开始。

西南航空公司最初只在得克萨斯州提供短距离运输服务。从那时起，它开始把业务扩展到美国的许多州，如果按照国内旅客运输量衡量，西南航空公司一跃成为美国国内第七大航空公司。尽管航空业麻烦不断，西南航空公司还是取得了连续20年盈利的骄人成绩，这创造了美国航空业连续盈利的记录。尽管西南航空公司的票价比较低，但由于员工的高效率和在飞行途中给乘客创造轻松愉快环境的服务方式，给企业带来惊人的业绩。事实上，西南航空公司的首席执行官赫伯·克勒赫从公司成立就坚持宣传“快乐和家庭化”的服务理念和战略。这家公司相信人的力量，并通过招聘、培训和支持有经验的员工将这种力量发挥出来。它的业绩证明了这种做法的成效。

3.1.2 如何处理物业管理公司内部公共关系

物业管理公司内部公共关系的主要任务是“内求团结”，保证物业管理公司内部的沟通和理解，促进物业管理公司内部的合作和团结，充分调动内部公众的积极性，最大限度地发挥他们的潜力，使所有的人关心公司利益，珍惜公司形象，提高物业管理公司的工作效率和工作质量，为“外求发展”打下坚实的基础。

处理物业管理公司内部公共关系的主要方法如下：

1)重视领导风范的建设

在很大程度上,物业管理公司形象就是领导者形象的延伸。在一个物业管理公司内部,领导班子的形象对于公司凝聚力的大小强弱起着举足轻重的作用。领导者思想素质、政治品质的优劣,学识及管理水平的高低,作风的好坏对于优化内部环境有着极端重要的作用。优秀领导者形成的坚强的战斗堡垒,对于广大股东、员工具有极大的向心力。向心力越强大,物业管理公司内部环境优化的程度就越高。因此,重视领导风范建设,是优化物业管理公司内部公共关系的头等大事。

同时,在物业管理公司的运行和发展过程中,领导行使调度和管理权,不可避免地和内部公众存在一些矛盾。领导者一般说来总是矛盾的主要方面,绝不能形成对抗性的冲突,因为内部公众的精神状态、积极性和潜力的发挥,都直接影响物业管理公司目标的实现,影响着服务质量,影响着物业管理公司形象的塑造。矛盾处理不好,可能危及物业管理公司生存。而领导者的心胸是否开阔,气质是否优良,都会影响到这种矛盾的缓和与协调。因而,更要重视领导风范的建设。

2)重视股东的"主人意识"的培养

随着改革开放的不断深入,股份制企业成了中国企业发展的一个方向,股民大量增加,股市异常活跃,投资环境逐步改善,为生产力的高速发展提供了契机,也为物业管理公司内部公共关系的股东工作提出了新的更高的要求。在内部公共关系工作中,不能简单地把股东仅仅看着是投资—分红的关系。是否关心物业管理公司是股东的权力,但吸引广大股东关注物业管理公司的生存发展和形象建设却是内部公关工作不可推卸的责任。股东既可以多买股票,成为物业管理公司的关心者、支持者,也可以抛售股票,退出物业管理公司。只有认真培养股东的"主人意识",才能稳定现在股东队伍,增强他们对物业管理公司的信任和对物业管理公司发展能力的信心,保证他们的现有投资不变,并希望能逐步增加投资;同时大量吸引潜在股东,为公司争取更多的投资者,为公司的发展提供雄厚的资金。

培养股东的"主人意识",首先要关心、重视和尊重股东,经常将物业管理公司的工作目标,发展和改革的计划向股东汇报,征求他们的意见,重视他们的建议,让他们真心体会到自己就是公司的主人,与公司同生死共荣辱、息息相关。要按时分发季度和年度经营报告,让广大股东对物业管理公司的经营、形象和信誉心中有数。同时,疏通与股东联系的一切渠道,把握与股东联系的一切机会,包括发挥股东在促销中的作用。因为每一个股东都应是物业管理公司最理想的顾客,通过他们的联络作用,可以形成一个庞大的顾客群。

3)重视员工关系的优化

优化员工关系的原则是承认和尊重员工的个人价值,激发员工的主人翁精神,使广大员工觉得自己在公司受到重视,从而自觉地和公司同呼吸共命运。

同时，员工的意见和建议要通过民意测验、上访、座谈、内部小报、对话会等方式尽快地反映到领导层，作为决策的重要参考。下情及时上达，是让员工参与管理的重要环节。为贯彻一种"全体人员共同经营"的原则，多数物业管理公司都提出"企业衰我耻，企业兴我荣"的口号，就是要培养员工爱护公司，献身物业管理公司的精神，用一条看不见的纽带将员工的心紧紧地联结在一起，靠凝聚力推动物业管理公司的发展。

3.2 员工关系

员工关系是组织内部最重要的一种关系，它的好坏直接影响到整个公共关系的发展态势。

3.2.1 员工关系协调的重要性

员工关系协调在物业管理公司公共关系中具有举足轻重的地位，是物业管理公司获得成功的基本条件。

1)员工是物业管理公司赖以生存和发展的细胞

员工与物业管理公司的目标和利益最为密切，物业管理公司的一切目标、利益、计划、政策、措施和活动都要通过员工的行动来实现和推进。物业管理公司与员工之间有着唇齿相依、血肉相连的关系，任何物业管理公司都要将员工关系视为最重要的第一关系来对待。只有员工关系协调，才能发挥员工作为组织细胞的内在动力和潜力。

2)员工是物业管理公司与外部公众沟通的最有效的媒介

作为物业管理公司公共关系主体的物业管理公司在同外部公众进行沟通时，员工直接影响着组织的声誉和形象，成为最有效的沟通媒介。物业管理公司只有协调好员工关系，使员工在外部公众沟通中有最佳的表现和努力，才能赢得外部公众好感，否则，必然影响外部公众关系的协调。

3.2.2 员工关系协调原则

员工关系作为物业管理公司的第一关系，其重要性应该受到物业管理公司领导的高度重视。物业管理公司在员工关系协调中应把握以下原则：

1）把员工利益溶入公司的政策之中

利益是构成一切公共关系的基础。为了全面满足并服务于员工的各种利益需要，使物业管理公司与员工的关系得以根本协调，往往需要公司的政策作保证。只有将员工利益溶入公司的政策之中，并贯彻落实，物业管理公司才能赢得协调、融洽的员工关系。

员工利益主要包括：稳定的就业环境；公平的工资和福利待遇；成长和发展的机会；良好的工作条件；受到重视和赏识；合理的人事政策；发表意见的机会以及民主的、畅所欲言的组织生活；了解组织管理、发展的愿望；理想与目标的实现；退休及劳保等。

［示例4］ 浦东一高档的具有欧美风情的外销别墅，里面大多住着跨国公司的老板与主管，每月管理费高达1.5美元/平方米。支付这么高的管理费就应该享受到高层次、优质的管理与服务，其中免费帮助照看小孩也是服务项目之一。这项服务很受业主欢迎，经常有业主打电话来预约。

一天中午，管理处的顾小姐因要去参加她外公的追悼会早早地吃过中饭，把下午的工作交待一番后她准备离去。突然接到别墅内A座12号瑞士太太的电话，说因下午要去参加一个聚会，想请顾小姐去家里帮忙照看一下孩子。她家共有3个孩子，最小的仅几个月。这让顾小姐感到为难：一边是自己亲爱的外公见最后一面的时候，一边是关系到公司声誉的问题。顾小姐顾不上太多的思考，一口答应了瑞士太太的请求，不声不响地到她家照看小孩去了。一直到她完成任务回来后，人们才发现她没有去参加追悼会。次日，有人问起顾小姐：当时，你完全可以回绝她，跟她说对不起，今天我已有安排了。因为如果她知道你要去参加外公的葬礼，她一定会通情达理接受的。顾小姐说：当时也没有想太多，只是想业主有需求，我们就应满足。因为我们的服务理念是“100%为业主第一”。我个人的事是小事，但维护公司信誉是大事。

多么朴素的语言，听起来却让人感动。可见，我们的员工具有多么高尚的服务意识：当公司利益和个人利益发生冲突时，哪怕个人利益再重要，也要以公司利益为重。

当然，对员工的这种牺牲精神，物业管理公司领导也不会忽略。他们专门派人专程到顾小姐家慰问，一方面体现了公司领导对员工的关心，对顾小姐没能出席追悼会向他们的家属表示了歉意；另一方面也弘扬了这种牺牲自我让客户满意的精神。

［示例5］ 某物业管理公司在确保员工利益上曾首开“委屈奖”之先河。有一天，年轻员工辛宏正用微笑加热诚，对业主提供优质服务时，恰好碰上了一个无礼的“上帝”，一中年妇女不仅提出无理的“多让给几厘米材料”的要求，而且谩骂之声不绝于耳，对此，辛宏并未发起一般小伙子容易发的火气，而是边挨骂边微笑解释，直到其他业主纷纷谴责这个无礼的“上帝”，而此人边骂边离开后，辛宏一直笑脸相陪。这种委屈而不怨恨于业主的精神深深地感动了广大业主。辛宏受了委屈，公司深感不安。为了员工的利益，该公司专设“委屈奖”用以奖励像辛宏这样遭受无礼“上帝”之辱的员工。此项政策既符合员工利益需要，也赢得业主的赞誉，可谓一举两得。

2)树立"员工第一"的公共关系意识

物业管理公共关系理论是一种新的管理艺术,要求各类物业管理公司在对公众利益进行权衡与协调中,始终把满足公众利益需求放在公司一切工作的首位。公众利益至上、公众利益优先的观念,正是这种哲学思想的精辟概括。"员工第一",要求在物业管理公司内部一切管理活动中,将员工作为思考和活动的中心,这需要物业管理公司真心诚意、踏踏实实、不折不扣和持久地投入精力。

(1)尊重员工　"员工第一"的物业管理公共关系艺术以尊重员工为起点。因为每一个员工在自由、尊严和荣誉上有自己的强烈需求,对此,物业管理公司应予以高度重视并切实地加以尊重,想员工之所想,急员工之所急,使之焕发出主人翁的责任感和与公司同心同德、肝胆相照的激情。向人事部门和决策层提出合理化的建议,尽量让员工的专业特长、聪明才智得到充分发挥。一个员工,他总希望有自我表现的机会,总希望通过某种途径实现个人的价值,这是社会进步的动力之一。应该允许自我推荐,允许职工建议,如果可行,应立即采用,并给以鼓励和奖赏。这样,心理获得平衡,产生对自已、对他人、对公司的认同感和自信心,不至于产生"英雄无用武之地"的失落感。

(2)关心员工　真挚地关心员工是"员工第一"物业管理公共关系艺术的价值尺度。要员工以公司为家,首先要为员工办实事,办好事,不光改善他们的工作条件,还要注意改善他们的生活条件,真诚地关心员工,员工心中才有"温暖感",才会把公司看成自己的另外一个大家庭。每位员工都有自己的期待、渴望、疾苦、困难和问题,这些都需要物业管理公司给予关心、帮助和解决。当员工的期待、渴望和困难真正得到关心和解决时,员工才能全身心地投入到物业管理工作中去。

(3)创造令员工满意的家庭气氛　家庭气氛是一种情感氛围,它能使物业管理公司以感情为纽带团结每一个员工。创造家庭气氛使员工置身于物业管理公司犹如回到家里一样,安全、舒适、轻松、愉快,这是员工能够心情舒畅工作的基础。只有在这样的环境中,员工才能紧张而愉快地工作,才能畅所欲言,才能对物业管理公司有较深的感情,物业管理公司才可能产生凝聚力。

(4)使员工在公司中获得不同的满足　物业管理公司的每个员工都有自己的理想和目标。解决员工的不同需要,关心和体贴每一个员工,调动员工积极性,是物业管理公司义不容辞的责任。行为科学认为,劳动生产率与职工的工作态度直接相关,而工作态度又取决于职工需要的满足程度。员工上岗,绝不仅仅是为了拿工资,有饭吃。每个人都具备潜在的创造力。如果他们的工作能得到适当的肯定,也就是说,具有了可发展性,他们的兴趣会更高,对工作会更热心,更有责任感。培养员工的成就感,用物质和精神的激励手段鼓励员工之间公平竞争,可以最大限度地发挥员工潜在的创造能力。

在美国,某物业管理公司的成功得益于其独到的经营管理哲学,即"员工第一"的公共关系哲学。该公司认为:优质服务和产品是公司成功的要素,而服务和产品是由员工提供的,所以员工就是公司最宝贵的财富。只有把员工放在第一位,尊重他们的劳动及尊严,使他们处处感受到自己“主人翁”的价值,认识到公司的荣辱与他们的工作形象和经济效益都息息相关,这样的公司才能成为成功的公司。

3.2.3 协调员工关系的激励机制

在物业管理公司员工关系协调中,要建立激励机制,激励员工的主要方法如下:

1)民主管理激励

民主管理激励是组织内部公共关系采用的一种激励方法。通过保障组织内部公众的主人翁地位,使之有权参加组织重大事件的决策,对领导者进行监督,以调动员工的积极性,建立和发展良好的内部公共关系。

2)奖惩激励

通过奖励或惩罚,肯定内部公众的合理动机和正确的行为;否定内部公众的不良行为,使之收敛、消退。当然,实施奖惩时,要把物质奖励与精神奖励结合起来,精神奖励往往具有物质刺激无法替代的作用。有关研究表明,通过物质奖励只能发挥员工工作能力的60%,而余下的40%的潜在能力只有依靠精神奖励的方法才能激发出来。

3)榜样激励

榜样激励即通常所说的典型示范,以典型带动一般,以先进推动后进。通过树立榜样,激发员工的上进心。在树立榜样时要注意其真实性、代表性、可学性。在防止一味追求高、大、全的同时,要注意榜样的说服力和感召力。

4)领导行为激励

在物业管理公司内部,领导者行为对于员工而言具有很大的感染、鼓舞和示范效应。这对领导者的领导作风、领导水平、领导方法等提出了更高的要求。领导者的模范行为成为一种无声的召唤,成为员工学习效仿的榜样。

5)情感激励

注重情感管理。只有真正了解自己的员工,才能同员工建立友好的联系。员工都是有血有肉有感情的人,通过长期努力,同他们保持心理情感上的相通,自然可以维系良好的员工关系。注重对内部公众的感情投资,对其8小时内外的学习、工作和生活都不断地给予关心照顾,从而激发其积极性。感情投资不受时空条件的限制,与有形的物质联系相比,情感激励产生的作用和内聚效应更为持久。

6)反馈激励

在内部公共关系中,及时地把员工业务成绩和学习效果反馈给本人,同时做出客观的评价和奖赏,以更有效地激励内部公众的积极性。

协调员工关系在于促进物业管理公司内部的合作与团结,做到每一个劳动者在各自的岗位上,以主人翁的态度进行工作,人人关心组织的经营、人人重视组织的利益、珍惜组织的信誉和形象,从根本上改善组织素质,提高组织效率,使物业管理公司在对外竞争中处于有利地位。

3.2.4 部门关系的沟通与协调

在物业管理公司内部,划分若干部门的目的在于确定各项任务的分工与职责的归属。同时,部门又是物业管理公司联系员工的机构,部门功能是物业管理公司整体运行的有机组成部分。

公司作为一个相对独立的经济组织,它是诸部门的有机集合体。一般来说,公司在经理之下设立若干职能部门或科室。在一些大型企事业单位,部门的分工还会更细。在日常运作中,物业管理公司整体素质的优劣和功能的发挥受到各部门的影响。如果下属各部门都能有条不紊,配合默契,那么组织的整体效能就会充分展示出来;如果下属不同的职能部门只从自身"小团体"的利益出发,斤斤计较,搞本位主义,内耗严重,不仅会严重影响自身功能,还会导致部门效能的抵消,削弱物业管理公司的整体优势。

1)与物业管理公司内部正式团体的沟通方式

在正式团体中,各个成员公众之间具有共同的目标和利益关系,这些目标和利益非个人努力所能够达到,必须通过全体成员的共同工作方能实现。正是团体的行为活动受一定的规范制约,成员之间有密切配合和工作的保证,因此产生和形成团体纪律与团体舆论。正式团体还能满足成员的归属感,每个成员彼此之间相互认同,在工作上、思想上、情感上经常交流切磋。

在物业管理公司内部,正式团体的沟通与协调可以采取这样一些方法:

(1)强化成员的"团体意识"　公众一旦加入了某正式团体,就要接受团体的价值观念,遵守团体的行为规范。广大公众以主人翁的姿态,自觉按照团体的目标来校正自己的行为。

(2)编印内部刊物　刊物是内部公共关系活动的书面媒介,它有利于进行各种横向信息交流和纵向信息交流。

(3)积极开展各种团体文化活动　所谓团体文化是指由物业管理公司内部正式团体的价值观念、道德规范、工作方式等内隐文化以及组织内各类正式团体开展的文化教育、娱乐联谊活动等外显文化构成的有机统一体。各类团体文化活动、可以沟通正式团体不同公众之间的信息。保持内部公众之间和谐融洽的合作气氛,造就物业管理公司内部良好的公共关系状态。

2)与物业管理公司内部非正式团体的沟通方式

所谓非正式团体是人们在相互交往中自发形成的、没有得到正式认可和批准的团体。非正式团体的形成基于某种利益和观点一致,彼此有共同的兴趣爱好和相似的经历背景。非正式团体成员以个人的好恶兴趣为联系纽带,也有共同遵守的不成文规范,他也会产生较高的自觉性和较强的内聚力、认同感。

非正式团体在物业管理公司的公共关系工作中,一方面具有积极作用,它可以发挥沟通意见、稳定情绪、互帮互学的效应,有时可以起到正式团体起不到的作用,另一方面非正式团体也有不可忽视的"副作用",容易散布流言蜚语,带来哥们义气,削弱正式团体的控制力和影响力。

按照非正式团体的不同作用效果,可以将其划分为3种不同类型:

①正面型非正式团体。它与组织目标一致,服从组织统一协调,比如职工们自发形成的读书小组、技术攻关小组,这类非正式团体有益无害;

②中间型非正式团体。他们与组织目标有时一致有时不一致,在这个问题上持有相同看法而在其他问题上持不同观点,比如几个人经常聚合在一起打扑克而形成的小群体,它无益也无害;

③负面型的非正式团体。这类小群体的目标与组织目标是不一致的,它有害而无益,容易搞宗派谋私利,扰乱组织秩序,同领导唱对台戏。

在内部公共关系工作中,我们要注意发挥非正式团体的积极作用,剔除非正式团体的消极作用。具体来说,非正式团体的沟通协调可以通过认知沟通和协调、人际沟通和协调、组织沟通和协调等途径来实行。

(1)认知沟通与协调　在内部公共关系工作中,应当正视非正式团体的客观存在及其双重作用,认识非正式团体的产生是对正式团体的有益补充。同时,要对非正式团体的具体情况认真摸底,做一番深入细致的调查研究,弄清楚非正式团体形成的背景原因、思想倾向、成员构成、意见领袖以及活动方式,以便因势利导,对症下药,尽可能使非正式团体的目标方向与组织目标保持基本一致。

(2)人际沟通与协调　非正式团体的产生与人际交往有很大关系。因此,物业管理公共关系活动要注意联络感情,建立友谊,融洽人际关系,积极支持非正式团体的各种有益活动。在实际工作中,特别注意与非正式团体的"意见领袖"之间的交往,取得这些"意见领袖"的信任、理解和协作配合,调动了"意见领袖"的积极性也就调动了他所代表的非正式团体的积极性。在非正式团体中,"意见领袖"虽然没有物业管理公司赋予的正式职务与权利,但他在自己的圈子中具有特殊地位和影响及较高的威信,如果对他们采取"杀一儆百"的强制办法,效果往往适得其反。

(3)组织沟通与协调　公共关系人员通过全盘考虑和科学决策来制订一个能够得到非正式团体认可的组织目标,把非正式团体的利益维系在这个可行的总目标上,从而使各类正式团体、非正式团体、公共关系和人际关系结成一个有机整体。在物业管理公司内部沟通协调过程中,还应当合理利用行政手段和控制方法,引导和发挥非正式团体的积极作用,尽量限制和消除非正式团体的消极作用与破坏作用。

3.3 股东关系

股东关系是指物业管理公司同所有股东之间的一种关系,包括董事会成员、个人和集团股票持有者等一切股东之总和。

3.3.1 股东关系的构成

股东关系由个体投资者和团体投资者这两类群体构成。

个体投资者主要包括股票持有者和股票交易者。

股票持有者,即持有组织股票而不卖出自己的股票,他们是组织真正的股东。在这类人中,有的是外部加入者,有的是组织员工,其利益与组织的利益紧密相关。

股票交易者,即他们属于一些买入或卖出股票的人。广泛地吸引这些个体投资者,对于避免股票高度集中于少数外部机构尤其重要。

团体投资者主要包括金融机构、保险部门、各种资金管理机构以及各种各样的社会组织等。

3.3.2 股东关系协调的重要性

股东关系协调得如何,直接关系到物业管理公司的兴衰成败,严重影响物业管理公司的经营管理,必须予以足够的重视。

1)物业管理公司必须赢得股东支持

协调物业管理公司与股东关系的目的,就是要吸引各类投资者,确保资金充足,稳定已有股东队伍,并使之成为长久的投资者。如果和股东关系不协调,物业管理公司就不能赢得股东的支持,最终必然使物业管理公司资金枯竭。协调股东关系就好比增强人体的造血功能。

2)组织需要股东出谋划策

在物业管理公司中,股东是物业管理公司共同的利益群体,对物业管理公司的发展有决定性的影响。其意见、主张、态度等决定着公司的命运及走向。因此,一旦股东的权力被吸引到对公司利益有利的交汇点上,组织就会因此而生机勃勃。

3)股东是物业管理公司的重要宣传者

股东,尤其是大量分散的个体股东,其言行直接影响到更广泛的潜在的投资者。如果同他们建立协调融洽的关系,他们就会积极影响广大公众,使物业管理公司吸引更多的潜在投资者。

3.3.3 股东关系的协调原则

随着社会主义市场经济体制的确立,产权制度改革的逐步推进和市场竞争的日趋激烈,多渠道地向社会筹集资金成为必然。因此,股东关系成为了物业管理公司内部公共关系的重要内容。要做好股东关系的协调工作,必须坚持如下原则:

1)尊重股东主人翁意识,保证股东应有的权力地位

股东是物业管理公司的所有者,是权力的主体。协调股东关系,要给股东以应有的尊重。只有尊重股东的主人翁意识,并确保股东应有的权力地位,物业管理公司才能在股东关系协调上获得满意的效果,才能吸引股东参与决策,甚至成为物业管理公司的有力推销者。

2)股东利益至上,保证股东应有的经济权益

股东关系协调是物业管理公司发展的关键因素之一,而协调的关键是贴近股东利益、为股东谋利益。作为投资人,股东应有其法定的经济权益。物业管理公司不仅要及时准确地向股东通告收益状况以达到信息共享,还要及时真实地向股东发放股息红利。因此,作为物业管理公司的直接受益人,股东的经济权益应当得到物业管理公司的高度重视。

3)一视同仁,保证股东应有的平等关系

物业管理公司在协调不同股东时,应当对每一位股东都抱以同样的尊重,决不能因影响力大小和奉献多少而厚此薄彼。在传递信息时,应当使股东之间信息共享,及时、真实地将物业管理公司的政策、行为、趋向、状况无差别地传递给每一位股东。在与股东交往上,过多地与大股东或认为重要的股东交往,而过少地或根本不同一些股东交往,都是不正常的现象。在受益问题上,物业管理公司给予股东的利益应该同等,对股东给以同等的尊重与待遇。

需要指出的是,物业管理公司内部公众中有一部分既是员工又是股东的公众,他们与物业管理公司结成了双重的内部公共关系。这种双重身份就使员工的个人利益同物业管理公司的经济利益更加紧密地捆在一起,更利于调动员工的积极性。

3.3.4 股东关系协调的途径

1)为股东提供全面准确的生产经营管理资料

为股东提供公司的生产经营项目、目标、方针、业务情况、财务状况、股份分配政策及盈利预测等。公司可以定期或不定期地发送财会报表,也可以召开股东大会通报情况,还可以通过印发小册子沟通信息。股东只有了解了公司的可靠性和发展前景,认为可以获得投资效益,才会更乐于投入资金。

2)公司应加强同股东的感情联系

经常与股东进行接触交流,以取得他们对公司的了解、信任和支持。情感交流的方式很多,如个人拜访、写信、电话联系等,也可以办内部刊物、向股东赠送有意义的小册子或体现公司特征的挂历等,还可以召开股东年会、联谊会、联欢会或组织旅游等,有时还可以向股东赠送有公司优美形象的纪念品,增强他们的光荣感和自豪感。感情融洽后,即使公司在生产经营中一时发生了重大失误或出现严重困难,股东也不会落井下石,还会帮助公司渡过难关。

3)广泛收集股东的意见和建议

对股东的意见和建议,应认真分析,慎重对待,做出恰当的处理。如采纳,应登门致谢,并通报表扬,颁奖鼓励,以树立榜样,扩大影响;如未采纳,也应给予答复或解释,使他们继续关心公司的成长和发展。

4)开好股东年会

股东年会是股东的"审判日",即股东审核公司经营业绩的日子,同时也是公司与股东直接沟通的主要形式。在年会上,公司要向股东如实报告经营状况,既要报喜也要报忧,还要向股东报告公司政策、目标、发展计划、资金流动、股利分配、盈利预测等各项详尽统计数字。大会议程、股东发言要记录整理好,编成简报,发给每一位股东。

5)策划以股东关系为主题的公关专门活动

以股东关系为主题的公关活动,目的在于吸引股东对公司的兴趣,促进股东与公司之间更好的理解与合作。专门活动实施的内容包括调查股东意见、测定股东特征、策划与股东的沟通。专门活动除了股东大会和年度报告以外,可以是座谈会、咨询会、吹风会、联谊会、总经理亲笔信、征求新产品意见、各种庆典和纪念活动、股市分析会等。

小　结

物业管理公司的内部公共关系包括员工关系和股东关系等。

协调员工关系是物业管理公司发展的内在动力和潜力，物业管理公司应注重把员工利益融入到组织政策，构建"员工第一"的公关思想，采取有效的激励机制，充分调动员工的积极性。

股东是物业管理公司共同的利益群体，要尊重股东，保证其应有的权利和地位，同时要注意对每一位股东均应一视同仁，给予其同等的尊重和待遇。

复习思考题

1. 判断并改错

(1)一个人不可能既是物业公司的员工又是物业公司的股东。　　(　　)

(2)对物业公司的员工奖励主要实行物质奖励，因为精神奖励作用不大。　　(　　)

(3)物业管理公司在协调不同股东时，首先考虑大股东的利益。　　(　　)

2. 选择题

(1)物业公司的股东主要包括：(　　)

A. 股票持有者　　B. 股票交易者　　C. 董事会成员

(2)下面属于物业管理内部关系激励功能的举措有(　　)。

A."心往一处想"　　B. 制定行为准则

C. 实行职工建议制度　　D. 给员工赠送生日贺卡

(3)与非正式团体沟通可通过的以下方法(　　)。

A. 制定约束性规范　　B. 进行认识沟通和协调

C. 进行人际沟通和协调　　D. 进行组织沟通与协调

3. 填空题

(1)物业管理公司全体人员都要求有集体荣誉感，这种集体荣誉感在心理学上叫________。

(2)按照非正式团体的不同作用效果，可以将其划分为________、________和负面型的非正式团体。

(3)物业管理公司的团体投资者主要包括金融机构、保险部门、________以及各种各样的社会组织等。

4. 简答题

(1)结合实际谈谈协调物业管理公司员工关系的途径。

(2)如何与物业管理公司非正式团体沟通?

案例讨论

6月底,××花园物业管理处财务室在核算近半年的水费时,发现比去年同期高出近5万元,就及时向管理处张主任报告。张主任十分重视,立即安排维修班对半年来的用水情况进行盘查,发现近3个月总表数大于分表数。张主任要求维修班长和水工马上检查原因,并将此事向公司汇报。维修班立即召开紧急班会,大家各抒己见,最后决定兵分三路:第一路到小区供水管理所反映情况、联系核查总表是否存在问题;第二路全面检查住户用水情况;第三路对雨水井、污水井、水箱、水池地面进行查漏。公司组织人员按设计图纸普查,最后在A栋一个雨水井旁听到流水声。打开井盖一看,雨水管外管壁流出一股清水。水管破了是肯定无疑了,接下来就是怎么找漏点了。在大家齐心协力下终于查出漏点并对漏点进行了焊接。漏点焊好了,但管理处仍怀疑总表有问题,再次到供水管理所联系请求检测总表。经供水所同意,拆表到深圳市水表计量检定中心检测,管理处还安排专人陪检,检定结果,总表正常。7月底,抄表从每月用水3万多立方米降至2.1万立方米。

问题:

(1)你认为该物业管理处发现漏水原因的主要功臣是谁?

(2)结合案例谈谈你对物业管理公司中“员工第一”这一宗旨的认识。

第4章 物业管理公司外部的公共关系

【学习目标】

1. 了解物业管理公司外部的公共关系的主要对象
2. 掌握物业管理公司外部公共关系协调的原理和方法
3. 培养开展和实施对物业管理公司外部公众关系协调的能力

【案例导入】

××公司荣获"迎奥运、促和谐"突出贡献奖

近日，××公司荣获北京市朝阳区有关部门颁发的"迎奥运、促和谐"突出贡献奖。2006年，北京市朝阳区政府发起开展了"迎奥运、促和谐"活动。××公司积极响应政府的号召，在所管辖的北京市朝阳区望京南湖东园、中园，望京西园三区、四区，银岭世家、世安家园，花家地、花家地北里小区等10个小区认真开展了"迎奥运、促和谐"活动。活动中，××公司筹措资金上百万元，用于社区环境的美化。认真做好社区公共秩序管理，为居民提供了安全和谐的居住环境。此外，××公司通过召开业主座谈会、发放民意调查表和开展网上讨论等形式，充分了解业主对物业管理和服务方面的意见和建议，在此基础上制订切实有效的措施，进行积极认真地改进。如有的业主提出，物业收费规定是在白天，可业主们要上班，能不能使交费方便些。听到这些反映，××公司很快就做出了电话预约上门收费及每天延时至晚间22时收费的措施，受到业主们的欢迎。此外，为增进物业与业主，业主与业主的相互了解与友谊，××公司还将自己职工的活动室定期向业主们开放。如：乒乓球室、台球室、健身房等。除此以外，××公司还注意经常开展形式多样的爱民、便民、助民活动。如开展上门服务，零维修24小时服务。在"元旦"、"春节"、"五一节"、"中秋节"、"国庆节"，慰问孤寡老人和军烈属、组织文艺演出等，为广大居民创造便捷和谐的生活环境，融洽了彼此关系，体现了亲情，凝聚了人心。更可喜的是，××公司为更进一步给广大业主提供优质服务，促进自己管理水平的提高，在所管的望京西园三区成立了全北京市第一家有组织的"物业管理监督委员会"，以更好地接受监督，改进服务，提高质量。还尝试在所管世安家园进行了"一站式"服务，规范收费的试点工作，取得了成功并得到了市、区有关部门的肯定和推广。

由于××公司认真坚持“住户第一,服务至上”的企业宗旨,努力为广大居民提供优质、规范的物业管理服务,营造了和谐、温馨、舒适的居住生活环境,2006年在北京市朝阳区开展的“迎奥运、促和谐”活动中做出了突出贡献。(资料来源:www.wjsq.net.cn,2007.3)

与内部公共关系明显不同,物业管理公司外部的公众是一个庞大的外在制约系统。作为环境力量,外部公众是物业管理公司依靠的伙伴,也是制约物业管理公司发展的重要因素。物业管理公司不仅要重视和改善企业内部的关系,还要注重与其他群体和组织的关系。与政府、相关行业组织、业主、房地产开发商、新闻机构等建立良好的关系,创造一个有利于企业生存和发展的外部环境。开展外部公关活动有利于提高企业信誉,树立良好的企业形象,提高竞争能力。

4.1　物业管理公司与政府的公共关系

4.1.1　协调政府关系的重要性

物业管理公司协调与政府关系的重要性体现在以下几个方面:

1)政府对物业管理公司的生存和发展具有直接的制约作用

政府作为国家政权机构,通过行政指令直接干预物业管理公司的发展,有利的行政干预使物业管理公司受益,而不利的干预会使物业管理公司面临种种难题。

2)政府对物业管理公司行使指导、调节、监督和检查等管理职能

政府作为管理者,在行政和经济上依法对物业管理公司行使管理职能。在此过程中,物业管理公司居于服从地位,只有忠实地服从,认真按照政府要求行事,物业管理公司才能受到政府的肯定和赏识。否则,对物业管理公司有百害而无一利。

3)政府具有非凡的影响力和强大的经济实力

政府对物业管理公司的态度往往会带动整个社会舆论。政府的肯定和赞誉常常使物业管理公司走向前所未有的发展境地,而政府的否定和谴责则会把物业管理公司送入四面楚歌的困境。另外,政府在政策和经济上的支持,将有利于物业管理公司的生存,能促进物业管理公司更快地发展。

4) 政府可为物业管理公司带来特别的发展机遇

物业管理公司被政府所了解,并获得政府赏识,那么在资源配置的过程中可能会得到政府给予的特别待遇,这对物业管理公司的发展有着积极意义。因此,任何一个物业管理公司都必须把协调政府关系作为一项重要的工作来对待,主动接近政府,密切与政府的关系。

4.1.2 协调政府关系的原则

物业管理公司与政府关系的协调,固然要借助交往、沟通手段,但根本点在于如何协调利益关系。物业管理公司与政府关系协调须遵循以下原则:

1) 把国家利益放在首位

物业管理公司在处理与政府关系时,有两种选择:一是只顾自身利益而不顾国家利益;二是以国家利益为重,使物业管理公司的利益服从国家利益。显然,前者是不可取的,因为这不仅对全局造成损害,而且会加大物业管理公司与政府之间的矛盾冲突,从而断送与政府的关系。把国家的利益放在首位,这是协调物业管理公司与政府关系最根本的,也是最有效的原则和方法。

2) 服从政府的管理

政府依法对全社会的各类组织实施管理和领导,它要求每一个社会组织都能服从其指挥和管理。因此,物业管理公司协调政府关系,就要在实际行动上与政府步调一致,要全面、及时、准确地了解与物业管理公司相关的政府政策、措施、法规和指令,并模范地遵守。

3) 协助政府排忧解难

物业管理公司能想政府之所想,急政府之所急,协助政府排忧解难。例如物业管理的正常开展,有利于小区,大厦的安定团结;物业管理规模的扩大,有利于下岗职工的再就业,这些都在一定程度上缓解了政府的困难,从而赢得政府的关注与支持。

4) 及时沟通信息

政府的政策、措施等都是根据社会实际需要而制定。政府只有在了解了社会组织的情况后,才能对社会组织的问题、利益和需要做通盘考虑。物业管理公司应及时、准确、真实地向政府通报实际情况,通过利害分析赢得政府的了解、理解和在决策上的大力支持。

5)积极参政、议政

物业管理公司是社会活动的参与者,物业管理公司员工要响应政府的号召,积极参加并有效地开展国家政策法规的贯彻、教育、讨论等活动。加强与政府官员的广泛交往,密切政府关系,为物业管理公司的生存和发展创造有利的政府公众环境。

4.1.3 协调政府关系的内容

1)行政主管部门关系的内容

房地产行政主管部门负责物业管理的行业归口管理工作,其主要职能是依法行政,包括规划、组织和推动物业管理工作的实施。物业区域所在地的政府、街道办事处、相关专业部门和物业管理行业主管部门按各自职责范围共同负责小区的管理工作。地方性的工作由地区统一协调,专业性的工作归口行业主管部门和相关部门负责。条块结合有利于发挥多方面的积极性。

建设部是国务院综合管理全国建设事业的职能部门;位列房地产业内的物业管理自然受其管理。各省、市对物业管理的行政管理部门也有明确规定。北京市人民政府在《北京市居住小区物业管理办法》中规定:"市和区、县房屋土地管理机关主管本行政区域居住小区物业管理工作。"同时还规定:"本市区规划、工商行政管理、物价、环境卫生、绿化、市政、公安等行政管理机关和居住小区所在地的街道办事处,按照各自的职责,对居住小区的物业工作进行指导和监督、检查。"《深圳经济特区住宅区物业管理条例》中规定:"市政府住宅区行政管理部门是特区住宅物业管理的主管部门。各区人民政府住宅管理部门是本辖区内住宅区物业管理的业务管理部门,对本辖区的住宅区物业管理依法进行指导、监督。"

从大的管理结构上来看,物业管理行政主管部门大致分为四个层次实行分级管理:国务院建设行政主管部门(即建设部),省(自治区、直辖市)人民政府建设主管部门,设区的市的人民政府房地产行政主管部门,区(县)人民政府房地产行政主管部门。

物业管理行政主管部门对物业管理工作负有规范、发展的主要职责,具体内容有:

①制定和完善全国性或地方性的物业管理法规、政策及实施细则,并贯彻执行,依法治理物业管理行业。

②贯彻落实物业管理的各项专业技术标准及评比标准等,推广使用各种标准文本和示范文本,如物业管理服务合同示范文本等;规范和审核物业区域的各种公众性制度以促进小区管理的规范化运作,如业主公约、业主委员会章程等。

③指导和监督物业管理企业的工作,审查物业管理专业人员的业务培训、考核与注册,检查、监督物业维修资金的管理与使用,对物业管理小区进行评比等。

④指导业主大会和业主委员会的成立与工作，协调他们与物业管理公司之间的关系。

⑤协调物业管理涉及的政府各相关部门与机构的关系，特别是同街道、居委会等地区组织的关系，创造有利于物业管理运行和发展的良好的外部环境。

⑥向社会广泛宣传物业管理，让公众在了解和正确认识的基础上，理性消费物业管理，使业主／物业使用人能分清并正确处理政府、发展商、物业管理公司、个人之间的责、权、利关系。

2)协调相关行政职能部门关系的内容

物业管理公司与相关行政职能部门关系的内容主要有以下几个方面：

①物业管理公司应接受工商行政管理部门的监督与指导

建设部33号令规定：物业管理公司须向工商行政管理部门申请注册登记、领取营业执照后，方可开业。物业管理公司须履行了工商行政管理部门要求的各种手续之后，方可获准成立。

所以，物业管理公司在开业之前，须向工商行政管理部门申请注册登记，经工商行政管理部门审核批准后，依法发给物业管理公司法人营业执照或非法人营业执照，然后物业管理公司方可正式开业。

工商行政管理部门，每年度对物业管理公司依法进行年检、年审，对违法经营者有权依法进行批评、教育、处罚，直至吊销企业营业执照，对合法经营者给予保护和支持。物业管理公司也应主动配合，接受检查。

②物业管理公司要依法向税务部门纳税

物业管理公司要遵照有关政策规定，依法向税务部门按时纳税，税务部门有权依法对物业管理公司进行定期或不定期的税务检查与指导，有权处罚违反税务规定的行为。

③物业管理公司应接受物价部门的物价管理

物业管理公司在制定物业管理服务收费标准之前，须上报物价管理部门审核批准。未经物价部门批准，物业管理公司不得扩大收费范围，不得随意增加收费项目和提高收费标准。物价管理部门对物业管理公司的价格工作实行监督、指导。

④物业管理公司其他各项管理服务工作都要接受相关行业管理部门的监督与指导

保安工作，应接受当地公安局或派出所的监督与指导，配合综合治理办公室搞好治安保卫工作。

保洁工作，应接受环卫局的监督与指导，搞好清洁卫生和环境保洁。

环保工作，要在环保部门指导下搞好环保工作，为住户创造良好的生活、工作、学习环境。

绿化工作，应在园林局和绿化委员会的指导下，搞好绿化等。

⑤物业管理公司与街道办事处和居委会的关系

街道办事处是市人民政府或市设区的区人民政府的派出机构，它对所管辖的地区行使管理职能，对管辖地区的各项工作，按照政策，依法统筹规划，信息引导，组织协调，检查督促。物业管理公司在街道办事处的管辖区域之内，必须按照街道办事处的统一部署开展工作。比如在春节或重大节日期间街道办事处要组织卫生突击活动，物业管理公司应当按部署积极参与。街道办事处根据上级有关部门的布置或指示精神，或群众的突出反映，可以检查、督促物业管理公司的工作。

物业管理公司和所在地的居民委员会之间，有着非常密切的关系。居民委员会不仅是居民群众的自治组织，同时又兼有最基层政府的职能。物业管理公司，应当配合居委会开展社区管理、社区服务工作，与居委会共同做好社区综合治理工作、老龄工作、妇女工作、计划生育工作、青少年教育工作，特别是社区文化建设，共同为精神文明建设做出贡献。

物业管理公司在开展各项特约服务时，住户需要的许多家庭服务项目可以订立合同委托街道居委会组织待业的劳动者去做。例如：家庭计时工、接送儿童上学、换煤气罐、拆洗衣服被褥、送信、送报、送奶，以及低要求的物业管理中的清扫、安全执勤等。这些服务项目都可以由物业管理公司与居委会签订合同，委托他们办理。收费标准由物业管理公司确定。该项收入的内部分配，原则上是服务费归居委会，物业管理公司适当收取一些佣金。这样既增加了物业管理公司的服务项目，提高了声誉，又使居委会增加一定的收入，获取居委会的支持。切不可物业管理公司介入后，切断了居委会的一切收入来源，这将使自身得不到居委会的支持，使物业管理工作受阻。

4.2　物业管理公司与相关行业及协会的公共关系

4.2.1　协调与相关行业的公共关系

物业管理公司不仅要协调与业主的公共关系，还必须与为业主服务的自来水公司、供电公司、燃气公司、供暖公司、电讯公司等外部组织打交道。物业公司在与这些组织的关系中，多数处于被动的被垄断地位，这种地位决定了物业管理公司必须主动与这些外部组织处理好关系，才能在物业管理工作中争取主动，以维护物业管理公司自身和业主的利益。具体协调方法有：

(1)建立与外部行业组织的信息互通网络

物业管理公司常与这些行业组织联系，有助于建立顺畅的信息交流渠道，及时掌握与业主生活息息相关的水、电、煤气等的供应情况，以便及时分析这些信息对小区或物业管理公司运作的影响，以采取相应对策。如水、电价格的调整，必须提前做好与业主的解释和沟通工作。又如停水、停电做到事先有通知，可避免居民因无准备而造成的不便。

(2)引导外部行业组织关注、参与物业管理

物业管理毕竟是新生行业,要获得外部行业组织的支持,必须使这些行业组织了解物业管理对提高人们的生活品质、稳定社会的重要性。这就需要物业管理公司积极主动地引导这些行业组织关注、了解物业管理,并配合和参与物业管理,以保障物业管理能顺利进行。

(3)支持、配合外部行业组织的工作

外部行业组织对社区的许多服务需要物理管理公司配合才能顺利完成,如代收相关费用等。物业管理公司应该主动协助他们,减少这些行业组织在开展工作过程中的困难,自己也可以收取劳务费,达到互助互利共赢的效果。

(4)组织必要的交际活动

物业管理公司可通过一些必要的交际活动,加强与这些行业组织的联系。如茶话会、联谊会等。

4.2.2 协调与物业管理协会的公共关系

物业管理协会是以物业管理企业为主体,相关企业参加,按照有关法律法规自愿组成的行业性自律组织。物业管理公司与物业管理协会协调的内容主要有:

(1)借助物业管理协会,架起物业公司与业主之间的桥梁。

(2)接受物业管理协会的监管,建立行业自律机制,规范行业自我管理行为,树立物业管理的良好形象。

(3)通过物业管理协会进行行业内部协调,维护行业内部公平竞争。

(4)通过物业管理协会维护企业合法权益,向政府反映企业的合理要求和建议。

(5)享受物业管理协会提供的信息与咨询服务。

4.3 物业管理公司与业主的公共关系

业主、业委会与物业公司之间存在着一种错综复杂的关系。

物业管理公司是依据委托管理合同在新建住宅区或物业中履行管理职责的。一般情况下,委托管理合同首先是由房地产开发商代表广大业主与物业管理公司签订。等召开业主大会,业主物业管理委员会成立后,再由物业管理委员会代表全体业主正式与物业管理公司续签委托管理合同。

业主是房屋的主人,由于购买了物业,购房人成了新建物业的产权所有人,合法地拥有所购物业。房屋产权所有人对物业拥有所有权与使用权。由于房地产开发商在销售物业之前,已临时安排物业管理公司对所购物业进行管理,业主在此时只能暂

时放弃自己选择物业管理公司的权利，认同开发商的安排。当新建物业入住率达到50%时，开发商应会同物业管理公司召开房屋产权所有人大会（或称业主大会）。

业主委员会，通常是由业主大会选举产生的物业管理机构，它代表物业产权人和使用人的根本利益，业主委员会可以自己设立物业管理公司，也可以招标选聘物业管理公司。无论属于何种情况，物业管理公司都应该对业主委员会负责。

物业管理公司在管理物业的过程中经常要和业主委员会发生联系，业主委员会为了业主们的共同利益也时常要和物业管理公司打交道，由此产生了他们之间的合作工作关系。

一般来说，委托合同中都规定了物业管理公司和业主委员会的权利和义务。

物业管理公司有权要求业主委员会协助管理，同时应按时召开业主代表大会和管委会，定期向业主和用户汇报工作，公开账目，公布管理成本和收益总额；可请业主代表以及有关部门代表参加物业管理公司的重要会议，加强互相了解；还可以组织联谊会或其他形式的娱乐活动等，密切各方面的关系。

业主委员会有权审议物业管理公司制定的年度管理计划和管理服务的重大措施，有义务协助物业管理公司落实各项管理工作等。业主委员会不仅有权监督物业管理公司的工作，而且在必要时有权依法撤换物业管理公司。

4.3.1 业主关系协调的重要性

良好的业主关系是物业管理公司生存发展的首要外部条件，它对物业管理公司的经营活动，甚至对于物业管理公司的兴衰成败有着极为重要的意义。

1）协调好业主关系是物业管理公司发展最核心的问题

业主是物业管理公司面临数量最多的公众，满足业主的需要是物业管理公司经营活动的基本目标和出发点。任何一个物业管理公司都注定要在业主关系中求生存、求发展，没有业主的合作就谈不上物业管理公司的生存和发展。

2）协调好业主关系是赢得业主的关键所在

在业主越来越挑剔，物业管理公司的服务越来越丰富的现代社会，业主的需求越来越趋向于感觉、情感甚至关系。因此，谁与业主关系协调得好，谁就能赢得业主。

3）协调好业主关系是稳定业主队伍的保证

对待变化莫测的业主群体，只有以关心、热心和尽心来协调，才能使之稳定，并与物业管理公司良好、久远、融洽地相处。

4）协调好业主关系是赢得良好环境的基础

任何物业管理公司都需要一个良好的生存环境，即公共关系环境。业主关系的好坏与否,对其他各类公众关系产生较大影响,也就是说,业主接受了物业管理公司,媒介公众、政府公众、社区公众、金融界公众、竞争者等一般就会给予接纳。

4.3.2 业主关系协调的原则

物业管理公司必须争取尽可能多的业主的好评,以使其提供服务的价值得到充分的实现,从而保证其利益的最大化。为此,要做到如下两点:

1) 把业主至上的观念化为物业管理公司的行动方针

把业主至上确定为全体物业管理公司成员必须严格遵循的方针,才能切实将其转化为员工的具体行为。在物业管理公司所制定的政策中,通常被具体表述为:"业主总是对的"、"不得丝毫怠慢业主"、"即使业主有无理(无礼)行为,也要微笑服务"、"满足业主的一切需要,哪怕是额外的需要,务使业主满意"、"为业主提供及时、准确、礼貌、热情和周到的服务"、"不得以任何理由触怒业主"等。

例如,《广州市物业管理公司资质管理暂行办法》规定,每年业主或住(用)户对物业管理公司在管理服务、收费、经费管理、维修养护等方面之失职、违纪、违法等行为的投诉,经市、区房地产主管部门查实登记超过1%,即给予物业管理公司降级或注销资质证书的处理,取消其管理人员上岗资格。

在市场经济条件下,业主有权通过市场选择物业管理公司,而物业管理公司也可选择业主。但随着专业化物业管理公司的大量涌现,竞争不断加剧,物业管理市场更多地处于买方市场状况。优胜劣汰,适者生存,这是市场经济的游戏规则。谁能满足业主的需求,业主就选择谁,否则就会被淘汰出局。因此,物业公司必须依靠良好的经营、优质的服务、合理的收费才能挤进和占领市场。

2) 把业主至上的意识化为员工的自觉行为

业主至上是物业管理公司处理与业主关系的首要的、核心的和根本的原则。这种认识不仅仅是公共关系人员的认识,或领导成员的认识,而是物业管理公司全体成员的共同认识。实践证明,在物业管理公司中统一业主至上的认识,使全体员工在这一点上训练有素,成为对待业主的自觉行为,定会给物业管理公司的业主关系协调带来巨大的收获。

4.3.3 协调业主关系的方法

协调业主关系的目的,是促使业主形成对物业管理公司及其服务的良好印象和评价,提高物业管理公司知名度和美誉度。建立良好业主关系的主要方法如下:

1)以业主利益为重

利益是协调关系的根本问题,企图超越利益去协调物业管理公司与业主的关系是不现实的。在业主关系协调中,业主执掌着物业管理公司的生杀大权,因而是至高无上的。如果一切以业主利益为重来决定物业管理公司行为的取舍,那么物业管理公司的业主关系将会更加协调。

2)尊重、满足业主

业主是上帝,对业主要抱以尊重并尽可能满足业主需要的态度。尊重业主,需要真诚、关心和热心,需要付出努力甚至在必要时做出牺牲。某物业管理公司有一条近乎"不近人情"的制度,即"不得以任何理由与业主吵架"。为此,他们提出"10－1＝0"的公式。其意义在于,在对业主的服务中,如果有9次业主满意,而有1次业主不满意,则那9次的服务工作也就前功尽弃。"让业主永远满意"、"业主永远是正确的",正是这种经营理念,创造了它过去的辉煌业绩。

3)提供完美服务

业主在享受温馨家庭生活的同时,还希望物业管理公司能提供优质全面的服务。人们已普遍意识到,建立良好的业主关系决定于物业管理公司所提供的服务是否令业主满意。物业管理公司如果不能以其提供的服务赢得业主的信赖,那么就失去了生存的环境,就不会有更好的发展。在现实生活中,许多物业管理公司提出了"三包"、"五包"、"24小时内修复"、"48小时内修复"、"登门服务"等政策。

4)加强联络与沟通

与业主的联系与沟通并不是一种盲目的、随意的行为。相反,它是一种有组织、有目标、有计划的行为。首先,通过问卷调查、电话或当面访谈等方式对业主进行观察、分析、研究,准确、充分地了解业主的基本状况、需求、态度和意见等。其次,通过座谈会、走访、邀请参观等口头的面对面的沟通,收集业主意见,反映和诉说物业管理公司情况。这种双向的沟通,不仅可以相互交流信息,而且是物业管理公司与业主密切彼此关系,增进感情的有效方式。另外可以通过广播、电视、报刊等大众传播媒介、公司宣传资料和各种展览、赞助等活动沟通、密切业主关系。

[示例1] 深圳鲸山别墅物业管理公司,为了使来自英国、美国、德国,意大利等西方8个国家500余名外籍人员不仅能享受到在本国的一切生活待遇而且对中国文化有所了解,积极开展了各种形式的社区活动,让客居异国他乡的住户有宾至如归之感。他们用中英文出版了《鲸山别墅物业管理简讯》期刊,登载了他们所关心的身边事、中国事。使他们更加了解小区的情况,了解物业管理公司开展工作的情况,了解最关心的每个月活动安排。每到周末来临,不但有中国传统文化讲座、住户家属手工艺品展,而且有烧烤狂欢及各种竞技活动,使得生活在这里的外国友人非常满意。一

位美国住户 Joe Ammy 说:“鲸山非常美,中国人做了很大努力,为了让我们习惯这里,把它管理得非常西方化。居住在鲸山就像居住在美国的家里一样,似乎鲸山不是中国,而是中国的美国。”

[示例2] 李小姐的结婚大喜,也恰巧是楼盘入住以来第一个办婚事的业主。某物业管理公司得知这一喜讯后,清洁员工把小区平台打扫得干干净净,铺上洗刷一新的红地毯;绿化工新添了一些漂亮的盆花;公司物业助理购买了鲜花花篮和贺卡,代表公司全体员工将最美好的祝福带给这一对新人。新人及其父母、亲友激动地说:“真没想到,你们真有人情味,住在这里感到很亲切。”

物业管理公司积极组织各项有意义的活动,并对业主生活中的一些较为重大的事情给予重视是增进双方理解沟通的重要手段。把尽可能多的关怀带给业主,给业主一种“踏实、亲切”之感,也为今后公司开展各项物业工作打下了良好的基础。

物业管理公司还可以组织各类体育比赛、音乐沙龙、京剧票友联谊会等活动,加强住户之间的交往与联系,培养集体观念,增强公民意识。

许多物业管理公司在元旦、春节节日期间进行住户与管理员工迎新春联欢晚会。全体员工服饰一新,精神抖擞地站在会场外面迎接每一位业主嘉宾,并致以节日的问候及感谢对工作的支持。使全体住户感到在这样的小区内生活有亲切感、安全感、舒适感,与物业管理公司的工作人员心贴得更紧了。这些活动不仅给小区居民提供了一个公共场所,一个消遣娱乐的空间,更主要的是使小区内的居民有机会联络感情,交流信息。改善人际关系,形成一种安乐祥和的居住生活环境氛围。反过来又促进各项管理工作顺利开展。文明高雅的社区文化的形成,使社区的安定和文明进步有了坚实的基础。

4.4 物业管理公司与房地产开发商的公共关系

房地产开发商将物业建成,并经政府有关部门验收合格后,经过房产交易将产权转移给新的房屋产权所有人。房地产开发商在物业竣工前,一般是先期委托物业管理公司介入新建物业的管理工作。有时房地产开发商也自己充当物业管理的角色。不管房地产开发商是自己来管理物业还是委托其他管理公司来管理新建物业,都是在为新的房屋产权所有人或使用人提供服务。物业管理公司要将与房地产开发商的关系当作物业管理公共关系的一个重要部分来处理。

4.4.1 物业管理公司与房地产开发商的关系

房地产开发商要依赖物业管理公司代替管理经营,物业管理公司依赖房地产开发商提供经营管理必备的条件。房地产开发商与物业管理公司通常有如下两种关系:

1)房地产开发商附设物业管理公司

房地产开发商为了满足对售房服务与管理的需求,常设置分公司或下属公司实行物业管理,其开展的售后管理工作,往往是房地产开发过程的延续和发展,这种管理模式,在我国较为普遍。

长期以来,物业管理公司更多的身份是开发商的子公司、衍生物,两者之间千丝万缕的联系使他们在解决与业主的纠纷时常常“一个鼻孔出气”。《物业管理条例》第24条规定:“国家提倡建设单位按照房地产开发与物业管理相分离的原则,通过招投标的方式选聘具有相应资质的物业管理公司”。这必将打破二者的“父子关系”,将物业管理公司的竞争置于更为公正、公开的环境当中。

2)委托专业物业管理公司管理

按照建设部《城市新建住宅小区管理办法》规定,房地产开发企业在出售住宅小区房屋前,应当选聘物业管理公司承担住宅小区的管理,并与其签订物业管理合同。所以,在物业建成之后,第一次聘用物业管理公司的工作,应由房地产开发企业完成,当首届产权人及使用人代表大会召开之后,选聘物业管理公司的工作由选举产生的业主委员会负责。

4.4.2 协调与房地产开发商关系的方法

房地产开发商先期委托物业管理公司管理新建物业或自己自行管理物业的行为只能是一种临时的安排,因为在新建物业初期,广大的产权所有人或是没到位,或是即使到位,由于各种各样的原因,尚无能力选择物业管理公司。房地产开发商只是临时代理新的房屋产权所有人和未来的产权所有人委托物业管理公司进行管理。这一时期物业管理公司的费用一般由房地产开发商支付或预先垫付,因为这一时期物业管理公司在这一新的物业管理中尚无收益。由于交易行为和物业管理公司的介入,房地产开发商对新建物业的作用逐渐退居二线。如房地产开发商直接聘请物业管理公司,房地产开发商应当与物业管理公司签订临时委托管理合同,合同期限一般订为一年较为合适。因为业主委员会成立后,有可能在一年后重新选聘物业管理公司。

1)物业管理公司与房地产开发商应及早介入

早介入比晚介入好,介入比不介入好。例如,物业交付使用前,甚至规划设计前物业管理就要参与。交付使用前的准备,包括参与可行性方案研究和前期策划、方案、图纸的一起审定,施工期的密切合作,设施接收与测试,物业接收及交付。

房地产开发商尤其应在设计、施工、售房三个环节上为物业管理公司做好前期准备工作。

①在设计阶段,要从方便用户、完善使用功能出发,为物业管理创造条件。如居

民生活网点和服务半径尽量适合居民需要;车棚、绿地、安全设施等公共设施完善;高层建筑的电梯水泵、锅炉供暖设备、煤气设施、消防设施要保证满足需要;通讯、空调等现代化公用线路的预备,以及为物业管理开展各种经营的配套公共建筑都需要统一考虑。在决定设计方案之前,邀请物业管理公司的人员介入,提出意见。

②在施工阶段,要加强质量监督管理,特别是对隐蔽部位和关键部位要加强质量管理,以免在日后的物业管理中留下后遗症。

③在售楼入住阶段,要做好下列工作:

a. 在竣工前,就要选聘物业管理公司提前介入,向物业管理公司提供技术档案资料,进行交接验收,使物业管理公司熟悉场地和建筑情况,制定各项制度,做好开展物业管理的各项准备工作。

b. 售楼时要对业主就物业管理内容进行宣传,使业主了解物业管理的内容和费用情况以及入住公约应遵守的义务等。

c. 在签订售房合同的同时,签订物业管理委托书或协议书及入住公约。

d. 在有50%的业主或使用人入住小区时,房地产开发商应负责召开业主委员会成立大会。

e. 房地产开发商要按照规定向管委会或物业管理公司提供物业管理基金(含折价物业管理公司开展多种经营所需配套攻坚房屋)。

f. 房地产开发商认真履行售后服务的各项承诺,在保修期间按照规定及时负责回修。

2)物业管理公司与房地产开发商应精诚合作

交付使用后,包括实施物业管理过程保洁、环境、保安、设备维修和保养、服务及物业管理公司与业主的关系等方面,房地产开发商都应紧密配合。

除此之外,物业管理中发生的物业管理纠纷有时也常常涉及开发商,这更需要双方采取精诚合作的态度。

4.4.3 房地产开发商与物业管理公司的分离

目前,绝大多数物业管理公司是从房地产开发企业中分离出来的,有的是开发企业内的一个部门或子公司,但随着社会的发展,人们生活水平和需求水平的提高,这种开发与管理合一模式的弊端将日益暴露出来:它不利于房地产开发和物业管理向专业化和社会化的方向发展,与住宅产业现代化也是不相符的;特别是它不利于切实保护购房者(业主)的利益。只有当物业公司与房地产商是各自独立的,在物业的移交过程中,物业管理公司才会尽全力向开发商和施工单位为业主争得利益,确保业主所购买的住房在质量上有保证,有问题也尽快修复解决,物业公司会自觉不自觉地为房屋的质量把了一个关,以免物业正式移交后,留下的隐患由物业公司处理。如果二者是合一的,不难想象,作为开发公司一个部门的物业公司的“甲方思维定势”将继续存在,业主应得的利益是难以通过二者之间的约束机制而完全得到保障。

4.5　物业管理公司与社区的公共关系

任何一个物业管理公司都生存于一个特定的社区。社区是以共同地域、制度、利益、文化为基础而结成互动关系的人们生活的共同体,包括除本公司外的一切其他社会组织、群体和居民。

社区建设离不开物业管理公司的工作,物业管理公司需要通过对社区服务来发挥作用,两者相互依存,相互促进。社区建设的大力发展必然需要更多的物业管理人员来参加管理,这给物业管理公司带来了新的挑战与机遇。

4.5.1　协调社区关系的重要性

1)社区构成物业管理公司最可靠的后勤保障系统

物业管理公司所需的后勤服务,如交通、供应、水电、环境等均取之于社区。社区公众是否提供支持和合作,对物业管理公司的生存和发展是至关重要的。离开这些基本的支持和合作系统,物业管理公司就会处于困难重重的局面。

2)社区公众是物业管理公司人力资源之源

社区是物业管理公司内部员工的重要提供者,同时这些员工又是社区的居民,社区关系是物业管理公司内部员工关系的延伸。因此,协调社区关系不仅可以引来物业管理公司所需的人力资源,还在客观上有利于协调内部员工关系。良好的社区关系可吸引社区居民成为组织的股东,从而使物业管理公司获得有力的资金支持。

3)社区公众是物业管理公司服务的最接近的接纳者、消费者

良好的社区关系可以使物业管理公司的服务在社区中畅销。因此,社区公众是物业管理公司首要的也是最稳定的顾客,是物业管理公司首先必须依靠的衣食父母,事实上社区关系也是物业管理公共关系的重要构成部分。

4)物业管理公司受社区政府的行政管理影响

物业管理公司作为社区公众的组成部分,必须遵守社区政府(如街道办事处和居委会)的法令、规章,顺从当地社区政府的领导,争取社区政府的协助与支持。一个高效率的、公平合理的社区政府无疑对物业管理公司的发展是非常有利的。

社区建设依赖于小区建设。这是因为物业管理区域建设是社区建设的基础,没有物业区域建设,也就谈不上社区建设。

物业管理区域建设需要社区指导。这是因为物业管理区域建设是社区建设的重要组成部分,必须要有社区进行统一规划,统一协调,才能得到各方面的支持与配合。否则,物业管理区域建设也就难以得到发展。

社区建设应当尊重物业管理区域建设的自主权。这是因为物业管理区域建设主要是依靠物业管理公司通过市场运行机制实施的,物业管理公司是具有"自主经营、自负盈亏、自我发展、自我约束"的法人资格实体。物业管理公司经营过程中不仅要求有社会效益,还要求有经济效益。只要物业管理公司按照有关政策法律从事经营,就应该尊重他们的自主权,否则,干预过多,势必影响其正常运营。

物业管理区域建设要自觉配合社区建设。这是因为整个社区建设是一个整体,物业管理公司是社区内部的一个成员,应该在社区的统一领导和协调下开展工作,只有互相配合才能克服各种困难,解决各种矛盾,全面推进工作。

4.5.2 社区关系的协调原则

无论是物业管理公司的运作,还是员工的生活,都与社区发生千丝万缕的联系。因此,物业管理公司希望得到社区的支持和帮助。

1)让社区公众成为物业管理公司的受益者

社区公众作为物业管理公司的邻居,表现为各种组织类型、群体类型,有时还表现为分散的居民。物业管理公司要在社区中取得利益,首先要使社区公众成为自己的受益者。比如,当社区某些公众出现困难时伸出援助之手;为社区的共同利益而承担义务;积极参与社区公益事业等。

2)做社区公众的忠诚的服务者

社区公众需要社会组织的协同行为,社会组织是社区的一员,有责任承担社区的公共事务,积极参与社区活动,为社区的共同环境尽保护和改善的义务。任何一家物业管理公司的活动在给社区带来诸如增加就业机会、繁荣社区经济等积极影响的同时,也会带来废气、废水、废弃物及各类环境污染。物业管理公司应尽其所能忠诚地予以服务,如为社区环境、公益事业、公共场所、教育等提供最大限度的服务,并视之为物业管理公司分内之事。

海南珠江物业管理服务公司,他们把"服务第一、住户至上、尊重业主"的意识,具体落实在16个字上。即服务态度:文明礼貌;服务行为:合理规范;服务效率:及时快捷;服务效果、完好满意。由于要求具体,促使先进的观念意识逐渐成为人们的自觉行为。

4.5.3 协调社区关系的有效方法

在协调社区关系的实践中，被认为行之有效的方法和手段主要有以下4种：

1）媒介沟通

利用各种媒介与社区公众进行普遍沟通，这是一种迅速、广泛的传播沟通过程，也是主要的社区关系协调手段。这些媒介包括报纸、广播、电视、组织的报刊、宣传手册等，通过这些媒介，物业管理公司用广告和宣传来影响社区公众。

2）人际交往

社区公众是物业管理公司内部员工的延伸，员工每天都与社区居民打交道，因此，促进员工与社区公众的普遍交往，沟通信息，培养感情，密切关系，这是社区关系协调的另一种方法。另外，物业管理公司的领导者、公关人员深入到社区，促进物业管理公司与社区的感情和理解。通过人际交往，物业管理公司成员对社区公众以诚相待、讲真话，可以起到媒介沟通所不能起到的信息和情感沟通效果。

3）社会活动

社会活动是给社区公众实际政策、利益的一种行为，是在社区关系协调中，影响最大，最有利的一种协调方法。媒介沟通和人际交往虽可传递信息，沟通感情，但只是一种影响，还不足以感动社区公众。而社会活动以实际利益给予公众而赢得公众的好感，对社区公众的影响广泛而深刻。物业管理公司开展社区活动主要有两个方面：一是向社区公众捐助；二是参加社区公益或服务活动。

深圳特区华侨城在社区建设、环境建设中很注意创造出华侨城特色的社区文化，对外开展“中国心、世界情、华侨城”，对内开展“寸草心、手足情、华侨城”活动，使整个物业管理充满着活力。深圳华侨城居住着一些港澳台同胞和一些外国友人，为了使他们了解物业管理公司开展的工作，安心居住在小区内，华侨城物业管理公司把所有不同文化层次的外国友人组织起来，通过开展多种内容和不同形式的聚会与活动，使业主们乐意做各类有益于社区内的工作，真正把住宅小区看成是自己的家。

4）征询交流

物业管理公司与社区公众之间关系的协调，还要依靠诚恳的意见征询和交流的方法。只有彼此深层了解、理解才能相互支持与合作。意见征询和交流可采用的渠道较多，如正规调查、访谈、开座谈会等。物业管理公司的领导人员、公共关系人员应常常代表物业管理公司与社区公众进行各种形式的意见交流。

4.6 物业管理公司与新闻媒介的公共关系

物业管理公司要在社会上、在公众中建立良好的信誉,必须借助新闻媒介的传播力量。要获得新闻媒体的积极支持,物业管理公司就必须主动、真诚地协调媒介关系。

4.6.1 协调新闻媒介关系的重要性

物业管理公司与新闻媒介的关系是物业管理公司外部公共关系的重要内容,在国外有的组织把与新闻媒介的关系当作公共关系部门工作的首要内容与任务,可见处理好与新闻媒介关系的重要性。

1)新闻媒介是树立物业管理公司组织形象的特殊公众

新闻媒介是传播信息的专门组织,各种信息就是通过记者、编辑以及节目主持人而向社会广大公众传播的。组织的信息在社会各界传播的广泛程度,对提高组织的声誉所起的作用是十分明显的。在欧美,它被奉为在立法、司法和行政三大权力之后的第四权力机构。物业管理公司要在公众中形成广泛而良好的影响,在整个社会中争取到较好的位置,获得生存和发展的有利环境,就须重视新闻媒介,与其建立融洽的合作关系。

2)新闻媒介能有效促进物业管理公司与社会公众之间的信息交流

物业管理公司只有与社会公众保持密切的信息交流,才能适应当前瞬息万变的市场形势,才能获得生存与发展。新闻媒介利用现代各种传播工具的技术,运用文字、图像、声波等方式,借助报纸、电视等有针对性地将组织有关产品、服务以及经营方针、措施等完整、无误而又及时地送达到社会各个角落,以使社会公众进一步了解组织。另外,通过新闻媒介还可以把社会公众对物业管理公司的态度、意见和要求传给物业管理公司,促进物业管理公司对其经营活动的改进,以便适应市场需求的发展。

3)新闻媒介有助于提高物业管理公司公共关系工作的效率

物业管理公司公共关系对象是相关公众,而新闻媒介与公众的联系是最为广泛的。新闻媒介的受众是以数万、数十万、数百万乃至数千万、数亿来计算的。物业管理公司通过新闻媒介传递信息,搞好与新闻界的联系,等于提高了物业管理公司公共关系工作的效率,有助于塑造本组织良好的社会形象,提高本组织的知名度和美誉度。

4.6.2　协调新闻媒介关系的原则

如何协调与新闻媒介的关系，其主要原则有：

1）诚实

这一原则要求物业管理公司在与新闻媒介交往时要表里如一，真诚实在，而不能弄虚作假或隐瞒欺骗。这是获取新闻媒介信任和好感的法宝，也是与媒介协调关系的最好策略。

2）守信

对新闻媒介提供服务和帮助。当新闻记者需要时，及时提供有价值的新闻线索和新闻图片，甚至要有半夜三更提供图片和新闻资料的服务精神。

3）尊重

这一原则要求物业管理公司尊重新闻媒介及其工作人员，尊重事实，不可粗暴干涉、刁难、指责。新闻媒介的工作是对社会负责，维护广大公众的利益，物业管理公司对此不能干涉查禁，因为媒介维护自己尊严的努力要远远大于物业管理公司的干涉。因此，可取的办法就是尊重客观事实，向媒介澄清事实真相，讲清物业管理公司的难处和后果，争取其理解和合作。当然，对于媒介的不准确或错误的报道，通过正当途径要求更正完全是理所当然的。

4）严谨

物业管理公司企图兜售无价值的新闻或用稿件的"洪水"去淹没所有的编辑，这些都是一种投机行为，是极不严肃认真的。相反，认真、严谨的工作作风，提供有价值的新闻而不盲目追求数量，往往能引起媒介的注意，博得良好的印象。这样，不仅新闻稿件的录用率高而且有助于彼此关系的协调。

4.6.3　协调新闻媒介关系的主要方法

协调物业管理公司与新闻媒介的关系，主要可采用以下方法：

1）加强联系

新闻媒介希望通过与物业管理公司领导人和公关人员的直接联系，了解物业管理公司。对于领导者而言，应抓紧一切机会与媒介人士往来，甚至与其交朋友。通过直接联系增进彼此的了解和理解，相互配合彼此的工作。也可邀请新闻工作者到物业管理公司做客、指导参观、交流意见、联络感情。

2)帮助媒介

当新闻媒介遇到难题时,物业管理公司应在此时予以热心的帮助,为其解决实际难题。如对媒体的某项活动在人力、财力、物力上予以支持。

3)发布新闻

有计划地发布新闻,是物业管理公司沟通媒介关系的有效方法,包括向新闻媒介提供新闻稿、召开新闻发布会、记者招待会等。这类活动对于扩大和增进物业管理公司与新闻媒介的联系,培养彼此的感情,密切彼此的关系有很大的帮助。

4)制造新闻

物业管理公司可以利用事件,发掘机会,制造新闻热点。这对于争取媒介是一种别出心裁的策略。

4.7 物业管理公司之间的公共关系

现代市场经济把所有物业管理公司推入了激烈竞争的漩涡,物业管理公司之间无形构成了一种竞争者的关系。协调竞争者关系的主要目的在于争取竞争者的理解,最大限度地降低其对立情绪。由于每一个物业管理公司或多或少都存在竞争者,那么,如何协调与竞争者的关系,这是处理好与竞争者关系的根本。

4.7.1 公平、正当

公平、正当是物业管理公司之间开展竞争所必须恪守的社会规范,也是协调竞争者关系的基本原则。

坚持公平、正当的社会规范,是确保正常的竞争环境和社会秩序的基础。相反,违背这一原则,物业管理公司之间的竞争就会陷入混乱无序的状态,不仅达不到以竞争求发展的共同目的,还会导致两败俱伤。诚然,优胜劣汰是自然法则,但坚持公平、正当原则,是要求竞争对手之间以提高和发展自己来超过对方,用正当的、合法的、道德的手段来展开竞争,而不是损人利己、尔虞我诈、勾心斗角、相互倾轧。

4.7.2 学习、协作

协调物业管理公司之间的关系,也就是竞争者关系,最可取的方法是在公平、正当原则的基础上，相互学习，相互支持和协作交流。物业管理公司如果以这种姿态和行为与竞争者协调关系，往往会得到竞争对手良好的回报，帮助带来被帮助，支持带来被支持，合作带来合作，友善带来友善。

4.7.3 交往、沟通

与竞争对手保持经常性的交往和沟通，以增进了解和理解，建立融洽和谐的感情和气氛。事业上的竞争并不妨碍物业管理公司间的协作与交流，并不会扼杀物业管理公司成员尤其是领导者之间的友好相处。君子之举会换来对手可贵的友好回赠和良好的发展氛围，必将求得竞争双方的共同提高。

小　结

协调物业管理公司外部公共关系，主要表现为政府关系、相关行业组织关系、业主关系、房地产开发商关系、社区关系、媒介关系、公司之间关系的协调等方面。

协调好政府关系，就要把国家利益放在首位、服从政府的管理、帮助政府排忧解难、及时沟通信息、积极参政议政。协调好与行政职能部门的关系，物业管理公司应接受工商行政管理部门的监督与指导、物业管理公司要依法向税务部门纳税、物业管理公司应接受物价管理部门的物价管理、物业管理公司的各项管理服务工作，都与所在地的各项工作有关，所以都要接受相关行业管理部门的监督与指导。

物业管理公司还须主动支持、配合外部相关行业组织的工作，协调好与他们的关系，接受物业管理协会的监管，构架与外部公众交流的平台。

协调好业主关系，要做到以业主利益为重、尊重满足业主、提供完美服务、加强联络沟通。

协调好物业管理公司与房地产开发商的关系，其中实现房地产开发商与物业管理公司的分离是切实保护业主利益的根本举措。

协调社区关系，要注意媒介沟通、人际交往、社会活动和征询交流。

协调媒介关系，要做到加强联系、帮助媒介、发布新闻、制造新闻。

协调竞争者关系，要做到公平、正当，学习、协作，交往、沟通。

复习思考题

1. 判断并改错

(1)物业管理公司是企业,必须以企业的利益为重。 ( )

(2)物业管理公司有权要求业主委员会协助管理。 ( )

(3)房地产开发商与物业管理公司相分离是今后物业管理发展的趋势。( )

(4)为避免双重身份的利益交叉,物业管理公司的管理人员不能是社区居民。 ( )

(5)对不利于物业管理公司的新闻不准报道。 ( )

2. 选择题

(1)外部公共关系对象主要有( )。

A. 街道委员会 B. 社区居民

C. 政府部门 D. 公司董事会

E. 新闻传媒

(2)对物业管理公司与居委会之间的关系说法错误的有( )。

A. 物业管理公司应当配合居委会开展社区管理工作

B. 物业管理公司与居委会共同做好计划生育工作

C. 物业管理公司经营独立,不可能与居委会合作

D. 社区文化建设是居委会的事情,物业管理公司可以赞助但不负责

(3)物业管理公司附属房地产开发商的弊端有( )。

A. 不利于保护业主的利益 B. 不利于物业管理公司的专业化、社会化

C. 二者容易“一个鼻孔出气” D. 二者容易沟通

3. 填空题

(1)物业管理公司的保安工作应接受公安局或派出所监督与指导,配合________搞好治安保卫工作。

(2)业主委员会代表________和________的根本利益。

(3)________是树立物业管理公司组织形象的特殊公众。

4. 简答题

(1)为什么说业主至上,怎样做到这一点?

(2)为什么要协调好与政府的关系?

案例讨论

北京某小区是全国优秀示范小区，其管理者是北京市××物业管理处，该小区以其优美的环境卫生、专业化的精心服务、科学化的经营管理，获得了“全国城市物业管理优秀示范小区”的称号。

1）治理环境卫生，狠抓绿化建设

小区占地面积12 050平方米，总建筑面积51 264平方米，536户住房，小区内有住宅楼4栋，其中多层1栋，高层3栋，分别于1982年、1989年、1990年、1996年竣工并交付使用。

从1997年2月开始由××物业管理处在这个小区实行物业管理后，将小区的垃圾道、屋前楼后死角进行清理。为了保持小区环境卫生，创造一个良好的绿化环境，他们和甲方——××房产处又投入资金，对小区进行了绿化。

在抓好绿化工作的同时，他们也狠抓保洁工作，并建立了保洁制度，成立了保洁班，负责小区道路绿地及公用楼的定时清扫。同时，又在小区明显位置配置了果皮箱。使小区的卫生保持了清洁，充分说明了××物业管理处培养了一批具有高素质的物业管理人员。

2）加强治安管理，共创文明小区

一个文明的居住小区，除了在保洁和绿化上下功夫外，创造一个安全的居住环境，也是每一个物业管理公司所应做到的。

××物业管理处为加强小区的治安管理，提高小区治安防范能力，保证小区住户的居住安全，他们聘请了专业的保安队伍，小区实行了全封闭管理，设置专职保安人员24小时巡逻，门口设立门卫，小区来客实行登记制度，禁止小商小贩及可疑人员进入小区，并对小区车辆实行凭停车证进出小区。另外，加强停车场、停车位的巡视，防止车辆被盗或损坏的现象发生，要求机动车必须按指定位置停靠，非机动车停放在车棚内，摆放整齐。

为了更好地服务小区，使住户都有一个良好的生活环境，他们又开展了小区精神文明建设活动，制定了《小区居民精神文明建设公约》，积极宣传“首都市民文明公约”，以“住户手册”为准则，让小区广大居民经常提出一些合理化的建议。在物业管理处的带领下，他们和居委会、管委会几家齐抓共管、相互配合，多次组织员工利用休息日在小区内开展宣传活动，打扫卫生，组织居民开展象棋、扑克、交谊舞比赛，开展义务修自行车、小家电等便民服务活动，受到居民的称赞。同时，他们又于1997年2月率先在全市开展了“便民服务卡”活动，该卡上有维修服务监督电话，有当地派出所、煤气站、急救中心等便民服务电话。他们共发卡2万余张，受到住户的一致好评。

3）专业化的服务，科学化的管理

为了搞好物业管理工作，他们请市小区办介绍经验，掌握操作技巧，并不惜投入资金，多次派人参加物业管理培训班，培养一些物业管理专业人才。他们提出“为住户服务，为产权单位服务”的方针，以“依法管理，住户至上，服务第一”为宗旨，坚持24小时维修服务，并将保修电话公布于众，设立了住户意见箱。公司员工挂牌服务，住户报修随叫随到，房屋维修及时率始终在99.5%以上，维修合格率达100%，并建立了回访制度和回访记录，对重点住户进行登记造册，及时为住户提供特需服务，取得良好的效果。

专业化的服务质量是××物业管理处的一大特色，在做好小区其他服务的同时，他们对小区内的军烈属、五保户、老干部、孤寡老人、残疾人等提供特殊服务，并且此项工作已成为该处的一项制度。他们采取每季定期走访，节日前慰问，平时随叫随到的原则。为搞好服务质量，他们还主动邀请住户与他们开展座谈会，并以致住户一封信和征询意见表等形式广泛听取住户意见，促进小区服务质量的提高。住户对小区物业管理工作的评价满意率每次都在95%以上。

在抓好专业化服务质量的同时，其科学化的管理也是物业处的又一大特色。为方便小区住户，他们开展五费统收工作，对房租、水、电、气等各项交费，实行便民统一代收代缴，由专人负责并定期公布账目，收缴率一直保持在100%。他们从1997年4月开始实行了计算机管理，房屋资料档案齐全，管理完善，并建立了住户居住档案，住户栋号、门号、房号清晰，随时可查。

问题：

(1)你认为该物业管理处成功的原因何在？

(2)从该案例中，你能说说物业管理公司要与哪些相关行业部门处理好关系？

第5章 不同类型物业管理公共关系

【学习目标】

1. 了解不同类型物业管理的内容、特征;
2. 了解不同类型物业管理公共关系的内容、特征。

【案例导入】

某物业公司以狠抓职工“爱岗、敬岗”教育为重点,对照自己的言行,提出“产品就是服务”,员工的形象礼仪是公司的一个宣传窗口的口号,公司对基层也加强培训力度,从细节抓起,从小事做起,让每个员工都懂得:他们的一言一行、一举一动都代表着企业的形象。在教学过程中,公司针对保安员、保洁员文化水平相对较低,领悟能力较弱的实际情况,通过做游戏、学手语等各种方式进行教学;以边讲边示范,及时引导等方法,使所有参加学习的员工完成培训目标,让每位职工结合自己的工作谈心得体会,从中受到良好的教育,对业主服务的意识有了新的认识。

5.1 住宅小区的物业管理公共关系

5.1.1 住宅小区概述

1)住宅小区的概念

住宅小区通常是指按照统一规划、综合开发、配套建设和统一管理的原则开发建设的,具有比较齐全的公共配套设施,且建筑面积达到一定规模,能满足住户正常物质文化需求,并为交通干道所分割或自然界限所围成的相对集中的生活区域。住宅小区属于民用性物业,是城镇综合开发的居民住宅区。居民住宅区集居住、服务、经济、社会功能为一体,是一个社会的缩影。

2)住宅小区的功能

住宅小区是现代城市的“微缩”,是构成现代城市文明的基本要素之一。其主要的功能有:

(1)生活居住功能　这是住宅最基本的功能。住宅作为人类基本的生活资料,是提供人们栖息、睡眠的寓所,并作为许多社会活动、经济活动、闲暇活动的重要场所;社区服务功能指小区的配套设施及对有关机构和人员提供的服务,可满足居住者的多方面的需求,使居住者感到生活方便、舒适。在我国城市中,社区服务的功能往往是通过住宅小区这个环节实现的,并且越来越趋于完善和多元化。

(2)城市绿化和环境保护功能　城市绿化和环境保护体现在许多方面,而小区的绿化和环保是城市绿化环保的主要组成部分,住宅区绿化率高,可以使城市局部环境和绿化状况得到明显改善。

(3)城市文明功能　城市文明涵盖的内容十分广泛,其中,城市住宅小区的文明是城市文明的具体体现。如环境整洁、秩序井然,公共设施得到保护,住户举止文明,邻里间互敬互助、尊老爱幼;许多小区有独具特色的居民文化,通过小区内的各种活动,把不同民族、阶层、职业、文化层次、宗教信仰和性格的人联结在一起,和睦相处,这些都构成城市文明的内容。

(4)经济功能　住宅小区的经济功能近年来逐渐显现,由于住宅小区中不断充实和完善多样化的服务,使住宅小区逐渐从单一的居住功能向多功能发展,其中的经济要素在不断增加。例如,小区中房屋的买卖、租赁、经营等行为的增加,有偿服务形式的多样化,便民服务的深化,都使得住宅小区这种特有的经济功能得到越来越充分的发挥。

5.1.2　住宅小区物业管理公共关系的特点

1)突出物业公关的社会性

现代住宅小区物业公关管理已不再是“住宅+修缮+管理+服务”的模式,而是提倡建设一种社区文化,使人与人、人与环境相互交融,创造一个清洁、安全、优雅、和谐、舒适的居住环境,创造一个具有良好的人际关系和社会公德的社会小环境,并共享小区内的共用设施和绿化庭院,使住宅小区变为“小社会”。小区管理的社会性还表现在重视住宅小区与周边环境的联系和协调,例如小区的治安问题就与整个社会治安环境紧密联系,小区的治安管理离不开与有关治安管理部门的联系与配合,即小区的治安管理是社会治安管理的一部分。

2)注重物业公关的系统性

注重物业公关管理的系统性,就是要对小区的建筑、环境、卫生、绿化、道路、交通、治安保卫、设施设备等进行统一管理，既要维护住宅小区原有的规划建设风貌，还应弥补开发建设时的不足，提高小区设施利用的效率，为住户提供方便的条件和保障，创造住宅小区的物质文明。

3）正视物业公关的复杂性

住宅小区物业公关管理比较复杂，主要表现在以下几方面：一是房屋产权结构极为复杂：既有国有、集体所有产权的住房，也有个人（私人）所有的住房，还有混合所有的联建房屋（住宅）的产权；既有所有权与使用权合一的情况，也有两者相分离的形式，还有自管房、托管房、承租房、廉租房等多种形式。二是小区内人员构成复杂，从职业构成上既有各级机关干部，也有大专院校、科研院所的教学科研人员；既有个体工商户、私营业主、外企白领，也有一般职员；既有离退休人员，也有下岗职工；既有本市人员，也有外地甚至外籍长期居住本地的人员。住户的文化层次不齐、民族各异，宗教信仰不同。所有这些，构成了住户迥然不同的文化背景和差异，因此，在管理对象、服务对象多样化的基础上实行统一的物业公关管理就具有一定的复杂性。

4）强调物业公关制度的严肃性

住宅小区内业主和非业主使用人的职业、文化水平、道德素质、经济收入等的差别决定了业主和非业主使用人对居住环境的要求和居住行为的差异。要建设和维护好小区环境，就需要依靠小区管理来协调业主、非业主使用人的居住行为，要靠完善的规章制度，包括政府制定并颁布实施的有关法规，依据这些法规的规章制度对小区进行监督管理，使小区物业公关管理有法可依、有章可循。

5.1.3　住宅小区物业管理公共关系存在的问题

住宅小区的公共关系管理，涉及千家万户的居民利益，也是社会关心的热点问题。如抽水马桶、下水道堵塞，供电、供水跟不上，环境整治、安全保卫等问题往往是城市居民投诉的热点。这些投诉表明，住宅小区的管理远远跟不上住宅小区的综合开发。

1）物业的前期管理（房屋接管验收）滞后

有的住宅小区没有交接房产验收手续，居民买到或分到新房后，不仅房屋质量无保证，面积“短斤少两”，而且市政基础设施与服务设施也迟迟不能配套或只有少量的配套；甚至有些住宅小区的房屋建成后却长时间通不了水、电、气，有的小区道路泥泞，下水道不畅，商业服务网点长期得不到解决，严重影响了小区居民的“衣食住行”。住宅小区没有接管验收手续，得不到完整的竣工图纸和技术资料，也造成管理和维修的困难。

2）出现了“三不管的真空地带”

比如供电与物管的扯皮。根据上海市有关规定：居民楼里，供电局只负责总熔丝盒和电表，表前、后线及室内线应该物业管理部门管理。但是居民在碰到实际问题时，如家中电灯不亮了，报修物业部门而物业公司又以各种理由“踢皮球”，只好找供电部门，但供电部门不管室内电路故障维修，难怪居民要发问，“灯不亮了该找谁？”事实上，住宅小区的设施与管理“割据”是造成小区管理混乱的原因之一。物业管理公司如何联合公安、卫生、市政、供水、供电、供气等部门，实施配套联动管理，已成为值得深思的问题。

3）房屋出租不规范

物业部门为“创收”将一些空房出租，严重影响环境卫生和居住安全，给居民的生活带来不便。如某居民楼，由于地下的防空洞租给他人开设录像室，随着外来人口的增多，录像室日渐红火，居民的苦恼也随之而来。每天晚上，录像室里的喧闹声吵得居民难以入睡。防空洞里没有厕所，夜里整幢楼成了“公共厕所”，楼梯口、过道上，处处留着秽迹，烟头、垃圾也随处可见。偷窃的事件更是多得数不清，居民的衣服、鞋子、自行车等东西稍不留神就不翼而飞。楼内上夜班的女工回家不敢单独上楼，大家整天提心吊胆。这些现象，给居民生活带来了困难和不便。

4）老住宅区规划设计先天不足

一些旧的住宅区，由于初期建设时在规划设计方面的先天不足，配套不全，加上长期疏于管理，存在的问题就更多，有些公用设备已老化，更新修复问题陆续显露出来，造成居民用水、用电、污水处理诸多不便，影响居民生活和小区环境。

5）物业公司管理服务不规范

在房地产业改制、转轨过程中，原来一些房管所虽然挂起了物业公司的牌子，但是管理人员依旧，又没有经过专门的培训，他们对现代物业管理了解甚少，更谈不上运用现代物业管理的手段和方法进行物业管理。在物业管理体制不健全的情况下，仍然沿用传统的行政管理方法，表现出服务不到位，管理质量差的问题，使一些住宅区居民在交了管理费后还是得不到应有的服务，因而抱怨不迭。

5.1.4 住宅小区物业管理公共关系的内容

1）营造温馨、舒适、安全的人居环境，最大限度地发挥住宅的居住功能

人们居住条件和环境的好坏、是否安全等，不仅决定着人们的体力恢复，而且可以决定人们的精神状态及人们对社会、对生活的整体看法，从而决定着人们的行为取向。

当物业管理公司通过精心服务为业主营造出一个邻里互助、安全有保证、环境优美、祥和平安的区域,在此居住不会产生由于不便或缺乏安全而引发的不良心境。从而可以心情舒畅、精力充沛地全身心投入工作和事业,这就是物业管理的目标。因此,在住宅小区的诸多功能中,首要的或基本的是居住功能。保证这一功能的充分实现,是住宅小区物业管理的首要内容。

为更好地营造舒适、安全的人居环境,首先,在房屋和设备的使用上,物业公司要耐心地指导业主及使用权人正确使用(包括合理安装和装修、改造),减少人为造成的毁损和破坏,对房屋和设备使用中的正常磨损、消耗,及时组织养护和维修,消灭隐患,避免小的损坏酿成大的破损。对房屋使用年限已经很长的,该大修则大修,该翻修则翻修,防止由此而引发的漏雨、塌房事故。对室内设备损坏严重已无法修复的要及时进行更新。其次,在治安及公共秩序的维护上,要尽量对住宅小区进行封闭或半封闭式的管理。封闭后的小区只留一个机动车出入口(大型超大型的住宅小区除外),并应该24小时有人值守。建立出入车辆领、交证制,常驻人员要办理出入证,对造访人员要礼貌地上前询问,对区内闲杂人员予以清理,限制摊贩进入小区。再次,在环境绿化和清洁卫生方面,要完善"硬件",对绿地、花坛要有人侍弄、浇灌;场地、道路要有人清扫,垃圾及时清运,要落实责任制、强化服务意识。

2)培植小区文化,促进小区内的精神文明建设,创建物业管理优秀住宅小区

通过物业公司颁布物业管理公约和住户手册,以及组建业主委员会并通过相应的章程,明确对住宅小区住户居住行为的管理和良好道德风尚的培育,将管理、约束与引导相结合,通过在小区内开展文明户、守法户、五好家庭等的评比,形成小区内良好的社会风气和行为准则,争取使区内刑事案件和其他事故明显下降。为此,物业公司要与所在地的居委会和派出所相互配合,全面推进区内的精神文明建设,由居委会和派出所负责小区的行政管理,物业公司负责住宅小区的专业管理,形成合力,确保一方平安,并依照建设部的规定和标准,创建物业管理优秀住宅小区。

3)强化员工培训,提高组织形象

住宅小区的员工构成复杂,其中保安、水电维修、绿化、保洁等人员文化层次不高,这部分员工是物业管理公司日常工作中和业主、住户等公众接触较多的群体,有必要对员工进行商务礼仪、公关知识的培训,以使员工从一言一行上注意树立维护组织良好的形象。

4)协调关系,保证小区的正常运转

住宅小区的正常运转,离不开外部公众的支持,如自来水公司供水,电力公司的电力供应。因此,物业管理公司公关工作的一个重要方面,就是要协调好和社区、公安、供水、供电、通讯等部门及政府主管部门的关系,取得他们的支持,这样才能保证小区正常运转,提高住宅小区的档次,提高业主的满意度。

5)搞好宣传工作

小区物业管理公共关系应发挥宣传的作用,即通过各种传播媒介,例如告示栏、宣传单等将物业管理公司的有关信息及时、准确、有效地传播给小区业主,争取小区业主的了解和理解。例如目前住宅小区中业主最不满意的是物管费的标准和使用情况,物业公司可以通过向业主公布物管费的构成和收费依据,同时定期的向业主公布物管费的使用详细清单。

6)处理好各种危机事件

目前,业主与物业管理公司发生冲突、纠纷的现象比较多,严重到有的导致业主炒了物业管理公司。因此处理好这些危机事件已经成为物管公关的一项重要内容。

5.2 写字楼的物业管理公共关系

5.2.1 写字楼概述

1)写字楼的概念

写字楼是我国目前高档物业的重要组成部分之一,其主要功能是为业主和用户提供高档次的办公场所及管理和服务。

这里所讲的写字楼是一种投资性的物业,主要以办公场所作为收益的房产。

2)写字楼的特点

(1)建筑规模大功能齐全　现代化的高档写字楼的建设规模越来越大,少则几万平方米,多则几十万平方米,如北京的京广中心、国贸大厦、发展大厦等。由于规模越来越大,建筑面积越来越多,可供租售的面积不断扩大,因此业主或客户越来越多,少的几十户,多的上千户。

现代化的高档写字楼不仅规模宏大,而且功能齐全;不仅设计安装有为业主和客户提供办公方便和安全的通讯系统、空调系统、供电系统、消防保安自控系统、电梯乘载系统等,而且一般都还能为业主和客户提供会议场所、商务中心、餐饮、娱乐、购物、外币兑换、储蓄、邮电等服务系统以及其他特约服务等。

(2)拥有现代化的设备设施　大中城市新建的写字楼一般都在三星级以上,其主要设备设施都较先进,如:供电系统一般是设有两路(有的三路)电源供电,同时设有柴油发电机组作为应急电源,确保正常安全供电;大厦设计安装有中央空调,以保证大厦冬暖夏凉,从而创造出一个清新、温馨的良好办公环境;为了给大厦业主或客户上下进出提供方便,根据客流量大小,设计安装多部电梯;为保证大厦业主和用户的人身和财产、文档资料的安全,大厦内设计安装有智能消防灭火自动报警系统、保安监控系统、智能楼宇自控系统;大厦设计安装有先进的通讯网络系统,可随时为大厦业主和客户提供国内及世界各地各种信息。

(3)人员流动性大　写字楼的主要功能是为业主和客户提供办公场所,一般不允许居住。因此写字楼的作息时间比较集中,一般为5天工作制,星期六、星期日休息。上下班时间及办公时间,人来人往,熙熙攘攘;下班后人走楼空,比较冷清。写字楼的这一作息特性,决定着物业管理和服务工作的特色。

(4)客户层次高,社会影响大　租住高档写字楼的客户一般都是较有影响的大公司、集团公司的派出机构、外国公司派驻中国的办事机构和中外合资企业等。由于租住客户单位层次和人员素质较高,而且与这些客户进行业务往来的单位,一般也都是较大的公司,因此物业管理和服务的档次也相对要求较高,社会影响较大。

5.2.2　写字楼物业管理公共关系的要求

1)消防安全和治安保卫

现代化的高层办公楼宇设备复杂、管线密布、设施先进、科技含量高。各种管线中电线、电缆线、煤气(或天然气)管道等的任何泄漏或设备维修中产生的火花以及设备老化、过载等隐患,都有可能酿成严重的火灾事故。通常高层次办公楼宇中的消防系统由烟感(温感)报警装置、自动喷淋系统等组成,远比一般性建筑及高层住宅楼宇要复杂得多,所有这些对高层办公楼宇的消防安全提出的要求也高于其他类型的物业。且高层办公楼一旦发生火灾,由于楼内工作人员数量多,楼内人员安全撤离火场难度大,因此,必须确保办公楼宇的消防安全万无一失,确保楼内各种消防设备的高度灵敏,这是对办公楼宇物业管理的首要要求。

在治安保卫方面,由于办公楼内集中的办公单位多,人员进出往来频繁,给办公楼宇的治安工作增加了难度。因此,要增加楼宇内的保安巡逻,划定责任区,有条件的要在大楼进出口、楼道、电梯间、楼层通道等设置电视探头,直接由大楼的中央控制室对治安状况进行动态监控,以提高楼内办公单位的安全感。一些办公楼宇管理松懈,闲杂人员随便就可以混入,且办公楼内的公司职员普遍警惕性不够,容易发生盗窃案件。随着市场竞争的加剧,对商业秘密的刺探也成为治安保卫的一个难点,因此,对安全保卫提出了更高的要求。

[示例1]　2004年4月3日一名40左右的男子来到某大厦并进入大堂,向前台接待员询问××公司的负责人在几楼办公,房间号是多少,前台接待员得知来访者所要找的客户负责人为大厦VIP客户,随后安抚当事人并及时通知内保工作人员。内保工作人员接到通知赶到前台后,首先将来访者请入安保部办公室,了解其身份与来访的目

的,得知此人因企业改制造成人员整编,对于个人工作的安置表示不满意,想到企业上级单位反映情况并解决个人实际问题。内保在了解基本情况后,立即将上访事件报告部门经理及主管领导,同时提醒上访者反映情况应按照程序逐级反映,并表示可协助通知其上级公司的相关接待人员进行处理。随即电话通知该上级公司信访接待处相关人员,经信访处工作人员同意内保将上访人员带入该楼层公司内去解决并做好工作记录。(资料来源:http://www.wuguan.com/,2007.4)

2)充分保证电梯安全运行、水电暖供应正常

电梯是楼宇内的垂直交通通道,电梯的安全运行,不仅保证进驻楼宇单位的人员的工作效率,而且也反映了楼宇物业管理部门的基本管理水平。如果乘梯人被卡在电梯内,这种情况不仅对乘梯人的安全构成威胁,对其精神造成伤害,而且极大地破坏了办公楼宇及物业管理公司的声誉。个别办公楼宇出现过电梯坠落的严重事故,究其原因,无非是电梯保养不当、失修而“带病”运转、控制系统发生故障、违章操作所造成。这些恶性事故一旦发生,要彻底挽回恶劣影响则非一朝一夕。所以充分保证电梯的安全运行是对高层办公楼宇物业管理的一项基本要求。

高层办公楼宇的水、电、暖供应同样重要,特别是电的正常供应,由于楼内的办公单位大都借助现代通讯工具与楼内外、境内外进行联系和沟通,并且大量采用计算机处理公司的日常业务。一旦大楼供电突然中断,不仅影响楼内办公单位的正常工作及与外界的联系,还会给办公单位造成数据丢失甚至永远无法恢复的严重损失。此外,意外停电造成的中央空调停机使楼内闷热难耐,冬季供暖发生故障不能供热,所有这些对楼宇造成的恶劣影响都将直接地阻碍着后来者的租用和进驻。因此,充分保证楼内的水、电、暖的供应特别是电能的供应,保证通讯的畅通无阻,是高层办公楼宇对物业管理的又一基本要求。

3)加强清洁管理

办公楼宇的日常清洁、保洁工作主要是楼内办公场所、活动场所及会议室的清扫保洁。其中,人员出入频繁的公共场所的清扫保洁应每日进行数次,卫生间的清扫保洁至少每日两次。此外,还有楼外场地(广场和停车场)的清扫保洁及草坪杂物的拣拾,绿化带的修剪及隔离栏杆的擦拭等。专业清洁主要是由专业的清洁公司,借助专用的清洁设备、工具对高层楼宇的外墙、玻璃幕墙定期进行重新喷涂或清洁,使整幢大楼保持常新、整洁的外观。上述工作事关办公楼宇的形象及优良办公环境的形成,对物业公司同样是一项不能丝毫怠慢的工作。租房单位对办公楼宇的选择及对大楼物业管理水平的考察,除了地理位置、价位等因素外,还有物业管理所有细节上的考虑。

4)做好应付突发事件的准备

突发事件指由于高层办公楼宇的结构、设备及人员的复杂性引发的诸如火灾、电梯运行中的故障、供电与照明中断及重大刑事案件等。对这些可能出现的种种不测,物业

管理公司一是应事先有所防范,安全防范是第一位的,应制订出各种事故的应急措施,并保持足够的警惕;二是要有足够的快速反应能力,能有效地把突发事件控制和消灭在萌芽状态;三是要有一些物质方面的准备,如备用发电机、备用消防通道等;四是要有足够的训练有素的专业人员,一旦出现险情能到现场迅速控制局面,防止事态的扩大和蔓延,必要时组织人员及时疏散,把损失降至最低程度。

5.2.3　写字楼物业管理公共关系的内容

1)写字楼的客户公关活动

①建立VIP档案。

②定期或适时组织联谊活动。

③定期走访客户、征求客人意见。

④及时将写字楼增设服务的信息传达给客户。

⑤及时利用每一个节日,向客人表达衷心的祝福。

2)写字楼的社会公关活动

①与社会新闻单位建立并保持良好的合作关系,运用灵活多变的方式,树立企业形象。

②与国家政府有关部门保持密切的联系,了解国家有关方针政策,以便指导写字楼的经营策略。

③与其他写字楼保持良好的协作关系,了解市场变化情况,交流写字楼管理经验,加强横向联系。

④与各种媒体、广告公司保持良好的关系。

⑤与所在社区保持良好关系。

5.3　商业场所的物业管理公共关系

5.3.1　商业场所概述

1)商业场所的概念

商业场所是指建设规划中必须用于商业性质的房地产,它是城市整体规划建筑中的一个重要组成部分,其直接功能是为消费者提供购物场所,以及包括银行、餐饮等各种服务性行业和各种娱乐的场所。

2)商业场所的产权性质

商业场所的产权性质大致可分为3种形式：

(1)临时转移产权型　在经营上，这种形式被称为投资保本型，具体是指大型商业场所的开发商向多个投资者出售部分物业一定年限的产权（本质是物业的经营使用权），到期后，开发商退还投资款，收回物业。它与分散出租物业的区别是一次性收取价款。

(2)分散产权型　即将整体商业场所分隔成若干块，出售给各个业主，物业的产权由多人拥有。

(3)统一产权型　即物业的产权只属于开发商或某个大业主一家。

目前，统一产权型的商业场所居多，这种形式开发商一次性投资大，经营风险也较大；而采用分散产权型和临时转移产权型经营，开发商可以较快收回投资，也可满足部分经营者的需要，因此正在逐渐增加。

3)商业场所的类型

(1)按照建筑结构分类　按照建筑结构分，商业物业可分为敞开型和封闭型两类。

①敞开型（又称开放型）。这类商业物业一般多由露天广场、走廊通道并配以低层建筑群构成，包括大型停车场、小商品批发市场、电子工业供应市场等。

②封闭型。这类商业物业一般设计规模宏大、装饰豪华，如我国的一些大城市新建和改建的一大批现代化的商场、商厦、商城、购物中心等。北京的燕莎友谊商城、赛特购物中心就属此类。

(2)按照建筑功能分类　按照建筑功能分类，商业物业可分为综合性和商住两用型两种。

①综合性的商业物业，一般包括购物、娱乐活动场所，健身房，保龄球场，餐饮店，影剧院以及银行分支机构等，如北京的双安商场、当代商城等。

②商住两用型，即底层楼部位是商场、批发部等，高层楼为办公、会议室以及住宅等，如北京的京广中心、东方银座等。

5.3.2　商业场所物业管理公共关系的特点

1)服务要求的差异性决定了物业公关的艰巨性

购物中心的服务与其他物业比较，其他物业的服务相对较单一，比如住宅小区主要为小区居民服务，酒店、宾馆为入住的顾客服务，商务办公楼为在其内租赁的企业商务人员服务，这些物业的服务对象相对单一，指向明确。而购物中心是提供购物、休闲、娱乐综合消费的场所，面对的是消费需求不同的社会大众，购物中心服务对象的广泛性，服务要求的差异性,也就决定购物中心的物业公关要求相对较为复杂。

2)购物中心的功能多样性决定物业公关的复杂性

购物中心区别于其他楼盘相对单一的功能。商务楼以办公需要为主,宾馆、酒店以旅游短期住宿为主,居民小区以居住生活为主,而购物中心不仅为购物提供条件,还带有包括餐饮、休闲、娱乐、社区服务等功能。营业时间长短不一,租户对建筑内的温度、气氛、照明和环境要求不同,简单而又统一的物业标准很难满足租户和顾客的不同需要,这就决定了购物中心的物业管理和服务必须满足不同功能的需要。

3)物业使用人的双重性决定物业公关的特殊性

购物中心物业管理面对的物业使用人是双重的:一是各种各样的消费顾客,二是不同种类的经营租户。从任何角度考虑,物业投入越高,物业条件越好,顾客越满意,而购物中心的物业投入将成为把物业成本分摊给各租户承担,从租户的经济效益和切身利益考虑,希望在物业投入上严格地进行成本核算,降低费用成本,节省物业费用的投入。因此,购物中心所提供的物业必须满足两者对使用物业的要求。

别外,购物中心物业管理需承担双重的任务,即在完成购物中心自身物业管理工作的同时,还须对租户的物业使用加以管理。每一个租户是相对独立的,负责其租赁区内的物业管理,有其自己的管理体系、标准和要求,而该独立部分又作为购物中心的一个组成部分,其管理体系、标准和要求需与购物中心整体达成一致。例如,租户在装修时,需加以协调、监督、验收以保证满足购物中心整体的要求。这种对租户的物业管理往往占据了整个物业管理工作的较大部分,且比第一类工作更具有难度。

5.3.3　商业场所物业管理公共关系的要求

1)保持良好的商业特色和一贯的管理形象

商场在管理上要突出一贯形象,使顾客熟悉、认识、印入脑海,并潜移默化地产生联想,通过对具体对象、特征部分的认可,逐步强化认识,达到接受的目的。当商业市场进入印象时代后,消费者认可的是店牌、品牌,同样的商品在不同的商场会有不同的价值,会给企业带来不同的效益。

2)营造良好的商业服务环境

商场环境是否优美、清洁,绿化情况如何等,不仅直接影响着顾客的购物欲望和在商场逗留的时间,进而也影响到商场利润,而且会给顾客和商场职工留下深刻的印象,从而影响商场的社会形象和商业竞争力。同时,商场环境的好坏,也在一定程度上影响到顾客的环境意识。因此,物业管理公司一定要注意营造良好的商业服务环境。

3)提供高标准的保安服务

大型商场营业面积大,经营商品多,价值大,而且人群的层次、素质和来源较为复杂,管理起来困难很大,因此,治安保卫任务十分艰巨,需要物业管理公司提供高标准的保安服务。

4)高度重视消防管理

由于商业物业建造费用很高,内部设施完善,装饰豪华,流动资金和各类高档消费品储存较多,一旦发生火灾,其直接经济损失较一般建筑物为高。如果造成人身伤亡事故,不仅直接后果严重,而且还会造成不良的社会影响。目前,不少商场的决策者为了更多、更快地赚取利润,往往把消防安全放在次要地位,这样做的潜在危险极大,必须予以纠正。

5.3.4 商业场所物业管理公共关系的内容

1)营销性公关管理

(1)市场推广　商业物业管理公司要认真做好宣传工作,主要是通过广告宣传活动,扩大商业物业的知名度和影响力。

(2)选配承租客商　任何一家商厦都会尽量多地招租户,而且招租的租户的实力越强越好。只有保证50%以上的出租面积是由具备相当实力的企业承租,才能使物业管理公司生存下去。这就需要不断地发掘新的客户,选配新的租户。

在选择具体的承租客户时,物业管理公司要对许多因素进行权衡,除了能满足日常消费者需求之外,还必须预计有哪些时尚消费品可以吸引更多的消费者。理想的承租客户首先要能提供货真价实的商品和让顾客满意的服务,而且比其他商场中的同类商家更具有竞争力。其次,该承租客户所经营的商品种类还应该配合整个商场的协调规划,一般要避免同一商场出现多个经营同类商品的商家,以免引起不必要的竞争。再次,承租客户的信誉和财务状况良好,尤其是要有足够的连续支付租金的能力。最后,还要了解承租客户是否有特殊要求,是否需要特殊服务(如餐饮店和娱乐场所夜间营业需要保安服务),商业物业管理公司能否给以满足等。

(3)确定合理租金　租金应在制定零售商业物业基础租金的基础上,根据物业所处地理位置、规模、设备配置、服务水准和商品类型、规格、数量、质量与价格等方面的差异进行分类,作为定价的调剂因素,以便合理确定每处、每层、每间房屋的租金。同时,还要根据市场情况、租户的租赁经营期限、租户的经济实力和信誉水平、租户租赁物业面积的大小等,对这些基础租金予以适当调整。

2)日常性公关管理

(1)对租户的管理　为了加强对租户的管理,首先必须建立详细的档案记录,收存租赁合同文本复印件,详细了解租户的信息。要积极与租户建立良好的关系,及时沟通,对租户的要求尽量给予及时的答复。

(2)安全保卫工作　做好门前警卫,注意车辆和行人的安全;协助阻止可疑分子逃出;注意职工专用出入口的安全检查,如查证、携带物品外出的检查等。除了值班巡逻以外,还要安排便衣暗中巡视。晚上盘点完毕以后,要锁好门窗,并且严格检查清场。停业后,监控室内要由专人负责监控,时刻保持与巡逻人员的联系,随时保持警惕,发现可疑情况及时向上反映,同时快速地联络值班人员进行检查。启封时,按预定路线从上到下,从里到外逐层启封,并做好记录。

(3)消防工作　要坚持对消防水龙头、灭火器、消防通道的定期检查和不定期的抽查,确保专项设备的专项使用,特别是消防通道,要保持绝对的通畅。消防管理要贯彻"预防为主,防消结合"的方针,在适当的条件下,物业管理公司可以组织进行火灾抢救的演习,重点是提高各承租客户及业主防患于未然的危机意识。另外,还要制定各种消防安全的规章制度,以利于把消防安全工作提高到一个更高的水平和层次,让火灾发生率降为最低。

(4)服务性设备的管理　客运电梯、货运电梯、自动扶梯的安全性要坚持检查,发现问题及时报修。对水电系统、卫生设备要做好日常检查工作,要绝对保证正常的使用,避免在客户或消费者使用过程中发生问题。

(5)交通组织管理　地面交通和垂直交通涉及商场的建筑设计。物业管理者除应参与(有条件的话)商场的规划设计外,更应做好常规状况下商场的交通组织管理工作。好的物业管理者,应该知道如何在现有条件下管理好交通,以有效地引导和留住顾客,为商场的业主带来更多的商机和利润。

(6)清洁卫生管理　清洁卫生管理内容包括:商场内部的环境清扫,停车场的环境卫生,以及门前广场和卫生死角的清洁。对于一些特殊的装饰材料要定期进行专业处理。有特殊需要的清洁工作,如高层商厦的外玻璃幕墙,则可以外聘专业的保洁公司来完成。

(7)绿化美化管理　管理者要通过盆景、绿地、花草、雕塑、喷泉等形式修饰商场内外,给顾客和商场员工一个温馨、舒适、优美的购物和工作环境。商场的绿化美化管理不仅直接影响着管理者管理水平的定级,而且直接塑造着顾客心中的商场形象,影响着顾客对商场的信誉和层次的判断。

(8)停车场的管理　要对车辆的进出、停放进行有效的疏导和管理。有地下停车场的更要注意车辆的进出安全。在可能的情况下,可以为司机提供加油、冲洗等服务。停车场管理中,比较重要和具有较大影响的是防止车辆的损坏和丢失。物业管理公司要尽力防止车辆出现被损被盗的事件,一旦出现该类问题,一定要全力按照有关政策法规来解决。

[示例2] 2003年8月17日,某商场保洁员在日常保洁工作中,走到垃圾桶旁时,发现垃圾桶内向外冒烟,即刻跑到楼层电梯内,通过电梯呼叫器将情况报告了中控室。随后,保洁员拿出灭火器,与及时赶到的安保警卫人员一同将垃圾桶初起火情扑灭。为了安抚惊慌的客户和做好善后处理工作,客户服务部向围观的客户做了解释,并劝解租户回去工作。安保部对现场进行了拍照,并通知客户服务部安排保洁人员清理现场。事后安保部出具事故分析报告,将照片及相关资料归档存放,并专门书面请示报告,申请嘉奖保洁员。(资料来源:http://www.wuguan.com/,2007.4)

5.4 酒店公寓的物业管理公共关系

5.4.1 酒店公寓概述

酒店(hotel)也称饭店,是为人们提供饮食和临时住宿的场所。它与写字楼不同,写字楼的主要功能是为客户提供办公的场地;它与公寓不一样,公寓的主要功能是为业主和住户提供长期生活的场所;它与别墅更不同,别墅是为高层次的人们提供生活、居住和享受的场所;它与综合商厦也不一样,综合商厦主要是为商品交易提供场所。

1)酒店公寓的分类

(1)按酒店特色及宾客特点分类

①商务会议型饭店。此类饭店一般建筑档次高,客房、餐厅、各种服务设施设备配备齐全,规格上乘,主要以接待涉外客商、旅游、会议为主,如:北京的王府饭店、上海的锦江饭店、广州的白天鹅、深圳的香格里拉等。

②度假型饭店。此类饭店主要是为宾客旅游、休假、开会、疗养等提供食宿及娱乐活动,一般都建在海滨、海岛、河谷、温泉、湖畔、森林等风景优美的地区,并根据其所在地特点,开辟独具特色的各类娱乐服务项目,如:滑雪、骑马、狩猎、钓鱼、划船、冲浪、滑翔、跳伞等,以吸引宾客。

③长住型饭店。长住型饭店主要是指以办公为目的,较长时间租住的饭店,性质类似写字楼,俗称"常包房"。饭店与承租者之间须签订租赁合同,明确双方责、权、利,承租价格和合同期限等。

此类饭店一般只提供住宿(兼顾办公)、饮食等基本服务,其建筑设计、配套设施、物业管理及服务等都比商务型饭店、度假型饭店档次要低。主要服务对象是各类中小公司、外地公司的办事处等。

④一般饭店。外国称为"汽车旅客店"或"汽车(公路)饭店"。此类饭店目前在我国城镇占绝大多数,主要是为长途汽车司机、普通老百姓和普通工作人员聚餐、吃饭或

住宿提供场所。

(2)按饭店的建筑档次和服务管理层次分类 一般可以划分为高、中、低3类:

①高档饭店。其特色是建筑档次高,各种设备设施配备齐全,管理服务层次高,房租、餐饮价位高,入住宾客身份、地位高。目前在我国列为高档饭店的,应是三星级以上的饭店。

②中档饭店。设备设施等各方面都比高级饭店略逊一筹,一般指一、二星级饭店。

③低档饭店。通常指星级以下的各类饭店。

2)酒店公寓的特征

(1)宾客流动频率高 由于饭店的主要功能是餐饮和临时住宿,所以宾客流动频率高,这给物业管理,特别是服务增加了难度,服务人员必须经过专业化培训。尤其是高档饭店,服务人员的穿戴、化妆,站姿、坐姿,迎送宾客的礼貌、语言、微笑、服务等都有严格的规范要求。

(2)建筑规模大、档次高 饭店是为宾客提供饮食和住宿的公共场所,特别是高档商务会议型与度假休闲型饭店,其主体建筑和配套设施规模大、档次高。

(3)卫生管理服务标准要求高 饭店作为宾客餐饮与住宿的公共场所,对其卫生条件要求特别高。其提供的各种食品必须新鲜干净,无毒无害;餐厅、餐桌、餐具必须经过严格消毒,无尘无污;服务人员的衣着必须干净整洁;客房应按规范要求每天清扫换洗。

(4)宾客层次高,要求享受的条件与标准高 入住高档饭店的宾客一般层次较高,如:来华经商的国外或境外客人,各种国际会议、来华旅游的外国客人与海外华侨,港、澳、台同胞等;国内各种高层次的代表会、社团会、订货会、专业会、学术会等。宾客层次较高,对其服务与管理的要求也较高。

5.4.2 酒店公寓物业管理公共关系的要求

1)温馨的前厅服务和客房服务

酒店公寓的前厅是客户进出、会客、休息的场所,通常设有前台、堂吧、商务中心、会客区等,提供热情的接待和舒适的环境能使宾客产生温馨的感觉。同样,酒店公寓的客房是宾客起居生活的场所或者是宾客作为商务办公的场所,提供安全舒适整洁宁静的环境和充满亲情的客房服务能使宾客尽享家的感觉,营造令人流连忘返的温馨世界。

2)较齐全的服务设施

酒店公寓基本设施的配备虽然不同于酒店的配套服务项目那样全,但必要的设施是服务的重要条件,如餐饮种类、休闲场所、商务中心、健身设施等。这些场所应具备环境安静、舒适、文明、中西皆宜的条件,为宾客提供物有所值的享受。

3)人性化的延伸服务

人性化服务源于宾客的结构多样化,酒店公寓的长包房宾客中常有举家合住的特点,有的有幼儿,有的带保姆,也有的养宠物。因此,个性化的延伸服务在酒店公寓较为突出,甚至客户出差,酒店公寓的服务可以扩大到陪家属游玩,帮客户遛狗,提供洗衣、洗碗等家政服务,逢年过节还要组织宾客外出活动,为宾客过生日等等。

[示例3] 有一天,金陵饭店客房的一位服务员在为一位外国客人做夜床时,发现鞋篓里有一双沾满泥土的脏皮鞋,就用湿布将鞋擦干净,并上完鞋油后放回原处。这位常住客一连几天从工地回来,都把沾满黄泥的皮鞋放在鞋篓里。而那位服务员每天都不厌其烦地将皮鞋擦得油光锃亮。客人被服务员毫无怨言而又有耐心的服务感动了,在第九天将10美元放进了鞋篓。服务员照常将皮鞋刷净擦亮,放进鞋篓,而金钱却分文未取。免费提供擦鞋服务使客人佩服之余又有几分不安,因此,一再要求饭店总经理表彰这种无私奉献的精神。(资料来源:http://www.manguowang.com/,2007.4)

5.4.3 酒店公寓物业管理公共关系的内容

1)酒店公寓的客房服务

酒店公寓的客房是长住客户和散客工作或生活的基地。在长住客户和散客的心目中,酒店公寓的客房不再仅仅是满足其生存需要的栖身之地,他们期望有一个舒适的、符合自己生活习惯方式的住宿环境,并能得到家政化、个性化的热情周到的服务,得到满意的物质和精神享受。

(1)客房保安服务 为客户创造一个安全的住宿环境,使客户的人身和财物的安全得到保障。作为以长包房客户居多的酒店公寓,因客户长期居住,财物较多,警惕性相应比散客低,所以对酒店公寓的安全要求也更高。

客房的设备装置应充分考虑客户安全的因素,客房服务及管理上也应保证客户人身财物安全,如客房钥匙控制,客房层走道安全,客房内安全与紧急事故预防及处理,消防安全等。

(2)客房保洁服务 客户对客房最基本的要求:窗明几净,地面、墙面无灰尘、无污垢,长包房床单、枕套按租赁合同定期更换,散客房按规定更换。客户对卫生间的清洁要求更高,地面、墙面清洁无污,卫生洁具洁净,坐便器每日消毒,手巾、面巾、浴巾、脚垫巾则根据租赁合同的要求来更换。

①制定清洁整理客房的标准。清洁整理客房的有关的标准可以分为以下几个方面:

a. 操作标准。

b. 布置规格。

c. 整洁状况。

d. 每层楼的客房数。

e. 工作区域的状况,如客房面积的大小、家具摆设繁简、外界环境影响等。

f. 住店客户的特点,如客户来自的地区、身份地位、生活习惯等。

g. 员工的熟练程度。

h. 服务器具的配备。

②清洁、整理客房的内容程序以及规范要求。整理客房又称做房。它包括以下几个方面的工作内容:

a. 整理。即按规格和要求,整理和铺放客户使用过的床铺;整理客户使用过后的各种用品、用具;整理客户散乱摆放的个人衣物、用品,做到摆放整齐。

b. 打扫除尘。用扫把清扫地面;用吸尘器吸去地毯、软座椅上的灰尘;用揩布揩擦门框、窗台、桌柜、灯罩、电视机等家具设备;倒掉烟灰缸中的烟灰:纸篓里的废物。

c. 擦洗卫生间。整理各种卫生用品及客户用具;倒去脏纸污物;擦洗卫生洁具;擦洗四周瓷砖墙面及地面。

d. 更换及补充用品。

e. 检查设备。

[示例4]　一位台湾客人住进一家大酒店,在即将离店时找到客房部经理投诉,说他在客房丢了一包黄土。这包土对他很重要,是专程到内地他家的祖坟上取来要带回台湾的。客人即将登机返台,黄土丢了,怎么办?客房部经理接到投诉,立即找当班服务员进行调查。服务员回想起在打扫那位客人的房间时,看到过一包黄土,以为是没用的东西,就随手扔掉了。客房部经理了解了情况后,再次向客人致歉,并请客人留下通讯地址,然后马上带领多名员工到垃圾堆去寻找那包黄土。客房部经理和服务员在臭气熏天的垃圾堆里一点一点扒开污物,细心查找了3个多小时,终于找到了那不起眼的纸包,并按地址寄给了台湾客人。(资料来源:http://www.manguowang.com/,2007.4)

(3)客房礼仪服务

①客房服务人员应着装整洁,注意仪表仪容。

②始终保持礼貌服务,注意礼节,任何时候都对客户热情接待。

③遇到客户主动问好,在与客户相遇时要主动让出走道。

④客户有询问,热情、主动、周到、帮助解答,必要时引领客户。

⑤客房服务人员要始终注意目光语、肢体语的恰当使用,留给客户一个良好的印象。

⑥进入客房服务必须轻轻叩门,征得客户同意方可进入房内,退出客房时应礼貌地向客户告别,并随手带上房门。

⑦在客户面前不闲聊,不嬉闹,应保持庄重亲和礼仪。

⑧做好 VIP 标准服务。

2)酒店公寓的餐厅服务

饭店、餐厅的特色和声誉,主要是体现在餐厅风味及服务档次上。

(1)重视餐厅服务设施(即硬件)　如:设计装修档次要高,努力营造餐厅就餐环境,从而构成各具特色的餐厅风光,使宾客充分享受人文食品文化。

(2)高标准的卫生服务条件 由于饭店的宾客流动频率特别高,临时住宿和用餐的人员流动大,客观上容易发生传染病,因此,宾客对餐厅的卫生条件要求特别严。这就要求餐厅食品采购要求新鲜,购入的食品、饮料,要符合加工制作的规范要求,符合卫生要求。另外餐厅内应保持空气清新,温度适中,做到窗明几净。餐具用后必须清洗消毒。

(3)提供高水平的优质服务 餐厅的服务人员,均须经过严格的专业培训,持证上岗,并定期进行身体检查。餐厅服务人员要统一着装,迎送宾客要热情,使用礼貌用语。对客人提出的各种合理要求,尽量予以满足,使宾客有宾至如归之感。

5.5 工业物业管理公共关系

5.5.1 工业物业概述

1)工业物业的含义

工厂、标准厂房、仓库、工业园区,一般统称为工业物业。工业物业的管理,往往落后于民用物业和商用物业的管理。随着现代企业的发展和新兴工业园区的开发,工业生产性物业的管理日益成为物业管理中备受关注的课题。

2)工业物业的分类

(1)工厂 工厂是直接进行工业生产活动的场所,通常包括有不同的车间。

(2)仓库 不管工厂的大小,一般都具有贮备原材料和储藏产品的建筑物,称之为“仓库”。传统上对工厂厂房及仓库的管理,是由工厂后勤部门所承担。

(3)标准厂房 标准厂房是由政府批准,在某一区域内进行统一规划、统一设计、统一施工、统一管理。其供水、供电、交通、通讯等配套设施齐全,布局合理,能满足从事一般工业生产和科学试验需要的标准型建筑物或建筑物群体。

(4)工业园区 工业园区是指在一定区域内建造的,以工业生产用房为主,并配有一定的办公楼、生活用房(住宅)和服务设施的地方。

5.5.2 工业物业的特征

1)从建筑的角度看

①以生产用房为主,辅以办公用房、生活用房和各种服务设施,如银行、邮局、餐

饮、娱乐场所等。

②工业园区相当于一个小社会,各独立建筑物有独立的用途,而建筑物群体的用途又有内在的联系。

③工业物业一般建在城市的边缘地区,多为远郊。

2)从物业管理的角度看

(1)生产用房的管理是工业物业管理的重点　一般生产用房或出租或出售,由不同的企业使用。由于各生产企业都有其特殊的行业特点,专业性很强,因此,要求管理者要了解不同行业的有关知识,有针对性地制定具有权威性和约束力的管理规定,统一规范和协调各企业的生产经营行为,维护辖区内正常的生产经营秩序。

(2)辅助配套的管理工作多样复杂,难度较大　例如,部分企业是24小时连续生产,与之相配套的辅助部门也要作相应的安排,如门卫、餐厅、浴室、动力供应和仓储运输等,以保证一线生产的正常进行;对有毒有害和易燃易爆危险品的仓储运输,以及三废的排放处理要有严格的管理办法和监督措施;为防止超负荷使用动力,要组织协调,制订限额使用的规定,等等。

(3)因使用不当和使用过度频繁,造成房屋损耗、险情的出现难以预料　例如,笨重的机器和存量过多的货物,使重量超过楼面结构的负荷;机器开动造成振动,损耗严重;电梯高频率的使用,以及电器和其他设备,如配电装置和水泵等,由于超负荷运转而易损坏,使保养费增高。

(4)由于使用功能的特殊性,生产用房难于保持清洁　如厂房内机器的油污容易弄脏走廊等地方,生产过程中排放的有害气体、尘埃等要花费大量的人力、物力、财力来清除,给环境卫生和环境保护带来了困难。

(5)治安保卫和消防工作要求　很多生产企业是高科技型的,生产高精尖产品,从原材料到产成品不仅价格昂贵,而且技术保密性强,因此必须加强安全防范措施,从内到外,建立一整套有效的制度。作为生产企业,会使用和接触一些危险品,如管理不善,则可能发生火灾、爆炸事故。消防工作应坚持以预防为主,配备足够的消防设施和器材,24小时专职消防人员值班,严防火灾的发生。

(6)提供多方位的社会化服务　工业物业除加强生产用房的管理外,其他类型的房屋,如办公楼宇、住宅等的管理也不容忽视。物业管理单位除负责一般共用设备、共用设施、环境的清洁、园区的安全、庭园绿化等常规性工作外,还可以经营餐厅、浴室、医务室、自选商场以及小百货等配套服务。一方面可为用户提供方便,解决后顾之忧,另一方面可以增加经营收入,增强自己的经济实力和塑造企业形象。

5.5.3　工业物业管理公共关系的内容

1)组织形象的宣传

工业园区要发展,必须有足够多的好企业进驻,因此招商引资工作尤为重要。除有好的投资环境外，取得政府的支持，争取更多的税收、土地、财政优惠政策，工业园区的宣传也显得尤为重要。通过举行招商会等形式，更好地吸引投资者。

2）CIS 形象识别系统的建立

工业园区形象的好坏不仅仅影响本组织，还会对入驻企业的形象产生影响。工业园区的运作应以园区和企业共同发展为目标。因此，应建立工业园区的 CIS 形象识别系统，从视觉、行为、听觉、环境等各个方面树立组织良好形象。如制作员工统一的制服，规范员工的语言等。

3）关系的维护

工业园区的关系维护应分为几个部分，如入驻企业是工业园区的 VIP，应通过组织联谊活动，座谈会等形式，搞好关系，增进友谊。另外，工业园区中企业的正常生产对水、电、运输等方面有较高的依赖性，和自来水、电力、交通、海关、政府等公众建立良好的关系显得尤为重要。

小 结

住宅小区的物业管理公共关系的重点，要围绕住宅小区所具有的特点和存在的问题来进行，要采取具体的措施来保证小区的物业管理规范化、制度化。

写字楼是我国高档物业的重要组成部分之一，为充分发挥写字楼的功能，写字楼物业管理公共关系的重点，应遵从写字楼物业管理公共关系的要求。

由于商业场所类型不同，对商业场所物业管理公共关系提出了较高的要求，这使其管理具有复杂性、艰巨性。

要做好酒店公寓的物业管理公共关系，必须充分掌握酒店公寓的不同类别，并有针对性地开展公共关系，使其公共关系的管理符合物业管理的要求。

工业物业一般包括工厂、标准厂房、仓库、工业园区等，如何做好工业物业的公共关系，应把握好工业物业管理公共关系的重点。

复习思考题

1. 判断并改错

（1）现代住宅小区物业公关管理就是“住宅＋修缮＋管理＋服务”的模式。（　　）

(2)写字楼需要与社会新闻单位建立并保持良好的合作关系,运用灵活多变的方式,树立企业形象。 (　)

(3)临时转移产权型,即将整体商业场所分隔成若干块,出售给各个业主,物业的产权由多人拥有。 (　)

(4)工业园区物业管理公共关系主要要搞好服务工作,不需要树立工业园区的形象。 (　)

(5)酒店客房服务时,遇到客人不在时,可随意进入。 (　)

2.选择题

(1)住宅小区物业管理公共关系具有(　)特点。

A.社会性　B.系统性

C.复杂性　D.严肃性

(2)商业场所的产权性质大致可分为(　)种形式。

A.临时转移产权型　B.分散产权型

C.完全产权型　D.统一产权型

(3)商业场所服务要求的差异性决定了物业公关的(　)。

A.艰巨性　B.复杂性

C.特殊性　D.社会性

(4)按酒店的特色及宾客特点分类,可分为(　)。

A.商务会议型　B.度假型

C.长住型　D.一般

E.高档　F.中档

(5)工业物业管理公共关系的内容主要有(　)。

A.组织形象的宣传　B.CIS的建立

C.关系的维护　D.安全保卫

3.填空题

(1)住宅小区通常是指按照统一规划、综合开发、配套建设和统一管理的原则开发建设的,具有比较齐全的________,且建筑面积达到一定规模,能满足住户正常物质文化需求,并为交通干道所分割或自然界限所围成的相对集中的________。

(2)写字楼主要功能是为业主和用户提供高档次的________及管理和服务。

(3)商业场所是指建设规划中必须用于________,它是城市整体规划建筑中的一个重要组成部分。

(4)酒店(hotel)也称饭店,是为人们提供________的场所。

(5)工业物业包括工厂、________、________、________等。

4.简答题

(1)住宅小区物业公共关系的重点内容有哪些?试针对其重点内容为物业管理公司拟定一份公关方案。

(2)写字楼有哪些特点?其公关的重点内容有哪些?

(3)商业场所有哪些特点？其公关的重点内容有哪些？

(4)酒店公寓有哪些特点？其客房的公关内容有哪些？

(5)工业物业公关的重点内容有哪些？

案例讨论

案例 1

××小区各大厦几乎每次清洗水池都发生水浸或者不能按时供水的问题，用户意见较大。分析原因有几方面。第一，以往清洗由三个部门配合完成，管理处负责派单，并通知用户，工程部负责清洗前和清洗后的排给水，管家部负责清洗、施药和送水质检验。三个部门之间的协调配合不够默契，清洗过程的环节容易脱节，加之管理处现场监督协调不够，造成不能按时完成。第二，平时对各个大厦排水系统检查及疏通不够彻底，所以水池放水时，排水管内有杂物造成堵塞，水就从住户排水管反冒出来，造成水浸。第三，××楼的楼顶地面不平衡，每次放水，水集中往东面排水管排放，加上排水管到三楼平台90度弯道，造成排水不及，水倒灌四五楼住户。第四，派一些新员工清洗水池，情况不熟和经验不足，出现问题束手无策。

问题：

针对上述存在的问题，你认为应该如何纠正和采取什么预防措施？

案例 2

某商场的电梯机房因温度高而更换了一台3匹空调机。结果，电梯机房的温度下降了，但机房四周的通道满地是水，而且水从楼板多处地方漏到下方，此现象时间长达12天，这主要是由于，工程部门安装空调机没有考虑排水问题，而且认为机房外面是其他部门的事，所以，没有作排水处理。另外巡查不认真，空调冷凝水在10多天从楼板漏水至下方，保安员和楼管员每天的巡查竟然没有发现。

问题：

针对上述问题，请问该商场物业管理公司应怎样处理？

第6章 物业管理公共关系管理的步骤

【学习目标】

1. 了解物业管理公共关系管理的步骤；

2. 掌握物业管理公共关系的策划过程。

【案例导入】

自"美丽星城我的家"鲁能·星城物业服务提升有奖建议征集活动启动至今20多天，已收集近2 000条建议，其内容涵盖了客户服务、物业管理、社区文化建设等各个方面。

"这还只是2007物业服务年的一个小小启幕"，鲁能相关负责人称。2007年不仅是鲁能·星城成熟年，同时也是鲁能公司物业服务提升年。"我们不仅要做楼市销售高手，物业服务也要做百年老店"，这是鲁能·星城2007年提出的豪言壮语。

值得一提的是，鲁能·星城除了发起有奖征集建议的活动外，就回访过程中业主提出的建议已经付诸于行动。如现在正计划让看房电瓶车成为以后业主在社区内的代步工具，缩短各个街区之间的距离，增加社区凝聚力与向心力。这一计划也正是基于2街区业主提出的"避免大盘可能会使社区交流不畅"的建议发散而来。（资料来源：http://blog. sina. com. cn/u/4b538478010007r4，2007-1-15）

物业管理公司的公共关系管理就是指一个物业管理公司为了求得自身的发展，创造良好的外部和内部政治、经济和社会环境，并取得公众的理解和支持所采取的一系列合理的策略和行动。物业管理公司公共关系管理是一种协调关系的活动，其工作人员就是要找到与本公司相关的社会其他组织相关的东西，然后以科学、合理、有效的方式加以处理与调整。物业管理公共关系管理包括4个步骤：物业管理公共关系调查，物业管理公共关系策划，物业管理公共关系实施和物业管理公共关系评估。

6.1 物业管理公共关系调查

物业管理公共关系的起始工作是进行物业管理公司的形象调查，了解本公司面临的现状，在社会中的地位及在公众中的印象和本公司发展的情景等。

6.1.1 物业管理公共关系调查的含义

物业管理公共关系调查是指运用科学的方法，有计划、有步骤地去考察物业管理公司的公共关系状态，收集必要的资料，综合分析相关的因素及相互关系，以达到掌握本公司的情况，解决公司面临的公共关系方面的实际问题为目的的实践活动，是公共关系工作程序的第一步。

6.1.2 物业管理公共关系调查的内容

1）物业管理公司的基本情况

全面了解物业管理公司的历史和现状，使公共关系管理人员在解答公众提问，制作宣传资料及向新闻界提供有关公司的背景资料时，均能取得良好的效果。

（1）对物业管理经营管理方面的各种情况的调查　调查内容主要包括公司创办的背景，公司历史上的重大事件及其在社会上和公众中产生的反映；公司的经营管理目标、思想和特点；公司资产状况及对物业经营、管理和服务的品种、价格、质量、特点；与其他物业管理公司比较其竞争力如何，有哪些潜在的竞争对手。

（2）对物业管理公司领导者的情况的调查　调查内容包括领导者的素质、个性、经营管理的思想以及与职工的关系、与前任领导和上级领导的关系。通过调查可以了解企业的宗旨、发展规划、价值取向和经营理念等高层经营者的决策思路。

对决策层的调查可采取2种办法：

①文献调查。适用于对企业的宗旨、发展规划的调查等。例如，关于“企业理念”的设想，可以从决策者发表的讲话、写成的文章、有关的文件、工作计划、工作总结、内部公关媒介和外部大众传媒的有关报道等方面进行收集、汇总。

②访问调查。对公司决策成员进行访问调查，不仅可以详细了解公司的经营理念和发展方向，而且可以准确了解公司CIS计划的整体思路和目标指向。

（3）对物业管理公司员工的情况的调查　调查内容主要包括公司员工队伍变化情况和目前的一般状况，以及他们的需要、愿望、基本要求和意见建议。如果是对导入CIS的调查，要了解他们对导入CIS的认识程度，对公司发展的设想、建议和意见。

对公司员工的调查应该考虑以下几点：

①员工对象的选择。在选择员工对象时，必须考虑到层次结构的组合，既要考虑性别、年龄、兴趣、收入、待遇、岗位等客观因素，也要考虑老、中、青人员的比例；既要考虑管理部门的干部，又要考虑一线员工，使对员工的调查尽可能周全。

②对员工调查的形式。在导入CIS计划的调查中，可以采用与员工个别访谈的形式，以平等、尊重的态度，采用拉家常的方式进行访谈。对员工的调查也可以采用群体的方式，或是同一个部门、班组的员工群体，或是不同部门、班组的员工组成群体，通常采用座谈会的形式。

③现场实地考察。调查者可以到公司各部门、公司管理的楼宇、小区等现场，访问员工，与员工进行交谈。体察物业管理公司的环境氛围、员工的精神面貌、现场管理作业秩序，以及日后判定和设计企业识别系统的特色、适用状况。

2）物业管理公司外部公众意见

物业管理公司外部公众意见主要调查以下内容：

（1）对物业管理公司的知名度的调查　主要调查公众对本公司的名称、经营管理服务内容的了解程度和范围，具体调查时可以采用程度评定法进行提问，将调查结果分五级。例如：

①非常了解公司人数的百分比。

②比较了解公司人数的百分比。

③知道公司人数的百分比。

④听说过公司人数的百分比。

⑤不知道公司人数的百分比。

（2）物业管理公司的美誉度的调查　主要调查公众对本公司的信任程度，包括对本公司经营管理服务的内容、方式、品种的喜欢程度以及对本公司公共关系活动的看法、参加与否等。公司美誉度可以通过下述问题进行调查：

①你对公司的印象是最好的、好的、较好的、还是差的、较差的、很差的。

②你认为公司管理的水平是一流的、二流的、三流的还是根本不知道。

③如果公司招聘员工，你是一定去、可以去、不去，还是不知道。

（3）公众对本公司的评价　主要包括公众对本公司所提供的经营管理服务、社会活动、人员形象的评价。

（4）本公司公共关系活动效果　主要是指对物业管理公司所采取的各种专门性的公共关系活动就其实效进行调查。

3）对公司信息传递状况的调查

（1）公司内部传递、沟通的状况

①关于企业理念和企业文化的宣传材料。

②公司简报或其他定期印发的资料。

③公司举办的大型活动的情况。

④公司例会的情况。

⑤人员接受进修、培训的情况。

(2)公司外部传递的状况

①公司经营服务方面的公告、布告、声明等材料。

②公司广告的资料。

③公司展览室、陈列室的情况。

④主要服务项目的名称。

⑤关于对业主和物业使用者进行宣传、与业主和物业使用者发生争执及进行索赔处理的情况。

(3)公司对外公共传播的状况

①公司在电视、广播节目中广告的情况。

②公司标语的资料。

③公司概况介绍、企业电视短片、年度报告等资料。

④公司公共活动的情况。

⑤公司参加的文化活动和社会贡献活动的情况。

(4)视觉识别基本要素的状况

①公司的象征标志或符号。

②公司名称的标准字。

③企业视觉识别系统的色彩。

④公司的签字、印章的设计。

⑤其他视觉识别基本要素的情况。

(5)视觉识别应用要素的设计

①公司的旗帜。

②名片的设计。

③账票类物品的设计。

④信封、信纸等文具用品的设计。

⑤户外广告牌、宣传栏的情况。

⑥公司员工的工作服或统一着装的设计。

⑦公司自用交通工具的设计。

⑧其他应用物品的情况。

6.1.3 物业管理公共关系调查的基本程序

公共关系调查是由制定调查方案、设计调查方法、收集调查资料和处理调查结果4个相关的基本步骤组成。

1）制订调查方案

调查方案设计就是根据调查的目的和对象，在进行实际调查之前，对调查工作总任务的各个方面和各个阶段进行通盘考虑和安排，提出相应的调查实施方案，制订出合理的工作程序。总体调查方案设计包括以下内容：

（1）确定调查的目的　调查的目的是指调查所要解决的问题。调查的目的不同，其调查的内容和范围也不同。物业管理公司公共关系的调查目的可以分为2类：

①配合性调查，即根据公司整体目标的需要，为配合公司的经营管理计划活动所要进行的调查。

②问题性调查，是以针对某一具体问题的解决为目的的调查。

（2）确定调查对象　确定调查对象就是确定向谁调查。这是最为关键的一环，调查对象是否真正载有调查者所需要了解的信息是最为重要的。物业管理公司调查分析的主要对象是与公司发生联系的公众，这些个人或团体具有一些共同的东西，受相同关系或问题的影响。在调查时应尽可能地将所面对的公众排列出来，然后根据调查的目的和要求确定所要调查的公众类别和组合。同时根据公司的实力将调查对象的具体构成，包括调查对象的总量、分布地区、背景、对问题的知晓程度进行分析，综合公司的内部资源确定公共关系调查的对象。

（3）确定调查项目并制定调查提纲和调查表　确定调查项目就是要明确向被调查者了解什么问题。确定调查项目应该注意：

①调查项目应是调查任务所需要又能够取得答案的。

②项目的表达式必须明确，使答案具有确定的表达形式，如数字式、是否式或文字式。

③项目之间应尽量相互联系，资料应相互对照，遵循调查对象的内在逻辑关系。

④必要时可以附上项目的解释，以确保项目含义的明确、肯定。

对项目进行科学的分类、排列，构成调查提纲和调查表。

（4）确定调查的时间和地点　一个良好的公共关系方案如果错过了有利的时机，就不能有效地发挥作用。调查时间的确定包括调查起止时间、时间分配和进度计划。当调查开始时间和结束时间确定以后，重要的是制定调查进度表，这样才能够使前期调查的整个过程有条不紊。调查每一个步骤所需要的时间，需要经过认真核算，调查的时间分配和进度计划要根据调查的内容合理确定，把需要做的工作按时间顺序排列成一张详细的表格：某年某月做某事，某时某刻做某事。

在选择调查地点时，可以将重点调查和抽样调查结合起来进行。首先根据调查目的的要求，选择符合目的的重点地区，然后根据随机抽样的原则进行调查。

（5）确定调查的方式和方法　在总体调查方案中，应该规定采用什么组织方式和方法取得调查资料。搜集资料的方式有普查、重点调查、典型调查、抽样调查等多种方式。具体调查方法有访谈法、观察法、问卷法和实验法。调查的方式与方法取决于调查对象和任务。

(6)确定调查分析方法　对调查所取得的资料进行研究分析,包括对资料进行分类、编号、分析、整理、汇总等一系列资料研究工作。如因果分析、相关分析。

(7)确定提交研究报告的方式　其主要包括调查报告书的形式和份数、报告书的基本内容,报告书中图表的大小等。

(8)制订研究组织计划　调查组织计划是实施整个调查活动过程的具体工作计划,主要是指调查的组织领导、调查机构设置、人员的选择和培训、调查工作步骤及其善后处理等。

(9)制订调研经费预算　调研的经费不仅包括问卷设计、问卷发放、报告撰写,还有许多细节,稍一疏忽,就会超出预算。通常实施调研的费用仅占总预算的40%,而调研前期的计划准备阶段与后期分析报告阶段的费用安排分别占总预算的20%和40%。在进行调研经费预算时,一般需要考虑如下几个方面:

①调研方案设计费与策划费。

②抽样设计费、实施费。

③问卷设计费。

④问卷印刷、装订费。

⑤调研实施费(包括调研人员的劳务费、礼品费、交通费、误餐费以及其他杂费)。

⑥数据录入费。

⑦数据统计分析费。

⑧调研报告撰写费。

⑨资料费、复印费等办公费。

⑩管理费、税金。

2)设计调查方法

公共关系的调查方法有:实地观察调查法、访谈法、文献调查法、问卷调查法、抽样调查法、实验调查法。各种调查方法各有千秋,如何选取应当遵循针对性、可行性、节约性和综合性原则。

公共关系调查所要采用的资料分为一手资料和二手资料。一手资料要通过调查获得,其优点是能够直接配合调查者的要求;缺点是耗费时间、成本高。二手资料是指利用企业内部和外部已经由别人收集整理好的现成资料。调查人员一般先收集二手资料,当二手资料不能满足使用时,才收集一手资料。

公共关系收集一手资料的主要方法有:

(1)面谈访问调查法　面谈访问调查法是最常用的调查方法,调查人员可以按调查表问题的顺序发问,也可以自由交谈;可以采用个人访谈,也可以采用集体面谈;可以安排一次面谈,也可以进行多次面谈。这种方法的优点是调查对象、时间、人数、形式由调查人员掌握,较为灵活,并且调查了解问卷回收率高,可提高调查结果的可信度;其缺点是费用大,时间长,对调查人员要求高。

采用面谈访问调查法,调查人员尤其要学会在不同的场合、不同的情况下,采用不同的询问方式。当访问开始时,为了创造一种融洽和谐的谈话气氛,调查人员可以采用自由问答的询问方式,同时,要注意做好调查记录,保证调查的质量。

(2)邮寄访问调查法　这种方法是调查人员把事先拟定好的调查表邮寄给被调查者,请其按照要求填写调查表,之后再寄回给调查者的方法。随着电脑的普及,可以通过 E-mail 在网上进行访问调查。

这种方法的优点是调查区域广阔,成本低,被调查者有充分的时间考虑,而且不用署名,调查结果的可靠性高;其缺点是回收率低,回收时间长,调查者不易控制回答过程,出现模糊答案也无法当面明确。

(3)电话访问调查法　这是指调查人员通过电话向被调查者询问了解有关问题的一种调查方法。其优点是取得信息的速度快、时间省、回答率高;缺点是不能看到对方的表情、交谈时间不宜太长、不宜收集深层信息。

(4)留置访问调查法　这是指调查者将调查表送给被调查者自行填写,再由调查人员定期回收调查表的一种调查方法。其优点是回收率高,可以避免由于被调查者误解调查内容而产生的误差;缺点是该方法仅适用于有组织的调查对象,由于对象过于集中,被调查者容易相互影响,使回答失真。

3)收集调查资料

收集资料的过程是最艰苦、最易出现问题并且花费费用最多的一个环节,必须认真组织、管理。

采用调查法中的个人访问法收集资料,涉及调查人员的选择、培训,调查访问工作的管理等许多管理工作。对调查人员的选择,一般要求必须具备一定的语言文字能力、社会交往能力、心理学知识等素质。在调查工作开始前必须对他们进行包括对调查工作的要求、对问卷的理解与解释、调查的基本技能和程序、遇到特殊问题的处理等方面的培训。

调查工作的管理是保证企业公共关系调查顺利进行的条件。主要包括对完成的问卷的审查、核实,对调查人员工作过程中遇到的各种问题的处理。

4)处理调查结果

在调查完成问卷回收后,就开始进行资料分析,解释研究结果。为此应该注意以下几点:

①过滤问卷。就是看哪些问卷是符合标准的,是可做进一步统计分析的。弄清楚被调查者是否回答了所有的问题,检查答案有无前后矛盾的现象。

②将有效问卷的答案转换成能做统计处理的数字,将这些数字输入电脑。此时应该特别小心不要犯人为的错误。

③进行统计分析。要善于运用统计表、统计图(如直方图、排列图)、统计特征数字的工具来帮助分析调查的结果。

6.2 物业管理公共关系策划

物业管理公共关系策划是在物业管理公共关系调查的基础上进行运筹、制定公共关系方案，为公共关系计划的实施与公共关系的评估提供依据。

公共关系策划就是公关人员根据物业管理公司形象的现状和目标要求，分析现有条件，谋划、设计公关战略、专题活动和具体公关活动最佳行为方案的过程。

公关策划可以分为：

①总体公关战略策划，如企业的 CIS 导入、组织形象的 5 年规划、建设型公关、进攻型公关、防守型公关等。

②专门公关活动策划，如壳牌公司为司机发放交通图的活动等。

③具体公关操作策划，如举办中秋之夜业主联谊会、业主入住典礼等。

公关策划包括谋划、计划和设计 3 个方面的工作。本节主要讨论物业管理公司对 CIS 的导入。

公关策划是一门综合性学科，需要运用心理学、决策学、思维学、控制学、系统学、运筹学等多方面的知识；公关策划是一门“软科学”，不仅靠先进的技术手段，而且靠人的智慧；公关策划是一门实用性很强的应用科学，一个系统工程，需要科学、系统的逻辑思维能力和把握现实、预测未来的能力。

公关策划属于公关活动中最高的层次，是公共关系价值的集中体现，是公关运作中的飞跃，是公共关系竞争的法宝。

6.2.1 公关策划的内容与程序

公关策划是一项系统工程，包含许多的内容与步骤。

1）综合分析

综合分析是在公共关系调查研究的基础上，找出问题的症结，以便有针对性地拟订方案，使决策顺利进行。可以按以下 7 步进行：

①认识问题，即考察物业管理公司实际形象与应有形象、期望形象之间的差距。

②将问题分隔排队，即将问题分解成若干独立的次级，分别研究各种问题的轻重缓急和变化趋势。

③说明偏差，即有什么偏差？何时发生？何地发生？由谁造成？为什么发生？情况怎样？危害如何？等提问法弄清形象偏差的存在和危害的程度。

④鉴定偏差，即对偏差性质、程度进行鉴定和确认。

⑤寻找变化，即尽可能列出哪些方面发生了变化，特别是发生了哪些不应有的变

化。

⑥寻找可能原因,即寻找引起变化和导致偏差的可能原因。

⑦核对可能原因,找到真正原因。

2)制定公关计划

公关计划包括以下几个方面的内容:

(1)公共关系工作目标的确立　公共关系目标是指经过组织策划、开展各种类型公关活动所追求和渴望达到的一种状态或标准,既是对调查发现的各种问题的圆满解决,又是完成公关任务、实现理想构想的体现。确立公共关系目标是公共关系策划的依据,是指导、协调公共关系工作的依据,为评价公共关系效果提供标准,是提高工作效率、实现公共关系活动价值的保障。公共关系目标从目的上分为:传播信息目标,联络感情目标,改变态度目标,引起行为目标;从时间上分为:长期目标,中期目标,短期目标;从规模上分为:宏观目标,中观目标,微观目标;从组织的要素上分为:CIS 目标,组织文化目标,CS 的目标,名牌战略的目标;从效果上分为:最优目标,满意目标。公共关系工作极富弹性,如果没有明确的目标,就会东抓一下,西搞一下,甚至可能撇开公司的发展和根本利益,被鸡毛蒜皮的事务性工作缠住。确立公共关系目标应该使组织目标符合确定性、具体性、可行性和可控性原则。

(2)确定公共关系活动的公众对象　即确定对谁做工作。确定公众首先需要根据既定的公共关系工作目标体系确立目标公众,鉴别公众对象的权利要求,其次对公众的各种权利要求进行概括和分析,先找出各类公众权利要求中的共同点和共性问题,把其作为设计组织总体形象的基础。

(3)确定公共关系工作的主题　公关活动的主题表现形式多种多样,一般可以用公式表示为:公关主题=公关目标+公众心理+信息个性+审美情趣。

主题活动的设计主要包括:主题的选择和定名;活动项目的选择;活动技巧的设想;活动时机的确定。

(4)选择公共关系活动的主要方式　即确定怎么做、以什么方式入手。活动方式的选择要根据公共关系工作目标的要求和针对目标公众的情况分析来决定。

(5)选择公共关系活动的媒介　公共关系通常采用的传播媒介主要有:个体媒介,群体媒介,大众媒介。选择的基本原则是:

①根据公关工作的目标、要求来选择。

②根据不同的公关对象选择。

③根据公关传播内容选择。

④根据公司的经济条件选择。

(6)确定时间　即确定什么时间做,做多长时间。首先,以既定的目标系统为依据,按照目标管理的办法,从最终的理想状态目标、各类的总目标、项目目标、到具体操作目标,以及达到每级目标各需多少时间、各级目标的起止时间、所用时间总量,考虑如何安排最为恰当,然后形成一个系统的时间表。其次,还要考虑到在确定时间表时，公关工作能否与其他工作同时进行而互不冲突。再次，要特别注意避开“时间陷阱”。

(7)确定空间　即将每次活动的地点确定、安排好。确定空间需要考虑目标公众的活动空间，根据不同公关项目内容、经济条件、自然条件允许来具体决定。

(8)公共关系经费预算　公关预算的构成分为行政开支和项目开支。行政开支包括：a. 劳动力成本。即公关专家、秘书、接待人员的基本工资、职务工资、奖金、副食补贴及其他补贴； b. 管理费用。指维持公关日常工作需支付的费用，有房租、水电费、取暖费、电话费、上网费、办公文具费、交通费、维修费、折旧费、差旅费等。项目开支是指实施各种公关项目所需的费用，如赞助费，专家咨询费、调研费。

确定公关预算的方法有：固定比例法、投资报酬法、竞争对垒法、量入为出法和目标先导法等方法。

①固定比例法，就是按照一定时期内经营业务量的大小来确定预算的一种方法。经营业务量可以按物业管理营业收入计算，也可以按利润额计算，公司自行决定从中抽取一定百分比的数额作为公共关系预算。

②投资报酬法，就是把公关开支当作一般投资看待，根据同量资金投入获得同等报酬的原则，哪个部门投资报酬率高，就可以获得较多的资金。

③竞争对垒法，即根据与本物业管理公司竞争的对手的公关费用来确定本公司的公关费用，实行针锋相对、互不相让的宣传策略。

④量入为出法，即按照公司的财务状况，根据财政上可能的金额来确定公关的费用。

⑤目标先导法，即先制定出公共关系期望达到的目标和工作计划，然后将完成任务所需的各项费用详细列举出来，核定各单项活动和全部活动的费用。

3)方案优化

方案优化的过程，就是提高方案合理性的过程。方案的优化可以从提高方案的目的性、可行性、降低耗费 3 个方面去考虑。主要方法有：重点法、轮变法、反向增益法、优点综合法等。

①重点法。对方案进行优化时，先从符合目的度、可行度、耗费度 3 个方面分析，然后把影响最大的方面确定为重点。

②轮变法。在影响整体的要素中，将一个要到素作为变数，其他的作为定数，对作为变数的要素做数量的增减，以期在其他要素不变的情况下提高合理值，直到不能再增加，然后换另一个要素作为变数，又将原来的那个要素与其他要素一起作为定数，直到最后合理值不能再提高为止。

③反向增益法，即以一个要素的较少变动去求得其他要素的较大变动。

④优点综合法，就是将各方案可以移植的优点部分综合到被选上的方案中，使被选上的方案好上加好，达到最优化。

4)书面报告与方案的审定

公关计划经过论证后,必须形成书面报告。书面报告内容为:综合分析的介绍、公关活动策划书和方案的论证报告。

6.2.2　公共关系策划的公式、原则与方法

1)公共关系策划公式

公共关系策划公式是指公关策划的规律,可以用公式表示:

成功的公关策划 = 组织目标 + 公众心理 + 信息个性 + 审美情趣

①组织目标是公共关系策划的原动力,是公共关系策划立项的基础,是公共关系策划的起点,是公共关系策划评估的首要依据。

②公众心理是公共关系策划的主战场,是公共关系策划的起点,也是公共关系评估的重要内容。

③信息个性是公共关系策划打入市场的“金刚钻”,信息个性是竞争的要求,能使公共关系方案策划脱颖而出,是评估的主要依据。

④审美情趣是公共关系策划方案深入人心的“金钥匙”,是公共关系策划的起点,是评估的重要依据。

2)公共关系策划的原则

公共关系策划应该遵循以下原则:

(1)公众利益与公司利益统一的原则　在物业管理公司的公关目标策划过程中,既要反映公司的发展要求,也要反映公众对公司的要求,做到公众利益与物业管理公司利益的统一。

(2)总体形象与特殊形象相统一原则　成功的公关策划应该既能满足一般公众的共识的要求,又能满足特殊公众、重点公众的特殊要求,既不“厚此薄彼”,又能够形成特殊的风格,使公司的总体形象和特殊形象达到和谐的统一。

(3)知名度与美誉度相统一原则　知名度与美誉度都是公关所追求的目标,提高公司的知名度和美誉度,既是从公司的生存发展需要出发,也是从公众利益的需求出发的,二者不可偏废。

(4)社会效益与经济效益相统一原则　好的公关策划不仅应做到公众利益与公司利益的统一,也应做到社会效益与经济效益的统一。公关策划应该与组织机构的整体营运和社会发展条件相吻合。

(5)创新性与持续性相统一原则　成功的公关策划必须根据社会条件的变化、人们心理状况的变化、组织内容的变化来制定,要有创新,还必须考虑到公关效果的积累性,坚持公关策划承上启下的连续性。

3）公共关系策划的方法

公关策划的方法很多，主要有：

（1）“制造新闻” “制造新闻”也称为“策划新闻”，是指经过事先策划，人为引发戏剧性或轰动性的事件，由此引起媒介、舆论的关注与报道。

（2）通过选择公共关系活动时机进行策划 任何一次公关活动都有一个选择时机的问题，时机选择的方法包括：a. 选择公关“由头”，所谓“由头”是指一个公关活动开展的价值和依据；b. 选择途径，运用各种固定的特殊机会开展专项公关活动，最常见的机会有：重大节日（如春节、国庆节、圣诞节、国际劳动节），重大纪念日（如公司成立的纪念日），以及其他有规律的假日和时机（如地方的盛会）。

（3）用创造性思维进行策划 公关工作需要高度的创造性，因此创造性思维是公关人员必备的基本素质。公关事业为创造性思维提供了广阔的天地，创造性思维为公关策划提供了理论支柱，创造性思维贯穿于公关策划的自始至终、方方面面，运用得当可以使公关策划取得成功。

6.2.3 物业管理公司的 CIS 概述

1）CIS 的含义

CIS 是英文 corporate identity system 的缩写，称为企业识别系统。CIS 是企业将其理念、行为、视觉、听觉及一切可感受形象实行的统一化、标准化与规范化的科学管理体系。它是公众辨别与评价企业的依据，是企业在经营与竞争中赢得公众的有效手段。

2）CIS 的构成要素

CIS 由理念识别系统（MIS）、行为识别系统（BIS）、视觉识别系统（VIS）、听觉识别系统（AIS）和环境识别系统（EIS）5 个要素组成。社会上最普遍的是前 3 个要素。

①理念识别系统是 CIS 的主导与核心，是系统运作的原动力，其本质特征是企业的“精神”。例如新华物业精髓，服务宗旨：业主第一、信誉至上；企业精神：忠诚、团结、进取；质量方针：更快、更好、更周到；服务理念：用心血和智慧、用爱心和实力为业主服务，使我们的服务始于业主的需要，终于业主的满意。“忠诚、团结、进取”就是企业的精神。

②行为识别系统是 CIS 的中介，它是通过动态的识别形式来传递企业经营的独特行为方式，包括物业管理公司的内部管理制度、礼仪礼貌服务准则、社区文化活动制度、各技术工种操作规范，等等。

③视觉识别系统是 CIS 设计最基本的设计要素，包括物业管理公司标识系统，如公司标志、公司中英文名称及标准字、公司标准色、公司队旗、公司标准工作牌证；物

业管理公司公文系统，如统一标准的公司员工名片、公司标准公文纸、尤其标准信封、公司公函及文件的标头、公司车辆图案；物业管理公司视觉扩展系统，是公众识别、记忆企业的标识物，如员工服装、办公楼布置。

3）物业管理公司导入CIS作用

CIS能够提升物业管理公司形象与知名度；能够为物业管理公司吸引人才，提升行业的层次；能够激励物业管理公司员工士气，塑造良好的工作氛围；能够使物业管理公司业务范围扩大；能够使物业管理公司取得金融机构的支持。

6.2.4　物业管理公司对CIS的导入

物业管理公司导入CIS可以分为以下4个阶段：

1）物业管理公司CIS导入准备阶段

准备阶段的关键是要解决物业管理公司为什么要导入CIS和如何制定导入计划。这一阶段包括以下工作：

(1)确认物业管理公司导入CIS的动机　物业管理公司导入CIS的原因有：

①公司经营业务的扩大与多元化，如原来从事住宅小区物业管理，为了促进公司事业的发展，现在要进入写字楼、商业大厦的物业管理。

②公司的形象陈旧，如原来的房管行政机构改制为物业管理公司，如果要真正摒弃陈旧的面孔，在公众面前树立全新的形象。

③物业管理公司的经营方针改变，如物业管理公司与原来的房地产开发商分离，成为独立的企业法人，尤其兼并与合并。

④物业管理公司对以往的形象定位不满。

⑤创立物业管理公司的知名度。

⑥公司形象欠佳。

⑦公司新成立或者周年纪念日。

(2)提出CIS导入方案　CIS导入方案涉及以下问题：

①物业管理公司内外环境的初步调查、分析，包括企业形象调查、员工意识调查、企业理念体制调查、企业外部环境调查、视觉识别设计调查。

②检讨物业管理公司的理念、确定CIS导入的指导思想，包括提出物业管理公司实施CIS的指导思想、采纳切实可行的操作技术和方法、制定相应的设计规范、采取必要的补充计划。

③制定CIS导入方案，一般包括导入的目的和意义、动机和背景、类型（即全面或部分导入）、基本方针或者指导思想、具体作业的指导原则、活动的计划安排、领导者、组织者、策划者与设计者、活动需要的时间、人力与费用。

④做出时间与费用的初步预算。

(3)建立CIS导入活动的组织机构　为了确保CIS活动在物业管理公司顺利推动,必须建立CIS委员会,CIS委员会一般直属于物业管理公司最高决策部门,通常由经理直接领导。CIS委员会的设置应该注意:建立具有权威性的机构;搞好部门的协调;注意对外的沟通和联络。

(4)聘请专业CIS公司,发动全体员工参与CIS活动　为了使CIS活动能够达到预定的目的,有必要聘请专业CIS公司进行策划和设计。另外,再好的CIS导入方案,没有物业管理公司员工的参与,也等于白费。在CIS导入方案制定后,就应该自上而下对员工进行全面的教育、宣传,真正使物业管理公司的CIS成为全员参与的CIS。

2)物业管理公司CIS导入调查阶段

本阶段根本任务就是进行物业管理公司形象调查。

(1)物业管理公司形象调查的意义　对企业形象调查是导入CIS的重要的和基础性的工作,其意义可以归纳为:企业形象调查有利于全面掌握物业管理公司的实际情况,找准企业存在的主要问题;有利于CIS委员会与聘请的专业CIS公司做出切实可行的计划及实施计划;有利于达到动员物业管理公司员工积极参与CIS活动;可以引起业主和物业使用人的关注、参与,有利于CIS计划的顺利推行。

(2)物业管理公司形象调查的原则　物业管理公司形象调查需要遵循实效性、系统性、准确性、经济性和科学性五项原则。

实效性就是指及时捕捉物业管理公司内部和外部环境的任何有用的情况、信息,及时分析、及时反馈,为公司在整个CIS活动过程中正确地确立CIS创意,适时开展CIS系统的设计开发,以及对企业识别系统设计方案实施管理和评估提供良好的条件。

系统性是指针对所要研究的问题、调查的目标,进行全面、系统收集有关企业形象的信息。

准确性是指企业形象调查应力求准确无误,对调查资料的分析必须实事求是,尊重客观事实,切忌以主观臆断来代替科学的分析。

经济性是指企业形象调查要注重经济性,力求以较少的投入取得最好的效果。

科学性是指按照科学的方式进行企业形象调查,在时间、人力与财力有限的情况下,可以获得更多更准确的资料信息。

(3)物业管理公司形象调查的内容　物业管理公司形象调查的内容在本章第一节物业管理公司公共关系调查内容部分进行了阐述,包括对公司高层决策者的调查;对公司员工的调查;对公司知名度、美誉度的调查;对公司信息传播状况的调查。

物业管理公司导入CIS进行形象调查的步骤包括:

①提出问题。物业管理公司决策层或CIS委员会提出问题,例如决策层要了解物业管理公司未来发展方向的问题。根据所提出的带有方向性的问题,调查人员进一步明确调查研究的意图和主题。

②确定调查研究的目标。为了保证调查结果的可靠性和实用性,必须先要确定调查目标。对调查目标的确定必须搞清以下问题:为什么要进行此项调查?调查中要了解哪些问题?谁要知道调查结果?

③决定研究设计。“研究设计”是为取得必要的信息所设计的方法及程序。它的选择取决于调查者对所研究问题的相关知识的多少。研究设计主要有探讨性研究、叙述性研究和因果性研究3种。

④设计资料收集方法及格式。收集第一手资料的方法有面谈访问调查、邮寄访问调查、电话访问调查和留置访问调查等方法。

⑤选定样本及收集资料。选定样本就是从所研究对象的总体中抽出一定的样本的过程。它对收集的资料的代表性有很大的影响,所以必须认真设计。

⑥分析及解释调查研究结果。

⑦准备研究报告。

⑧追踪调查。研究报告的呈交,说明调查工作已经告一段落,但是为了更好地履行调查工作的职责,还应该进行追踪调查。

3)物业管理公司CIS设计开发阶段

即如何进行物业管理公司CIS的设计开发,这是公司导入和实施CIS计划的重要阶段。需要进行以下工作:

(1)物业管理公司CIS总概念的开发　CIS总概念开发就是在对物业管理公司形象调查的基础上,通过重新审视企业理念,构筑新的经营战略,形成CIS计划的方针,从而确定的企业新的形象的目标。

CIS总概念必须具有鲜明的个性,具有创新意识,体现企业的价值取向。CIS总概念报告书实质是对高层次决策者的建议书。一般包括以下内容:

①企业形象调查结果的评论。

②企业的CIS概念。

③具体可行的策略、措施。

④CIS设计开发的要领。

⑤CIS的补充计划。

(2)物业管理公司理念识别的设计开发　物业管理公司理念设计开发必须按一定步骤循序渐进,通常包括以下几个步骤:

①对企业理念进行定位　物业管理公司理念定位就是要在公众中确定一个位置,使企业和企业的服务(品牌)被公众认为在物业管理行业中具有举足轻重的位置。

②确定企业理念设计开发要素　在企业理念定位之后,就要确定理念所要反映的基本要素,并将这些要素加以整理,并界定各自的含义。企业理念设计开发要素主要包括企业对外的管理原则、主导文化、日常文化、经营理念,以及对外的竞争战略和行为原则。其中企业理念是最基本、最重要的要素。

(3)物业管理公司行为识别的设计开发　物业管理公司行为识别设计开发应该遵循:以企业理念为核心,具有可操作性,注重科学性、标准化,集思广益等四项原则。

(4)物业管理公司视觉识别的设计开发　物业管理公司视觉识别基本要素有:企业标志,企业名称,品牌,企业标准色,企业专用字体等种类。物业管理公司视觉识别系统的设计开发从3方面进行:

①企业的标准类应用设计系统。

②品牌设计要素与企业识别。

③企业主体的识别系统。

4)物业管理公司的CIS管理与评估阶段

物业管理公司的CIS活动,在经历了前3个阶段的工作之后,面临着如何实施公司的CIS管理与评估,这是保证CIS的设计开发达到预期目标与效果的主要阶段。

(1)物业管理公司的CIS管理　物业管理公司的CIS管理包括以下工作:

①为物业管理公司的CIS推广提供必需的条件。物业管理公司的CIS推广首先要有组织保障,应由专门的机构(如CIS委员会)来负责将CIS设计开发的成果进行推广。其次要有经费保障。再次要有人员保障。

②制定CIS手册。CIS手册的内容基本上包括以下几个方面:引言,基本要素,基本要素组合,应用要素,一般准则。

(2)物业管理公司的CIS评估　本节主要讨论对物业管理公司视觉设计开发的评估,包括2个方面的工作:

①对物业管理公司专业人员提供的视觉备选设计作品的评估。对备选作品进行评估,必须关注以下问题:功能评价;形象评价;应用性评价。

②设计作品被采用后的评估。视觉识别设计作品被采用后,有必要对其在社会公众中的形象效果进行评估,这实际就是对导入CIS的效果评估。为了做好该项工作,通常采用问卷调查的方法请业主、物业使用人或者社会公众对物业管理公司进行打分,对物业管理公司的知名度、美誉度、企业服务的满意度、企业形象一流评价率等指标进行打分。

6.3　物业管理公共关系实施

将公关工作计划付诸具体的行动,是公关工作程序的第3步。组织实施过程中,需要用到各种公关技术和方法,尤其是宣传与沟通的技巧。宣传与沟通的好坏是确保公关工作成败的关键环节。在贯彻计划过程中,对宣传与沟通的内容,即信息,要求真实、有效和可被接受;对宣传与沟通的对象,即公众,要求有正确的估计,要明确对象,选择得当方式对其施加影响,决定影响程度,估计其反应,取得反馈;对宣传与沟通的方式，应注意媒介的选择，程序形式的确定、内容费用的安排要特别斟酌，在执行中应严格控制工作进度，保证计划有步骤地进行。

6.3.1　物业管理公共关系实施的原则

1）目的明确原则

公关传播的总目标是树立、改善组织形象，形成有利的舆论环境，获得各界的支持。在总目标指导下，公关传播每一次活动、工作也要有具体的目的。这种目的明确的传播在很多情况下，要求目标公众也要明确，每组织一次活动，接受者是谁、他们的情况如何、兴趣在哪里，公关人员必须心里有数，有针对性地组织活动。

公关传播的目的可以分为引起公众注意、诱发公众兴趣、取得公众的肯定态度和促进公众支持行为4种。

2）双向沟通原则

双向沟通原则是指传播双方互相传递、互相理解的信息互助原则。物业管理公司与公众的沟通应注意两点：一是善于创造沟通的共识区域；二是要具备反馈意识。

3）平衡理论原则

平衡理论认为，当人处于不平衡状态时，会感到心情紧张，并产生一种力求恢复平衡的力量。人处于平衡状态时，感到舒服、轻松。公关传播可以运用该理论，通过A-A式平行沟通和情感沟通，来寻求物业管理公司与公众的关系平衡。

4）有效沟通原则

有效沟通原则是指通过沟通活动要取得预期效果的原则。在实践中，信息的真实性与信息量的大小、传播者的传播方式与态度、传播内容的制作技巧与传播渠道是否通畅是影响传播有效性的主要因素。沟通的7个“C”原则如下：

①可信赖性（credibility）。沟通应该从彼此信任的气氛中开始。

②一致性（context）。沟通计划必须与组织的环境要求一致。

③内容（content）。信息的内容必须对接受者具有意义。

④明确性（clarity）。信息必须用简明的语言表述，所用词汇对沟通者与被沟通者都代表同一含义。

⑤持续性与连贯性（continuity and consistency）。沟通是一个没有终点的过程，要达到渗透的目的必须对信息进行重复并补充新的内容坚持下去。

⑥渠道（channels）。沟通必须利用被沟通者日常生活中习惯使用的渠道。

⑦被沟通者的接受能力（capability of audience）。沟通必须考虑被沟通者的接受能力。

6.3.2 物业管理公共关系实施的要点

物业管理公共关系实施是公共关系的第3步，需要做好：

1）明确指挥体系

由于物业管理公司公共关系工作具有复杂性、多样性和重要性等特点，因此对其公共关系活动计划的实施，首先应该实行集中领导，统一指挥，形成单一清晰的指挥链。

2）健全管理制度

为了使公司的管理层及时掌握计划的执行情况，应该建立公共关系报告制度，及时采用书面或者口头形式做定期报告或者请示报告。

3）落实准备工作

实施物业管理公司公共关系计划，需要人、财、物、信息等基本要素和资源的合理配置，这些准备工作直接影响到公共关系计划的实施，对计划进度和实施效果产生深远影响。必须做好人员和物资的准备。

4）预防实施中的障碍

在物业管理公司公共关系计划实施的过程中，可能会出现各种矛盾和问题，必须要有所预见和防范。

（1）防范业主、客户的抵触情绪　应认真分析业主的抱怨、反感和不满情绪产生的可能性及原因，如传播的信息是否失真，传播媒介是否选择不当。必须采取各种防范措施，不让业主、客户的抵触情绪在范围、规模、程度上扩大，将其消灭在萌芽状态中。

（2）公司内部的抵触情绪　分析哪些因素和问题可能造成公司内部各个部门、员工的抵触情绪的产生，比如没有充分发扬民主、让员工参与公共关系活动，没有公正地分配工作任务和活动经费，预测可能出现的问题，然后采取预防措施。

6.3.3 处理好物业管理公共关系实施中的各种关系

物业管理中，公共关系的对象可分为内部公众和外部公众。内部公共关系对象主要指小区的业主、住户、商户、发展商等，外部公共关系对象主要有：政府各职能部门、行政管理部门、街道居委、公共事业部门（如供电、供水、供气等）、新闻传媒、周边辖区居民等。

对于内部公共关系对象，公关目标是要树立企业良好的信誉形象，争取他们对管理公司的信任，这是物业管理得以进行的关键。对于外部公共关系对象，公关目标是要建立起与这些部门、单位互通信息的网络，使业主和管理公司的利益始终处于最佳状态。更重要的是通过增进同这些部门、单位的感情交流，争取他们对小区物业管理的理解和支持。物业管理中的公共关系活动，可以有多种形式，对不同的公关目标，体现也不同。

1）对于内部公众的公关活动可以采取的活动形式

（1）让公关对象知道你为他们做了什么　管理公司应多向服务对象介绍实施专业化物业管理的好处，及时通报即将实行或正在进行的物业管理情况。例如，收费是最敏感的问题，管理公司应尽量公开财务收支，让服务对象了解费用的收支情况，消除他们对管理公司乱收费的误解。

（2）引导公关对象参与物业管理　如组织成立业主（住户）委员会，就小区管理问题召集业主开建议征询会，或是举办“做一次物业管理员”等活动，让他们知道物业管理的运作，体会物业管理的艰辛，从而产生对管理公司的谅解与支持。

（3）提供公关对象与管理公司沟通的渠道　应保证内部信息沟通渠道的通畅，如设立宣传栏，公布各种通知，通报小区管理信息；设立业主投诉信箱、电话，及时收集各种意见并及时处理；创建小区刊物，报道小区的事件，反映住户心声，搭起沟通的桥梁等。

（4）融洽公关对象与管理公司的关系　管理公司可以组织形式多样的公共关系活动，增进彼此之间的了解，培养彼此之间的感情。例如：组织社区文化活动、节日联谊、义务植树；组织参观其他小区，交流经验；评选小区荣誉家庭，奖励多提合理化建议的住户等。

（5）培养公关对象对自己小区的荣誉感　管理公司可以引导新闻媒介对小区的新人新事新风尚进行报道，树立小区的良好形象，引发居民爱护小区的荣誉，从而意识到物业管理的好处，自发地配合物业管理的开展。

2）对于外部公众的公关活动可以采取的活动形式

（1）建立与外部公众的信息互通网络　物业管理公司常跑这些单位、部门，有助于建立畅顺的信息交流渠道，掌握第一手政策、法规、信息以及与人们生活息息相关的水、电、煤气等的供应情况，及时分析该信息对小区或公司运作的影响，以便采取相应对策。如水、电价格的调整影响管理费的开支，必须提前做好与业主的解释和沟通工作。又如，停水、停电做到事先有通知，可避免居民因无准备而造成的起居不便。

（2）引导外部公众关注、参与物业管理　物业管理毕竟是新生行业，要获得外部公众的支持，必须使这些单位、部门了解物业管理对提高人们的生活质量、稳定社会的重要性。这有赖于管理公司积极主动地引导这些部门关注、了解物业管理，并配合、参与物业管理，达到物业管理能顺利进行。

（3）支持、配合外部公众部门的工作　这些单位、部门往往具有对小区的各种管理职能,许多工作需要小区配合才可顺利完成。如计生、征兵、出租房管理、治安管理、费用征收等。管理公司应积极配合他们的工作,定期汇报小区情况,主动协助他们,减少这些单位、部门在开展工作过程中的困难,为互助互利奠定基础。

(4)组织必要的交际活动　公关活动是感情交流的途径之一,管理公司可通过一些必要的交际活动,加强与这些单位、部门的联系。如组织主题茶话会、节假日的联谊会以及平时的共建、慰问活动等。但由于该活动经费在管理费中支付,属于比较敏感的项目,管理公司应向业主委员会通报开支情况并邀请住户一起组织这些活动,以增加透明度。

6.4　物业管理公共关系评估

6.4.1　物业管理公共关系评估的程序

(1)确立统一的评估目标　将评估目标具体化,对有关问题以评估重点的方式形成书面材料,有利于保证评估工作正确、顺利的进行。

(2)征得公司上下的统一认识　评估工作的具体实施需要物业管理公司全体员工的共同努力和参与,因此,就需要统一对评估的认识,特别是对评估的作用和现实性的认识。

(3)选择适当的评估标准　根据评估目标选择或确定适当的评估尺度,从而保证对物业管理公司公共关系活动的效果进行客观公正的评估。

(4)确定收集评估资料的最佳途径　收集有关评估资料的途径有多种,应该根据具体情况确定最佳途径。

(5)保持完整的公共关系活动实施记录　完整的公共关系活动实施记录能够充分反映公司公共关系工作的方式和效果,反映公共关系计划方案的可行程度,为深入分析公司公关计划的制定与实施措施,评估最终效果奠定基础。

(6)向公司高层管理者报告评估结果　向公司高层管理者报告评估结果可以保证物业管理公司的管理者及时掌握情况,有利于进行全面的协调,与公司战略保持一致性。

(7)充分利用评估结果　通过对公司公共关系活动评估结果的利用,公司公共关系问题的确定和形势分析会更加准确,使公司公共关系活动更加成功。

6.4.2　物业管理公共关系评估的标准

1）公共关系准备过程的评估标准

①背景资料是否充分。
②信息内容是否正确充实。
③信息表现形式是否恰当。

2）公共关系实施过程的评估标准

①信息发送的数量。
②信息被传播媒介采用的数量。
③接受到信息的目标公众的数量。
④注意到信息的公众的数量。

3）公共关系实施结果的评估标准

①了解信息内容的目标公众的数量。
②改变观点的目标公众的数量。
③改变态度的目标公众的数量。
④发生期望行为的目标公众的数量。
⑤发生重复期望行为的公众的数量。
⑥达到的目标与解决的问题。
⑦对社会经济与文化产生的影响。

6.4.3　物业管理公共关系评估的方法

（1）现场观察法　通常是公司管理者亲自参加某些公共关系活动，通过他们的直接观察、体验，了解公共关系活动的进展情况，与公共关系活动目标比较并做出评价。

（2）专家评估法　聘请公共关系方面的专家对公共关系活动进行评估。通过他们对公共关系活动的考察、访问和对材料、数据的分析，做出较为客观、准确的评价，并且对未来公司的公共关系活动提出建议和咨询。

（3）民意测验法　这是用来检测公众舆论的一种方法，其具体操作常常用典型抽样和随机抽样的方法在选定的目标公众中用问卷、表格、访谈等方式，征求公众的意见，再通过问卷的回收、信息的反馈来把握公众舆论倾向。

（4）传播统计法　这是将大众传播媒介对公司有关信息的传播情况进行情况统计、分析，了解公司与公众的信息传播情况和舆论环境。着重对新闻舆论的检测。

(5)广告效果检测法　这种方法主要包括检测媒介频率、覆盖率,广告的认知检测、情感检测和意向检测等。

(6)活动记录法　这是公共关系部门对日常工作和各项活动备有详细记录的方法。

小　结

物业管理公司的公共关系管理是指物业管理公司为了自身发展,创造良好的内部与外部政治、经济和社会环境,以求得公众的理解和支持所采取的一系列合理的政策和行动。物业管理公司公共关系管理包括:物业管理公共关系调查、物业管理公共关系策划、物业管理公共关系实施和物业管理公共关系评估4个步骤。

物业管理公共关系调查是公共关系工作开展的第一步,就是对公司形象进行调查。主要需要调查公司的现状,在社会及公众中的印象和公司信息传递状况。物业管理公司公共关系调查由制订调查方案、设计调查方法、收集调查资料和处理调查结果4个相关步骤组成。

物业管理公共关系策划是在公共关系调查的基础上进行运筹、制订公共关系方案,为公共关系计划的实施与评估提供依据。公共关系策划是一项系统工程,应该按照:综合分析,制订公关计划,方案优化、书面报告与方案的评定等程序进行。

物业管理公共关系实施是公共关系工作程序的第3步,组织实施过程中,需要用到各种公关技术和方法,尤其是要处理好各种内外关系。

物业管理公共关系评估应该按照程序进行,其方法主要有:现场观察法、专家评估法、民意测验法、传播统计法、广告效果检测法和活动记录法。

复习思考题

1.判断并改错

(1)物业管理公共关系的起始工作是进行物业管理公司的公共关系策划。(　　)

(2)选择公关由头是指经过事先策划,人为引发戏剧性或轰动性的事件,由此引起媒介、舆论的关注与报道。(　　)

(3)物业管理公司形象调查的系统性原则是指及时捕捉物业管理公司内部和外部环境的任何信息,及时反馈给物业公司。(　　)

(4)街道居委会是物业管理公司内部公共关系对象。 ( )

(5)物业管理公司 CIS 导入调查阶段的根本任务就是物业管理公司的形象策划。 ( )

2. 选择题

(1)物业管理公共关系调查的内容包括:( )

A. 物业公司基本情况 B. 公司领导者情况 C. 公司外部公众意见
D. 物业公司知名度 E. 公司信息传递状况 F. 物业公司员工情况

(2)公关策划可以分为( )。

A. 具体公关操作策划 B. 总体公关战略策划
C. 企业 CIS 导入策划 D. 专门公关活动策划

(3)物业管理中,内部公共关系对象主要指( )。

A. 居委会 B. 住户 C. 供电局
D. 发展商 E. 业主 F. 行政管理部门

(4)公共关系工作目标从传播的目的上划分可分为( )。

A. 名牌战略目标 B. 传播信息目标
C. 引起行为目标 D. 满意目标
E. 改变态度目标 F. 联络感情目标

(5)公共关系策划中的方案优化可以从提高方案的( )方面考虑。

A. 重点性 B. 可行性 C. 降低耗费
D. 合作性 E. 目的性 F. 计划性

3. 填空题

(1)物业管理公共关系管理包括:________、________、________和________ 4 个步骤。

(2)物业管理公司 CIS 总概念开发就是在对物业管理公司________的基础上,通过重新审视________,构筑新的________,形成 CIS 计划的方案,从而确定企业新形象目标。

(3)公共关系的调查方法各有千秋,如何选择应该遵循________、________、________和综合性原则。

(4)对物业管理公司的知名度的调查主要调查________________的了解程度和范围。

(5)物业管理公司公共关系通常采用的传播媒介主要有________、________、________。

4. 简答题

(1)物业管理公司公共关系策划的主要方法是什么?

(2)物业管理公司如何开展对外部公众的公共关系活动?

(3)物业管理公司 CIS 设计开发阶段的工作是什么?

案例讨论

1999 年 4 月 3 日,大厦物业管理公司接到一家加拿大咨询公司的书面投诉,称该公司 4 月 2 日因电话故障向管理公司报修,上午 11:00 左右,管理公司工程部人员陈某、蔡某前去维修。用户黄先生为维修人员开门后就到里间办公去了,维修期间其公司无人在现场。但 11:30 两名维修人员走后,该公司发现放于办公室的手机不见了。据该公司黄先生回忆,其中一名维修人员的工装后袋鼓鼓的。此家公司希望管理公司能够协助查明手机是否被两名维修人员随手拿走。

问题:

如果你是该物业管理公司公共关系管理部的员工,应该怎么做?针对此事,物业管理公司可采取哪些专题活动?试策划之。

第7章 物业管理公共关系写作

【学习目标】

1. 了解物业管理公共关系文书写作的内容与形式。

2. 掌握物业管理公共关系文书写作的基本要求与一般方法。

【案例导入】

物业管理简报

远洋天地[2006]第9期

尊敬的各位住户：

感谢您对远洋天地小区物业管理工作的大力支持和配合，现将本期(2006年9月1日—2006年9月30日)远洋天地物管中心的各项工作报告如下：

一、本期要闻

1. 截至9月30日，小区累计入住户数为3 324户，当前远洋天地小区的整体入住率为99.70%。

2. 重要新闻：

1)9月17日物管中心与新的业主委员会召开了第一次沟通会，会后将业委会需要的物管资料送达业委会。

2)9月22日物管中心在二区小广场与居委会、业委会、新京报合作举办了“金秋迎国庆晚会”。

3)为保障小区安全控制，行人穿行园区，小区封闭方案已拟定，“十一”期间开始土建施工。

4)为了营造“十一”、“中秋节”的节日气氛，物管中心在园区进行了节日布置，共摆放鲜花11 507盆，彩灯百余盏。

5)为保障节日安全，物管中心对水、电、气、热进行了节前检查。

二、本期主要工作及完成情况

1. 社区安全管理工作：

1)对51～59号楼、73～75号楼到期的灭火器进行年检。

2)为保障消防设备设施的正常运行,对设备设施进行检修。

3)对园区内的天台门进行检查。

2. 公共区域维修:

1)检查、维修小区内照明,更换灯泡 1 463 只,日光灯管和应急照明 229 根,声光控开关 102 个,其他配件 39 件。

2)消防、门禁、可视对讲日常维修 201 处。

3)排除排水系统主要故障 20 起,弱电系统主要故障 14 起,电气系统主要故障 13 起。

4)检查、检修设备层设备及热力小室,为供暖前期做准备。

5)对小区地库污水泵进行检查、检修。

6)对车库卷帘门进行巡视、检查,并进行联动试验。

7)检修小区红外线报警系统。

8)对三期电梯进行年度安全检测。

9)对二期地库出口控制器进行检修。

10)粉刷 59#楼的电梯厅,修补 105 块踢脚线。

3. 入户维修:本月入户维修单 1 521 张,满意率 99.9%,只有一户不满意。

4. 装修管理:本月装修 4 户,制止 2 户装运室外建材的车辆进入小区。

三、本期重难点问题

近日小区内宠物粪便较多,影响了小区的整体环境,并且造成园区内树木及草地的死株及枯黄现象。

物管中心呼吁:天地是一个大家园,是我们每一位业主的家,需要我们共同来维护。

四、温馨提示:

为了保证设备的正常使用,物管中心定期入户对公共管井进行检修。在进行检修之前,我们会提前通知您,因此可能会给您和家人的生活带来不便,请您谅解并配合我们的工作。(资料来源:http://www.yytd.cn)

物业管理公共关系文书写作信息的有效传播是社会组织公共关系工作的一个重要组成部分,也是组织提高自身在社会公众中的知名度和美誉度、塑造良好社会形象的重要途径。在组织的公共关系活动中,常需要写作知识和技能的运用。所谓公关写作,实质包括了公共关系实务中所需运用的一切文体写作的知识和技能。公关写作的表现内容、篇章结构乃至文字风格,都以对公共关系工作的性质和特定目标的深刻理解为基本前提。偏离了这一前提和规定,未必能写出符合规范要求的公共关系文书。

所谓公关写作,实质上包括了公共关系实务中所需运用的一切文体写作的知识和技能。公关写作的表现内容、篇章结构乃至文字风格,都以对公共关系工作的性质和特定目标的深刻理解为基本前提。偏离了这一前提和规定,未必能写出符合规范要求的公共关系文书。

7.1　新闻稿

新闻稿是通过新闻媒介传播的文字信息，它的影响大、传播面广，是物业管理公司不可忽视的信息传播方法。及时把物业公司具有新闻价值的信息撰写成新闻稿，借助新闻舆论的力量，一方面可以扩大物业管理公司与社会公众的信息沟通，优化社会舆论，树立组织的良好形象，另一方面又可以收集社会公众的反馈，使物业管理公司得以了解公众的意向。

[示例1]　**"万科物业"以人为本营造温馨**

由上海万科物业管理有限公司管理的万科城市花园，为沪上特大型商品房住宅小区，现居住3 700户，入住率达95%左右。几年来，万科物业始终贯穿"以人为本"、"全心全意为您"的服务理念，为业主提供全方位的专业化超值服务，营造了一个安全、优雅、舒适的居住环境。业主们在亲身感受了万科物业体贴到家的服务后，以纷纷引荐自己的亲朋好友购置万科房产作为回报，由此形成了房产销售中独特的连环效应。1995年以来万科城市花园连续被评为上海市文明小区，同时被建设部命名为"全国住宅优秀示范小区"，万科物业公司也成为沪上首家通过ISO 9002国际第三方认证的物业管理企业。他们倡导社区的自我管理、自我约束，将社区精神文明建设搞得有声有色，还结合社区特点，几年来坚持举办业主乐于接受、形式多样的群众文化活动，不断提升社区文化品位，促进小区人与人之间的感情交流，让业主处处感受到生活在小区大家庭的温馨祥和。进入新世纪的万科物业，将以形式多样的社区活动，营造万科欢乐大家庭。

1）新闻的概念

新闻是指新近发生的事实的信息，人们欲知而未知（或新知）的事实。新闻有广义和狭义之分，广义的新闻，包括消息、通讯、特写、调查报告、采访记、新闻评论等；狭义的新闻则专指消息，是对新近发生的有社会价值的事件的及时报道，又称新闻或新闻报道。这里所指的新闻是后者，即"消息"。

消息大致可以分为4类：动态性消息、综合性消息、经验性消息和评述性消息。所谓动态性消息，是指对新近发生或正在发生的事件的新闻报道；所谓综合性消息，是指围绕一个特定的主题而把一个地区、一个行业领域内性质相近的事件综合起来加以反映的新闻报道；所谓经验性消息，是指对一个社会组织乃至于一个行业领域先进经验、成功典型的新闻报道；所谓评述性消息，是指在介绍某一事件的同时适当展开分析、评述的一种新闻报道。

在这4类消息中，以动态消息最为常见。它一般篇幅不长，内容单一，但反应迅速，报道及时。对于物业管理公司来说，有什么信息需要及时通过新闻媒介向社会公众传播,采用动态性消息最为合适。所以,切实掌握动态性消息的写作技能,是物业管理相关人员新闻稿写作的基本功。

2)新闻的特点

(1)时效性　新闻要求“新”,这是起码的要求。时间是新闻的生命,新闻报道要迅速及时,讲究时间性、时效性和适宜性。事过境迁,就失去了新闻的价值。

(2)真实准确性　这是新闻报道的灵魂所在,是消息的生命。真实是指报道的一切事实、数据、背景材料等均确凿无疑,不能虚构杜撰,也不能随便夸张,要力求公正、全面、准确无误,同时要把握客观事物或褒贬上的“度”,实事求是。

(3)用事实说话　新闻是客观地报道事实,事实是新闻赖以存在的基础,离开了具体事实,新闻也就成了“无源之水”、“无本之木”,用事实说话是新闻最重要的特点。

(4)短小精悍　新闻由于受时效性这一特点的制约,通常用最简洁的语言,报道事实,说明情况,寥寥数笔,显出“精神”。因此,它要求篇幅短小精悍,语言简洁明白,准确生动。

[示例2]　龙湖西苑荣获“重庆市物业管理示范住宅小区”称号

重庆市国土房管局于2004年1月18日上午召开表彰大会,对获得“重庆市物业管理示范住宅小区”称号的龙湖西苑进行了授牌表彰,同时获奖还有其他参评的小区。

3)新闻稿的结构

新闻稿就其结构形式而言,目前运用得最多的是“倒金字塔”式和“金字塔”式2种。

(1)“倒金字塔”式　顾名思义,即把最重要、最新鲜的材料作为导语,放在新闻的开头;第二部分的事实是次要的,是导语的补充和说明;第三部分的事实则更次要,以此类推。就好像一座倒放的金字塔,尖在下,底在上。这种形式有助于作者迅速地撰写新闻稿,便于编辑制作标题和设计版面,也符合大多数读者、听众、观众的心理,吸引他们阅读、收听、收看的兴趣,公关新闻稿多采用此结构形式。

(2)“金字塔”式　则与前者相反,它基本按事实发生的时间顺序来写,事件的开头就是消息的开头,事件的结束就是消息的结束。常用于客观叙述一些故事性较强的事实,所以亦称“新闻故事”。

4)新闻稿的格式

一般而言,新闻稿包括标题、导语、主体、背景和结尾5部分,在具体写作时有时不必俱全。

(1)标题　标题是文章的眼睛,是新闻的提要和精华部分。新闻标题对读者产生“第一吸引力”,好的标题能简明、准确地把新闻内容的精华概括出来,具有强烈的吸引力和感染力。标题有3种形式：

①三行标题。含量丰富，包括引题、正题、副题。读者通过标题，就可以了解全文的基本内容。如：

(引标题)勇创一流　追求卓越

(主标题)深圳金地物业有限公司发展喜人

(副标题)特色服务秉承"人本、诚信、规范、创新"的经营理念

②双行标题。实题概括事实，虚题阐明意义，渲染气氛，达到虚实结合，互为补充。如：

(引标题)相约春天 走进自然

(主标题)——记融侨半岛业主春游黄桷古道

③单行标题。它可起到简洁明快，易读易记的效果。如：

德加社区开展"绿色·健康"联欢晚会

(2)导语　导语是引导读者阅读新闻的开头语，它是新闻特有的一个概念和组成部分。它用简明扼要的段落写出新闻中最重要、最精彩、最吸引人的事实或其中最主要的思想，揭示新闻的主旨，唤起公众的注意。常用的导语写作有以下几种：直叙式，即把所要传播的信息中最重要的事实，用直叙的方式简明扼要地加以点出，以方便读者把握，这是一般新闻(消息)稿最常用的导语写作方式。提问式，即用提问的方式开头，并作简单回答，以此来构成导语，以引起读者的关注和深思。描述式，即一开始先对新闻事实发生的现场情景进行简洁、生动的描述，适当渲染气氛，以引起人们阅读的兴趣。结论式，是把所要传播的有关事件的最终结论先行点出，然后再在文章的主体中展开具体的阐述，揭示出事实的意义和目的。引语式，即用新闻事件中某一重要人物的语言构成导语，通过这一人物的简要表述，点出所要传播的信息中最重要的事实。

[示例3]　业界认为，龙湖之所以具有对市场强大的掌控能力，是因为它的团队具有强大的执行力。而这种执行力的产生，正是因为龙湖与众不同的用人之道——以企业理念和文化来聚集人才。

(3)主体　主体是新闻的主干和中心部分，它是在导语之后，用充足的、典型的、有说服力的材料对消息的内容做深入的阐述和说明。主体一般包含两个方面内容：一是对导语中点出的最重要的新闻事实展开阐述、说明乃至评论，并带出其他有关新闻事实，使这一新闻更全面、更详细、更生动；二是在需要的情况下，提供一定的新闻背景材料，以更好地说明新闻事件的来龙去脉，从而使这一新闻的内容更厚实，主题更鲜明突出。常用的结构方式有2种：一是按逻辑顺序写，根据事物的主次、点面、因果、并列、总分等不同关系，按材料的性质归类安排结构；二是按时间顺序写，由近及远或由远及近，来龙去脉，前因后果，层次分明地安排结构。

(4)背景　所谓背景是指事物自身的历史和现状，它与周围事物的联系，以及在

整体中的地位等。背景材料一般有3种:对比性材料、说明性材料、注释性材料。

比起一般新闻,公关新闻稿更需要重视背景材料。因为公关新闻所反映的不是孤立的事件,往往与社会其他行业和部门有着千丝万缕的联系,如果不反映这种联系,人们就无法看清这一事件的重大意义。公关新闻稿所反映的是本组织的专项业务和专门技术,外行人感到生疏,只有加以背景材料的介绍,才能弄懂这一新闻的内涵等。

背景材料一定要客观、准确、简明、扼要,为突出新闻事实和主题服务。

(5)结尾　结尾是新闻的结束部分,应该以总结性语言或启示性语言起到画龙点睛的作用,给新闻稿开拓一片令人回味的空间。结尾并不是新闻稿中非有不可的部分,尤其是一些篇幅较为短小的新闻(消息)稿,一般只要把新闻事实说清即可,不必硬加一个结尾。

常用的结尾一般有这样几种写法:概括前文,加深印象;进行展望,提请关注;提出问题,引发思考。

[示例4]　　　　一台激情飞扬的广场专业文艺演出

5月9日晚7点半,"争创文明城市,共建美好家园,深圳市"五一"期间广场文艺展演"在××数码城文化广场隆重举行。晚会由中共深圳市委宣传部、深圳市文明办、深圳市文化局主办,并由福田区文化局、福田区沙头街道办事处、深圳天安物业管理有限公司协办。由来自全国各地专业艺术院校毕业的专业青年演员组成的××艺术团为××数码城园区业主、住户、企业员工1 000多人表演了舞蹈:《踏歌》、《BYE-BYE BOY》、《如火青春》、《爵士》,歌舞组合:《看我七十二变》,二胡独奏:《赛马》,萨克斯独奏:《回家》、《我心永恒》,独唱:《美丽神奇的地方》、《回家》、《好日子》、《多情东江水》、《东方红》等。深圳著名女歌星、深圳荔枝杯歌手大奖赛冠军、深圳"鹏城飞扬"活动年度最佳歌手、上海亚洲艺术节冠军歌手××演唱的歌曲《征服》、《前进中国》将晚会推向高潮,赢得了观众的阵阵喝彩和掌声。

据悉,深圳市"五一"期间广场文艺展演是深圳"文化立市"的重要一环,活动于4月29日开始,在全市各大社区演出,市里安排5月9日在××数码城演出最后一场极高专业艺术水准的"压轴戏",充分体现了深圳市市委、市政府对××数码城园区的重视和关怀。晚会得到了深圳××物业管理有限公司总经理××、数码城厂房管理处经理××的大力支持,保安部保安员以及数码城厂房管理处运行组、保洁组广大员工为晚会的成功付出了巨大努力,从而使园区业主、住户、企业员工度过了一个愉快的夜晚。

5)物业管理公共关系新闻稿的写作要求

公关新闻稿和一般消息不同,并不是一切新近发生的有新闻价值的事实都可以写成公关新闻稿。就物业管理公司而言,公关新闻稿的基本任务是塑造公司的良好形象,提高组织的知名度和美誉度,因而它的主题突出的不是公司的名称、品牌,而是公司的行为和精神风貌。因此,要善于从公司的各项工作中挖掘它的积极意义和新闻价值,如新的管理措施、社会公益活动的参与和赞助、公司或公司员工受到有关部门的赞誉与嘉奖、新项目的开发与合作、重要人员的参观活动等。

一般完整的新闻事实稿必须具备6个要素,即何人(who)、何事(what)、何时(when)、何地(where)、何故(why)、发生经过如何(how),一篇新闻稿,如果清楚地回答了这6个问题,那就将事件的真实情况基本交代清楚了,不会遗漏重要内容。

撰写物业管理公关新闻稿应注意的问题是:

①用语要简明扼要,切忌拖沓、冗长,不要与新闻稿的基本要求相违背。

②强调背景材料的运用,要言之有物,不能空发议论,应尽量给读者以启迪。

③报道素材必须是客观真实的,使用的语言应准确,绝不能凭空捏造、移花接木。

④语言在突出思想性的基础上,注意体现特色。或轻松或严谨,或亮丽或质朴,或饱和深情或以理服人,使人读后留下深刻的印象。

7.2 公关简报与内刊

简报,即简明的信息报道,是物业管理公司编发的用以传达信息、反映情况、交流经验的文书形式。它简单、灵活、应用广泛,使用频率很高,在物业管理公司事务中有着重要的作用。如常见的"简讯"、"信息"、"情况反映"、"工作动态"、"内部参考"等均属于简报的范畴。在公关业务活动中的公关简报,可称为"公关简报"、"公关简讯"、"公关动态"等。

7.2.1 简报的种类

按照简报的性质和用途划分,简报一般可分为工作简报和会议简报两大类。

1)工作简报

这是日常工作中编发的简报,这种简报涉及面广,名目繁多,常是各主管单位为沟通情况、交流经验、传达信息而定期编发的内部刊物。如"管理动态"、"物业知识"、"科技信息"、"出版简讯"等。

2)会议简报

这是会议期间编发的简报。这种简报涉及面小,一般是比较重要、规模较大的会议才用。会议简报主要反映会议的进程、领导讲话、代表发言以及会议期间一些有意义的插曲、花絮等,要求快速编印。会议结束,会议简报也自然结束。

7.2.2 简报的特点

简报的特点突出快、简、准、新4个字：

1）快

简报具有新闻价值，应及时准确地编印下发，才能把工作进展及重要信息及时反映、传达。特别是会议简报，更强调时效性。因此，简报要求写得快、编得快、印得快、发得快。当然，求快不是粗制滥造，不是违背事实的凭空杜撰。

2）简

简报，顾名思义，就是要精要简短，一般控制在1 000字以内。但要重点突出，内容集中，不求华丽，不宜作大量阐释议论或夸张渲染。

3）准

所谓准，就是说反映事实要准确无误，不夸大不缩小。抓准热点问题，密切联系实际，有较强的针对性、典型性。

4）新

所谓新，就是向人们提供此时此地最新颖最有价值的信息，及时反映工作中出现的新问题、新动向、新经验、新事物，引起人们的思考，使人们可以从中受到启迪。力戒老题材、老格调，要以新夺人，为各级领导干部作决策参考，给各级基层工作作有益引导。

7.2.3 简报的格式

简报的格式，一般包括报头、报文、报尾3部分。

1）报头

一般的简报，均需在封页的上部显要位置套红印刷报头。报头的内容一般包括简报名称、期数（号）、编印单位、编写时间等。

①简报名称。应根据简报的行业性质和内容确定。如“物业信息”、“管理通讯”、“公司动态”、“××会议简报”等，报头常请知名人士书写，多为行书字体，大红套印，美观醒目。

②期数。简报应标明期数，一般以年为期限，年初至岁末依次排序，定期以外如有增刊，可另编期号。

③编印单位。即编发简报的部门或机构，一般印在简报名称的左下位置，如“××

公司对外办公室编”等。

④编写时间。一般在简报名称右下方，与编印单位对应的位置上。样式为“20××年×月×日”。

⑤密级。一般分为绝密、机密、秘密三级，应视简报内容而定，印在简报名称左上方空白处。一般性简报可不注密级。

⑥编号。编号是印制本期简报的份数，以数码形式另行打印在密级上面，如“编号041”等，以便查核回收。非密级简报一般不打印编号。

以上统称为报头，它与下面简报正文之间常用一道红色粗线隔开。

[示例5]

物业管理简报

2004年第1期

××物业管理中心 2004年2月20日

尊敬的各位业主/住户：

感谢您对本居住区物业管理工作的大力支持和配合，现将本期（1月1日—1月20日）××物管中心的各项工作报告如下：

…………

2）报文

报文即简报内容，也就是该期简报编载的全部信息。简报的写法类似于消息，要求如实地将重要情况、信息、重要问题及经验、动态以简明扼要的文字，短小精悍的篇幅，准确朴实的文风反映出来。报文均应有标题和正文2部分。

（1）标题　标题是文章的“眼睛”，应让人一看便知该文的内容。要求做到简短、明晰、新颖、醒目。标题常用陈述句或谓短语概括内容，这与新闻的题目相似。

（2）正文　正文是简报的主要部分。一般应遵循“总—分—总”的结构模式，要把时间、地点、做法、效果、意义或教训等写清楚。多采用叙述性语言，忌用描写抒情的表达方式。

（3）报尾　报尾位于简报最末一页的下方，在画出的两条平行线中间，中间分两至三行依次注明“报”、“送”、“发”，并写出有关单位或个人名称。最后注明印发份数。

7.2.4 内刊

内刊是社会组织定期编发的内部刊物，也可以说是报刊式编辑的工作简报。作为大众传媒的重要组成部分，企业内部报刊肩负着忠实记录企业历史和传播企业文化的社会责任。

物业管理公司应视内刊为公司的“舆论阵地”，作为物业内部信息沟通的桥梁与领导的喉舌、决策的宣导者。通过内刊追求文化的功能、文化的力量来整合物业管理公司的人力、物力,培育员工团队的向心力、凝聚力,致力从思想观念上引导员工的职业生活,追求公司无形资产增值。物业内刊在对内增强组织的凝聚力的同时,对外进行组织信息传播,为广大业主服务,丰富社区文化,倡导现代社会之文明,讴歌社区精神之风貌,为业主与业主、业主与物业公司之间搭建沟通的桥梁,为物业管理公司培育良好的公众形象等方面起到非常好的社会作用。

1)物业内刊的特征

纵观国外一些企业所创办的报刊发展历程,大体上可分为3个阶段:即关注自己企业,仅是企业的政策宣传之窗;关注行业,树立组织形象,追求无形资产增值;独立的媒介,关注社会经济环境,追求对社会的"人文关怀",作为回报社会之窗。物业管理公司内刊表现出以下特征:

(1)物业内刊是附属物　也就是说它是物业发展的产物,是一个物业管理者文化品味的风向标,是管理者才、情、识的综合体现,所以物业内刊无法摆脱物业管理公司发展跌宕起伏的影响。在企业处于上升阶段,思考问题较为务实,内刊内容的编排上反思的调子居多,文章多以细微之处见精神;而当企业发展到了要"比拼内力"的时候,不难发现内刊文章中有观点有新意的少了,框框多了,堆砌的多了,缺乏了直接和敏锐,"再没有一张白纸时期的兴奋和激动"。

(2)物业内刊在于它的"内"　物业内刊之所以受到广泛的关注,一个不争的事实就是它是"内刊"。一方面,能使中高层管理人员较迅速地知晓物业的发展动态及重心和中心所在,了解和获取有关业主对管理工作的意见反馈等第一手材料。另一方面,通过内刊上的文章,将决策层许可下发或者隐讳的一些问题,严谨有度地传递给外界,而这也正是外界人士所迫切想知道的。为此形成物业管理公司与业主,以及业主与业主之间相互沟通的渠道。

(3)物业内刊是不公开发行,免费送给受众的　不公开发行的一个最大的好处就是文章写起来很自由,没有太多的约束,文章并不讲究信、达、雅,只要不是不该讲的和不该说的,只要是有见地有所借鉴的,就可以直言不讳,不加修饰、大胆臆断地阐述对社会热点和财经话题的见解,见仁见智,因而给读者的影响和印象是深刻和生动的。但不利的一面也是显而易见的,就是它不是一个赢利性的单位,更无法谈到自负盈亏,因而对它的评价,好与坏,功与过,都是模糊性的、没有体系标准的,对办刊人缺乏相应的激励机制。

2)物业内刊的设计

做好物业内刊,必须摆脱公众传媒模式的影响,根据物业管理公司的特点确立自己的定位。国内很早形成自己特色的企业内刊《万科周刊》,它的成功也许在于它的编辑很少有公众媒体经验,甚至很少有新闻、中文等教育背景的编辑,因此,他一开始就不懂媒体,没有固定的模式,公众传媒对它在办刊定位、办刊模式及表现手段方面的影响甚小。

成功的物业管理公司,其内刊定位是第一重要的,也是内刊的核心问题。因为定位决定了办刊方针、办刊模式、办刊风格,如果定位不准,内刊将会迷失方向,失去存在的价值。物业管理公司在内刊的设计定位上,应注意以下几点:

(1)物业内刊应把握"内",而不是公众媒体　物业公司内刊要在物业内部找到角色,这个角色就是企业文化的建设工具,通过文字传播手段为物业管理的战略实施和日常的经营管理服务,通过传播不断改良物业的生态环境,形成共识,营造氛围,广泛沟通,推动共享,并通过公司文化的对外传播为物业管理的品牌推广服务。

(2)物业内刊的文章不是狭义的新闻而是信息　物业公司内刊没有必要从新闻角度选择定位,而要从信息资源管理的角度去为内刊定位,不要试图追求新闻性,也没有必要评选"好新闻"。当然,物业公司内部一定有新闻,这种新闻的发布可以更多地通过发达的、外部的公众媒体来实现。

(3)物业内刊从业人员不是记者,更不是编辑　物业内刊人员具有记者的采写技能是必要的,但其不是记者。同样,物业内刊编辑不是报人,而首先是企业人,要具有企业人的思维,用企业的语言说话,用企业的经营方式经营内刊。物业内刊的主要信息源应该来自于物业内部,其从业人员可以是物业管理公司的管理人员,也可以是物业管理公司的服务对象或相关业内人士。要"开发"好内刊这种管理工具并向物业的管理人员积极"推销",使内刊成为这些管理人员手中有效的管理工具,那些能够使公司的经理人员都主动参与到信息提供队伍的内刊一定是最成功的。企业内刊不要单纯变成企业内部那些爱好文学员工的沙龙,而应该成为经理人员和业主传播信息、形成共识、资源共享、推动工作的工具。

(4)物业内刊应成为物业管理公司实现战略的有机部分　支撑物业内刊的主要是物业的内部资源,因此要在如何为物业管理公司创造价值上不断努力、必须在深度和广度上参与到物业管理的运作之中,与公司共命运。当然,内刊也要追求个性,这种个性应该是来自于物业管理公司自身组织文化和经营管理的个性表现。物业管理公司还应把内刊设定在一个独立于其他部门而存在的特殊位置,但不要让内刊仅仅是做一种简单意义上的喉舌作用,以便获得关于物业经营与研发的前卫性的见解。

(5)物业内刊的评价应该看它对公司的价值贡献　不要试图与外部传媒进行竞争,也没有必要坚持外部媒体的价值评价标准,对物业内刊来讲,由于行业特点,以及经营管理不同、发展战略不同、文化差异等,内刊的横向比较是困难的。因此,物业内刊的成功,更在于物业管理公司自身文化的充分体现。在内刊运作管理、策划思路、栏目管理、信息处理方式和手段、图文表现方式、技术技能等方面都应充分体现为物业管理水平向更高层次发展服务。

3)内刊的写作要求

对物业管理公司的内刊写作来说,由于内容设计的多样化,其写作手法也各有新颖,形式多种多样。如:通讯新闻、行业信息、物业知识、祝福与庆贺、规章制度、产品宣传等。为此在内刊文案的写作上应注意:把握文体规范,体现文化内涵,突出物业特点，表现人文氛围。

[示例6] **春天的奏鸣曲——记《江畔人家》更名**

潮起潮落，寒暑更替，转眼间，《江畔人家》报刊已陪伴喜爱她的朋友们度过了240多个难忘的日子。《江畔人家》报刊作为物业公司的一份内刊，自诞生之日起，就坚持以服务业主，丰富社区文化为宗旨，以倡导现代社会之文明，讴歌社区精神之风貌为使命，全心全意地在业主与业主、业主与物业公司之间搭建了一座心与心沟通的桥梁。

回首过去的时光，编辑部衷心地感谢各位朋友对《江畔人家》报刊的厚爱，踊跃地投稿，热心地提出建议，让这朵社区文化之花能鲜艳地开放。为将这份内刊办得更具融侨特色，让她更直观、更好地体现融侨品牌的延续性，经征询广大朋友们的意见和建议，现决定从本期起将《江畔人家》更名为《融侨人家》。在融侨半岛这片美丽的土地上生活和工作的每一个人都与"融侨"结下了不解之缘，让"融侨"这个大家庭将你、我、他，将所有融侨人紧紧地联系在一起。更名后的《融侨人家》将秉承物业公司一贯的办报宗旨，与关心融侨家园的朋友们共同探讨如何将融侨半岛建设好和管理好。

春天的旋律已经奏响，伴着无数美好的祝福与期盼，《融侨人家》开启了薪新的篇章。无论您是新知或是故交，我们都真诚地希望《融侨人家》报刊能成为你们知心的朋友，能得到你们一如既往的关注和支持。

《融侨人家》编辑部

2004年3月16日

7.3 宣传手册

宣传手册，是物业管理公司对外全面介绍自己、推介自己的常规传播载体。从目前国内情况看，凡成立1年以上的大中型社会组织，一般均有自己的宣传手册。在物业公司举办的各类大型活动（会议）中，向客户赠送的宣传手册能使客户从中把握该公司的历史、资产规模、经营管理和技术开发等方面情况。所以，从某种意义上说，宣传手册已成为物业管理公司的"名片"，是物业管理公司展示自身良好形象的主要传播手段之一。

1）宣传手册的内容框架和基本结构

宣传手册的篇幅可以根据物业管理公司的不同情况、不同需要而酌定。其篇幅没有任何限制，所以宣传手册应该全面介绍物业管理公司的有关情况，让读者对公司的全貌有一基本了解。这一点，亦是宣传手册与宣传单页的根本区别之一。

物业管理公司所涉及的情况方方面面，内容繁多，哪些该介绍，哪些不该介绍；哪些该多介绍，哪些则可点到为止；以怎样一种逻辑关系排列先后——这就是宣传手册的内容框架和基本结构问题。这一问题，是在拟写文稿前首先应该考虑清楚的。

一本较为规范的宣传手册的内页，在内容的编排上，一般是按下列框架和结构展开的。

(1)组织理念系统　一个组织的理念识别系统(MIS)，是这个组织精神和文化的集中体现，构成了CIS的核心内容。所以，凡是已导入CIS的社会组织，一般总是把这一部分内容置于宣传手册内页的卷首，其位置可以是扉页，也可以是最前面的1～2页。如某公司的宣传手册，打开其扉页，就可以在精心设计的背景画面上，赫然读到"我们的理念——"、"我们的使命——"、"我们的目标——"、"我们的经营哲学——"、"我们的价值观——"、"我们的行为准则——"，令人精神为之一振，并给人以浓郁的企业文化气息。这一成功模式，现已为相当一批社会组织的宣传手册所采用。当然其前提是这一社会组织已经导入了CIS，已有一套内涵独到而富有哲理、文字生动传神并具有个性特色的理念识别系统。如果东施效颦式地随便抓几句话来置于卷首，有时效果适得其反。

(2)董事长、总经理致词　任何一个组织，其主要领导人的形象，往往象征着这一组织的对外形象。所以，紧接着组织理念识别系统内容之后，用1～2页篇幅推出公司的主要领导人，这是物业公司对外宣传的需要，绝不是为了突出某个人。在具体编排上，一般是董事长和总经理各占一个页码，每一页上各设置一幅能体现当事人精神风貌的半身照或工作照，并在图片下方配上一段当事人的致词文字。应注意的是：这一致词文字应尽可能简短(甚至可以仅仅是一句话)，并能表现当事人企业管理上的睿智和企业发展上的战略眼光。致词文字下面，则应有当事人的亲笔签名。

(3)组织情况简介　首先，应对组织的基本情况有一简单扼要的概括，包括组织的成立、组织的历史演变、组织的业主和多元化拓展、组织现有的资产规模、组织目前的员工人数和层次结构、组织的战略发展目标，等等。因为是简介，所以许多内容只要点到即可，不必加以展开。

(4)组织机构设置　一个社会组织的机构设置，往往能体现这一组织的运作模式和办事风格，乃是外部公众感兴趣的重要方面之一。在宣传手册中，一般放置一幅精心设计、能让人一目了然的组织机构设置图。这一图示，不仅应介绍组织的现有机构框架(包括组织的决策层、经营层、职能部门、业务部门以及下属单位和关联单位)，而且应清楚地揭示它们的彼此关系。有些宣传手册往往不注意这一点。比如，尽管在图示中罗列了各下属单位和关联单位，却不交代它们与组织本部的关系，让人看了以后不明白组织对这些下属单位和关联单位到底有多少控制权。

(5)组织的业务领域　从篇幅上说，组织业务领域的介绍，在宣传手册中往往是最大的一块。物业管理公司既有业主又坚持多元化拓展，其业务涵盖多个领域，一般均需要分门别类地介绍，有时还得列出其相关的经济指标(产值、利润、人均利税等)。这一部分内容，页码可根据需要酌定，关键是要做到主(业)次(业)分明，多而不乱，以充分显示这一组织的运作实力和对社会的贡献。

(6)组织的技术开发 技术开发方面的内容，并不是每一个社会组织都涉及，所以有些宣传手册在编排上可不考虑。对于物业管理公司而言，这一部分也是行列竞争力的重要体现。应注意的是：宣传手册在展示组织技术开发方面成就时，文字要少，内容要精，要精心选择那些确实达到同一领域先进水平的技术开发项目和成果，同时要避免某些过于深奥晦涩的专业技术用语。毕竟，宣传手册的主要目标公众不是少数技术专家，而是大多数对这一专业技术一知半解乃至完全陌生的社会各阶层人士。

(7)组织的经营管理 组织在经营管理上的特色，也是组织对外形象的重要方面，在宣传手册中必须有所介绍。其内容包括：组织的管理理念(如"以人为本"，"与业主做朋友"之类)、组织的用人制度、组织的奖惩和激励机制，等等。

(8)组织的文化建设 没有文化的组织不可能是成功的组织。所以，宣传手册里决不能缺少这一块。其内容一般包括：组织在文化建设方面的措施和投入(CIS导入就可归入这一部分)、组织对下属员工的各种培训、组织日常文化活动的开展，等等。这一部分内容，如确有自身特色，可多介绍一点；如无明显特色，则不妨简略带过。如胡乱找一些活动内容(如极为普通的联欢会等)凑数，只会降低组织的形象层次。

(9)组织以往所获得的荣誉 这一部分主要展示一个组织历年来所获得的表彰和荣誉。可用文字形式列出，也可将各种奖杯、奖状、证书摄成图片来加以反映，还可以将两者结合起来以求图文并茂。但应以近期情况为主，并突出那些确实有较高含金量的奖项。

(10)组织的远景规划 任何社会组织，都不会满足于现有成就，一般都有中、长期发展的战略规划。在宣传手册的最后部分，可略加介绍，以显示组织的远大追求，也让读者对这一组织的发展前景有一期待。

一本宣传手册，在内容框架和基本结构的设计上，还应提醒注意的是关于"领导关怀"的内容。目前，有一些社会组织的宣传手册，往往以较大的篇幅(含图片)，介绍某些领导到该组织视察工作的情况，并将这一版块内容置于"组织情况简介"之前的显要位置。他们迫切希望借助某些领导视察的图片(当然最好还有这些领导人的题词)，来提升自己组织的社会地位和社会影响。在特定情况下，物业管理公司可以将"领导关怀"作为一个版块内容编入组织的对外宣传手册中。所谓"特定情况"，是指前来视察或题词的领导是国家和政府领导人，或至少是社会组织所在地区的主要领导人。那种不管来的领导是哪一级别，只要是领导视察就统统摄成图片编入宣传手册的做法，不仅破坏了宣传手册的整体感，而且难免给人一种不够大气的感觉。

2)宣传手册的写作要求

对宣传手册来说，框架和结构是最基本的。一旦框架和结构问题解决了，文字处理就比较方便。因为宣传手册的文字并不是很多，也不需要很多。也正因为如此，文字撰写更应有所讲究。

(1)注意文体 一本宣传手册,就好比物业管理公司的一份对外说明书,所以,宣传手册文案所采用的文体,当以说明文体为主,记叙文体为辅,切忌颠倒。至于抒情文体,则一般很少运用。

(2)力求简练 说明文体的一大特点就是简练,把情况交代清楚即可,不做任何铺陈。尤其是那些采用中、英文对照的对外宣传手册,这一点特别要注意。所以,即便在宣传手册中文字内容最多的"社会组织简介",一般也只要说明一下就可以了。

在宣传手册中,图片是否要文字说明,则可视情况酌定。如果图片内容本身已令人一目了然,文字说明就完全可以省略。即便需要说明,也只要简短一句话乃至几个字即可。

3)宣传手册的版式

宣传手册是一种图文并茂的宣传品,要真正做到"并茂"即文字和图片互相映衬,相得益彰,体现出一种高雅的格调,应注意两点:第一,图片要精,切忌不加选择随意放入。对于成立时间较长、图片资料较多的物业管理公司,这一点尤为重要。第二,在版式的设计上,要强调文化品位,每一版面不要太挤、太满。应借鉴中国传统的"计白当黑"的美学思想,在版面上尽可能多留出一些空间,整个版式的设计上应注意疏密相间,具有某种节奏感、层次感,力求大气和高雅文化品位的体现。

7.4 请柬与致辞

7.4.1 请柬

请柬又称请帖,是邀请某组织或个人参加各种重要的公关活动时发出的礼仪性文书。它常常用于物业管理公司举办新闻发布会、联谊会、艺术节、开张志喜等场合。这既是公关礼仪的需要,同时也能起到对所邀请客人提醒和备忘的作用。

一般的请柬,格式较为单一,难以满足特定需要。所以,对于一个比较注意对外形象的物业管理公司来说,邀请客人最好能使用本公司专门印制的请柬。尤其是举办规模较大、规格较高的重要会议和大型活动时,也唯有精心设计、制作的专用请柬,才能与之相匹配。这时的请柬,除原有的礼仪功能外,还成了物业管理公司对外展示自身形象的某种特殊宣传品。

1)请柬的文字设计和撰写

请柬的设计包括文字设计、撰写和美工设计两个方面。其设计和制作,往往成为某一会议、活动、宴请准备工作中的一项重要任务。这里,主要谈谈请柬的文字设计和撰写。

规范的请柬一般总由封面和内页(正文)两部分组成。特制的专门请柬的封面,一般应写明这是什么会议(或活动、宴请)的请柬。

[示例7]

相约春天 走进自然

——2004年融侨半岛业主春日登山游活动

请 柬

在特定情况下(如公司为控制成本,一次印制较多请柬以供几个不同的活动所用),也可只写"请柬"两字,但在相应部位,应配上公司的标识,以示与其他请柬的区别。

请柬的内页(正文),则可以有以下2种撰写方式。例如:

[示例8]

请 柬

尊敬的×××先生/女士/小姐:

您好!

敝公司定于2003年8月8日(星期五)下午2:30,在亚洲大酒店宴会厅举行公司开业8周年庆祝活动,招待各界朋友。感谢您对我公司的支持和厚爱,我及本公司全体员工永远不会忘记。敬请一定光临,届时恭候您的到来。

××公司总经理(章)

2003年7月20日

(敬请持本柬的贵宾于下午2:00准时到亚洲大酒店宴会厅签到)

请 柬

诚邀您参加风临洲A区"相约春天 走进自然"——2004年融侨半岛业主春日登山游活动。

时间:2004年3月13日(星期六)上午9:30。

地点:南岸南山黄桷古道。

××物业管理公司

2004年3月1日

(敬请自愿参加业主持本柬于3月10日以前到接待办公室报名)

这两种撰写方式的区别在于:前一种方式顶格书写被邀请者的姓名和称谓。在被邀请对象不是很多的情况下，采用这种方式，既体现了对被邀请对象的尊重，又便于在活动过程中了解被邀请对象的实际出席人数。但在被邀请人员较多（如人数上数百乃至上千人）且具体出席对象又不是很确定的情况下，这一方式在操作上难度较大。而后一种方式则解决了这一难题，即请柬上仅表示邀请意向，而不书写被邀请者的姓名和称谓。这就保持了较大的灵活性，这种请柬格式，已被一些大型活动广泛运用。

2）请柬的书写格式

一般分标题、正文、落款3个部分。

①标题：写上“请柬”两字即可。字体比下面的正文部分的字要大一些。

②正文：由称谓、内容、结尾组成。称谓就是被邀请组织的名称，若是个人，则应写清其姓名及职衔、职称等。内容，在称谓下另起一行，空两格。写清活动内容、举行时间、地点。结语写上“敬请光临”或“敬请届时出席”等表示客气和邀请的话。

③落款：最后署名邀请者及发出请柬日期。如果组织出面邀请，还应加盖公章。

3）请柬的写作要求

①会议或活动的时间必须根据各种因素精确设定，撰写时做到准确无误。凡在日期后加注“星期×”的（这是一般请柬的规范写法），尤应认真加以核对，保证两者统一，以免出笑话。曾有一次大型活动的请柬，活动当日应是星期一，却因为负责请柬设计的工作人员的一时疏忽，随手写上了“星期三”，主管人士又未能仔细审核把关，匆忙予以印制，结果请柬发出后引起一场混乱：许多被邀请者发现了两者的不统一（整整差了两天），但不明白究竟是日期错了还是星期印错了，只好纷纷致电主办单位询问，不仅使主办单位有关人员疲于应对，还一定程度上损害了活动主办单位的对外形象。类似教训，当引以为戒。

②会议或活动的地点，除必须写明具体场所外，还须注明这一场所所在的建筑物的具体地址。有些活动的具体办事人员对此往往不注意，总以为某一活动场所所在的某公司或某大厦相当有名，一般人不可能不知道，在撰写请柬时就省略了具体地址。他们忘记了一点：再有名的公司或物业小区，也会有一些人久闻其名不知其准确方位。更何况，现在许多城市高楼林立，新的楼盘和生活小区不断建成，有的名称相当接近。请柬上如不注明会议或活动场所的具体地址，被邀请者一不小心就容易搞错地方，南辕北辙，疲于奔命。哪怕只有极少数人出现这一情况，对整个活动的气氛也会造成影响。

此外，如果某一活动场所所在的位置比较偏僻，或者门前道路为机动车单行道，则最好能在请柬后注明抵达这一场所的交通线路和自备车行车线路。有条件的话，不妨在请柬后附一张交通示意图，以方便被邀请者顺利抵达目的地。

③在请柬上应该注明需要提请被邀请者注意的事项。这类注意事项一般包括签到、活动延续时间、就座位、人数限制和资料（礼品）领取等，可视不同场合不同需要

而定。有些必须注明的事项如在请柬上没有注明,届时会引起不必要的混乱。如有的活动本应该一柬一请,如不注明,到时候一张请柬来了两个人,座位就不好安排。有的会议和活动因所送的礼品体积较大,往往安排在会议和活动结束后让被邀请者凭请柬领取,如请柬上不注明这一条,一些人士入场后随手把请柬扔掉了,到领取礼品时也会发生纠纷。这些细节,在撰写时应十分注意,切不可掉以轻心。

内容容量较大的请柬,或称简单的邀请信,它的内容比较丰富,可以说明邀请的原因和活动内容,还可以有所问候,不过要尽量简明、扼要,态度要诚恳、热情。

7.4.2 致辞

致辞,是指在社交场合中所做的说明情况,表示欢迎、欢送和祝贺、感谢的言辞文稿。是为了增进双方友谊,主客双方发表的礼仪性讲话。致辞,也可写成致词。

致辞的使用十分普遍。比如,在物业管理公司组织的各种赞助会上,开业或周年庆典会上,召开的新闻发布会上,以及公司主办或协办的各种各样的展览会、宴会、舞会等,都需要有关领导或相关人员作简短的致辞。

[示例9] **××物业总经理新年致辞**

在这瑞雪纷飞的日子里,我们迎来了又一个新年。值此新春佳节来临之际,我代表××物业公司向全体员工致以节日的祝贺,祝贺大家在新的一年里,身体健康,工作顺利,合家欢乐,万事如意!感谢你们一年来对公司所做的贡献,在公司的发展史上将铭记你们每一个人的名字!

2007年对于我们公司而言,危机和机遇并存,全体员工既要充满信心,也要有危机感,要变革才能求发展!

对于整个公司来说,在新一年的工作中,我们需要改进的地方很多,总结起来大致包括以下几个方面的内容:加强公司全体员工的主人翁意识和品牌意识;加强员工对工作的悟性;加强员工以顾客为中心的服务主动性;加强工作的执行力度;加强资源的整合力度。

在公司内部管理方面,公司将全面运行ISO 9001:2000质量体系。在体系运行过程当中,需要广大员工,尤其是高层管理人员的全力配合,并提高自身管理素质和服务意识。

随着市场竞争程度的日益提高,客户是否满意正日益成为一个物业管理企业能否发展壮大的关键指标,因此,我们要理清我们自己的"满意度流程"。首先,我们要让感受我们服务的客户满意;其次,是要让我们的员工满意;第三要让社会对我们满意。只有做到了以上三个层次的满意,才能让我们的事业变得有意义,变得越来越有生命力!

"忠诚、敬业、坚韧、创新"是公司不变的企业文化,"服务改变生活、细节铸就经典"是公司对客户的服务宗旨,需要公司每一位员工细心体会、牢记心头。让我们在新的一年里紧密地团结在一起,突破重重困难,将××物业的事业提升到更高一层的水平！

总经理：××

（资料来源 http://www.wuhanhexin.com）

1）致辞的特点

致辞是讲话文稿，但它与讲话稿、演讲稿相比有着明显的区别，具有其自身的特点。

（1）容量小，篇幅短　致辞不应长篇大论，它不宜作复杂深刻的阐述与论证，内容容量比较小。

一般多是进行介绍，表示祝贺，交流沟通感情。这是由致辞的地位决定的。致辞大部分用于各种活动、各种会议的开场白，它在整个事件中只是个引子或开头，真正的主体部分是后面的报告或活动。致辞在整个过程中仅仅是个“配角”，不能太多、太长；否则，会喧宾夺主，引起公众的反感和厌恶。

（2）注重场景气氛　致辞与演讲不同，它不着重于分析论理，其应酬交际的特点比较突出。它十分注重与交际环境气氛。比如，大会致辞的庄重典雅；舞会致辞的轻松愉快；答谢、告别致辞的热烈亲切、依依不舍；等等。

（3）格式、写法较固定　致辞与演讲稿相比有相对固定的格式。不同类别的致辞，有各自比较固定的写法。比如祝酒词，一般是在宴会开始，由主人向客人致意时的讲话，它常采用的结构顺序是：开头是泛指的称呼语；接着是说明祝酒的缘由；结束语往往是举起酒杯说一些“我提议，为……干杯”的话。

2）致辞的种类

（1）欢迎词与欢送词　欢迎词是指在迎接贵宾的仪式上或在开会伊始时，主人或代表对宾客的到来表示热烈欢迎的讲话稿。欢迎词的开头一般是表示热烈欢迎，表达致词人对宾客到来的感激之情。正文写客人来访的意义、影响，或述说两个组织或组织与公众的交往、友谊，或写两个组织或组织与公众之间友好的成就，以及将要进一步深化和增强的互动关系。结尾总是诉诸于对未来的展望和良好的祝愿。欢送词是指在欢送宾客的仪式上或会议结束时对宾客离去表示热烈欢送的讲话稿。和欢迎词一样，主要作用是形成和谐气氛，交流主客之间的感情，以达到互相尊重、友好相处、以诚相待的目的。以欢迎词“接风洗尘”的性质不同的是，欢送词是话别。因此，如果说欢迎词充满的是热情、温暖、欢快之情意，那么，欢送词更多地充满着依依不舍、难舍难分的深厚情谊，欢送词结尾的祝愿大多表现为祝愿宾客归途的安全与顺利，充满着牵肠挂肚式的眷恋与惜别。

（2）答谢词与祝酒词　答谢词是指在欢迎或欢送宴会、酒会或某种集体仪式上，宾客对主人热情接待表示谢意的文稿。答谢词的写法，开头一般是对主人盛情款待表示谢意。正文部分，有的赞颂主人一方的成就，或写对友好往来的回顾及今后的展望等，结尾大多写祝愿或希望之类的话。祝酒词同欢迎词、欢送词和答谢词密切相关,是宾主双方以酒为媒介表达良好祝愿和深情厚谊的祝词。祝酒词的使用,在现代社会的特定场合已发展成为一种招待宾客的礼仪。宾客到来或宾客离去,设宴招待,宴会开始时,主人和客人往往都要致祝酒词,借以沟通彼此之间的关系,增进了解和友谊,从而促进和巩固彼此之间的信任和感情。

3)致辞的写作要求

致辞的写作要求,除了一般写作的要求之外,还有一些特殊的要求。这些写作要求,是根据致辞的特点而提出的。

(1)短小精炼　致辞不宜过长,这是由其在活动中的地位决定的。致辞的场合大都在聚会、宴请、典礼或仪式上进行,有较强的时限性。要求简明扼要地表达致辞者要表达的内容,内容点到为止,不做详尽论证。意思要高度概括,文字简洁明快,恰如其分,表现出致辞者的精明、干练、果断。

(2)感情真诚　字里行间表现出一片真情实意。感情要真诚,是一种自然流露的感情,不是虚假地做给宾客看。要平易近人,树立尊重宾客的观念,改变"讲话"、"布置工作"的传统习惯,抛掉官气和傲气,一定要让宾客感到亲切。使用客套话要恰到好处,不能过分或过滥,切忌媚俗和虚假之言。

(3)语气委婉　一般只讲相关事物的原则和基本点,不涉及或直接涉及双方有争议的观点和看法。如果一定要在致辞中阐明各自的观点或见解时,必须选择委婉的语气和词语。避免出现针锋相对、互不相让的尴尬场面,以取得双方相互理解、谅解,为进行合作与交流奠定基础。

(4)口语化　致辞要讲究口语化,让人一听就明白。口语化的优点是简洁、明快。语言要幽默、生动、富有哲理。使听众既感到美的享受,又感到意味深长。口语化也要有针对性。面对不同层次的对象,口语化的含义也有所不同。如果面对的是具有较高文化层次的对象时,就应考虑是否对致辞语言进行适当的修饰,以展示自己的学识、风度。总之,口语化是致辞语言的基本要求。

[示例10]

尊敬的××广场业主(商家):

您好!

我们谨代表本人及××物业有限公司全体员工对您的入驻表示诚挚的欢迎,感谢您独具慧眼选择了泰兴——这一拥有重庆IT专业市场第一品牌、极具升值潜力的物业。从现在起,在泰兴的日子我们将共同渡过,我们对您的服务也就从即刻开始。

我们把泰兴科技广场(包括泰兴通信电脑大市场)看作一个社区来进行经营管理,最大限度地整合整幢大厦的资源。网络服务系统(ISS)、企划服务系统(PSS)、物业管理服务系统(PMS)三大服务系统的建立和完善,是泰兴的创举和特色,它确保了网络时代您在泰兴能获得更为全面的服务。

泰兴科技广场是一座设施和功能都非常完备的智能型综合大厦,我们将以满腔热情的工作态度和勤奋务实的精神,不断提高服务水准,努力创造现代化的、舒适的经营和商务办公环境，与您共同营造良好的工作环境和文化氛围，把泰兴科技广场树立为重庆著名的品牌物业，实现“做百年老店”的远大目标。

我们来自五湖四海，都有着自己的事业和希望，希望我们加强沟通，相互尊重，共同进步，欢迎您随时对我们的工作进行监督，以便我们想得更多，做得更好。

祝您及贵公司在泰兴每一天都愉快！

××物业发展有限公司

董事长：×××

总经理：×××

××年×月×日

小　结

物业管理公关写作绝不是有关写作知识和技能的简单相加，而必须紧密结合物业管理公共关系实务中的许多实际问题展开，强调服务于物业管理公共关系总目标下的各种文体的特殊要求和规范。

本章介绍了几种凝聚在物业管理公共关系事务之中的有关文体写作。分解开来孤立地看，似乎和其他写作没有什么区别，但在实际运用中必须经过新的整合而发生某种质的变化，充分体现为物业管理公共关系这一总体目标服务。

新闻稿对于物业管理公司来说，采用动态性消息是最为合适的。切实掌握动态性消息的写作技能，是物业管理相关人员新闻稿写作的最基本修炼。

内刊是物业管理公司的“形象工程”和“舆论阵地”。在内容选编和版面设计、“定位”等核心问题上，强调为物业管理公司培育良好的公众形象服务。

宣传手册是物业管理公司对外全面介绍自己、推介自己的常规传播载体。在拟写文稿前应首先考虑清楚其内容框架和基本结构问题，体现“物业特色”。

请柬常用于物业管理公司举办的新闻发布会、联谊会、艺术节、开张志喜等场合。请柬使用应注重礼仪功能，撰写时做到准确无误。

致辞在物业管理公司组织的各项活动中使用是十分普遍。致辞多是进行介绍，表示祝贺，交流沟通感情，应注意短小精炼、感情真诚。

复习思考题

1. 判断并改错

(1)动态性消息,是指对新近发生或正在发生的事件的新闻报道。 ( )

(2)物业管理公司内刊的文章应从新闻角度选择定位。 ( )

(3)框架和结构对宣传手册来说是最基本的。 ( )

2. 选择题

(1)头重脚轻地组织、安排材料,把新闻的高潮或结论放在最前面,然后按事实重要性递减的顺序来安排,借以突出最重要、最新鲜的事实的新闻写作叫( )。

A. 金字塔结构　　B. 倒金字塔结构　　C. 倒正混合结构

(2)围绕一个特定的主题而把一个地区、一个行业领域内性质相近的事件综合起来加以反映的新闻报道,称为( )。

A. 动态性消息　　B. 经验性消息

C. 综合性消息　　D. 评述性消息

(3)内刊是社会组织定期编发的内部刊物,也可以说是报刊式编辑的( )。

A. 工作简报　　B. 业务简报

C. 专题简报　　D. 动态简报

3. 填空题

(1)新闻稿是通过__________传播的文字信息。

(2)根据简报的性质不同,一般可分为__________、__________和__________。

(3)请柬的书写格式一般分__________、__________、__________3 个部分。

4. 简答题

(1)宣传手册内页内容的编排上,其基本框架和结构包括哪些?

(2)致辞的写作要求有哪些?

案例讨论

“小燕子”的来信

日本奈良市郊区有一家旅馆,外在环境优美,招待客人热情,很能吸引顾客。但美中不足的是,每到春季,燕子们也争相光顾,在屋檐下营巢安家,排泄的粪便弄脏玻璃窗和走廊,服务员小姐擦不胜擦,使得顾客有点不快。旅馆主人爱鸟,不忍心把燕子赶走，但又难以把燕子粪便及时、彻底清除干净，很是苦恼。一天，旅馆经理忽生一计，提笔写道：

女士们，先生们：

我们是刚从南方赶到这儿过春的小燕子，没有征得主人同意，就在这儿安了家，还要生儿育女。我们的小宝贝年幼无知，我们的习惯也不好，常常弄脏您的玻璃和走廊，致使您不愉快。我们很过意不去，请女士们先生们多多原谅！

还有一件事恳求女士们和先生们，请您千万不要埋怨服务员小姐，她们是经常打扫的，只是擦不胜擦。这完全是我们的过错。请您稍等一会儿，她们就来了。

您的朋友：小燕子

客人们看了这位经理以小燕子的名义写的信后都给逗乐了，不仅不再提意见，而且还对这家旅馆更感亲切。

问题：

这位经理撰写的“小燕子”来信有什么好处？你在物业管理写作中得到什么启发？

第8章 物业管理公共关系专题活动

【学习目标】

1. 了解各种物业管理公共关系专题活动；
2. 掌握如何策划各种物业管理公共关系专题活动。

【案例导入】

杜斯曼物业管理(青岛)有限公司举行成立庆典仪式，青岛市人民政府副市长于冲、德国驻华大使馆一等参赞吕海慕、杜斯曼集团董事长皮特·杜斯曼及各界嘉宾出席了庆典仪式。杜斯曼物业管理(青岛)有限公司由德国杜斯曼集团、青岛远洋运输公司与青岛才高集团三方合资成立，是青岛市首家与全球顶尖物业管理集团合资成立的物业管理公司。通过各种媒体对杜斯曼物业管理(青岛)有限公司庆典仪式的报道，极大地提高了该公司在业主及其他公众之间的知名度和美誉度。(资料来源：http://www.cinic.org.cn/,2007.1)

所谓物业管理公共关系专题活动，是指为引起公众的极大关注从而更为有效地协调公众关系，物业管理公司针对业主或其他特定公众、围绕特定主题而有计划进行的各种特殊的公共关系活动。例如，上例中的庆典活动，还包括纪念活动、对外开放参观活动、竞赛活动、展示及展览活动、赞助活动、奖励活动、招待会、联谊会等。这些活动属于物业管理公共关系的手段。通过这些活动，物业管理公司可以达到协调与业主或其他公众之间的关系，提高公司知名度、美誉度等目的。

8.1 庆典活动

常见的庆典有开业庆典、周年典礼、落成典礼、签字仪式典礼等。例如很多物业管理公司在小区开始运转的时候，都会举行庆典活动。各物业管理公司的庆典活动尽管类型各异、规模不同，但都有一个共性，即盛大、隆重、热烈、喜庆和丰富多彩。庆典活动不是一般的庆祝活动,它凝聚着喜悦和欢庆、通向美好发展历程的隆重而热烈的形象展示,所以庆典活动是物业管理公司比较重要的物业公共关系专题活动。作为公共关系专题活动,物业管理公司需尽全力去精心筹划,力争在新的起始点上扩大对社会普遍而深刻的影响,从而为建立良好的公共关系做好最好的铺垫。

8.1.1 庆典活动的组织工作

庆典活动是一种表演色彩较浓的公共关系专题活动。为了使这一活动开展得有声有色,引起公众的广泛注意,公共关系人员应做好以下组织工作:

1)精心拟定出席庆典仪式的人员名单

邀请的宾客应包括业主、邻近社区负责人、知名人士、社团代表、同行业代表、新闻记者以及员工代表等。

2)按照宾客名单写出请柬

请柬要写清庆典仪式的时间、地点、采用的方式等。应提早一周寄出,以便被邀请者安排时间按时出席。

3)确定主持人与致辞人员

庆典活动需要能驾驭大型隆重活动场面的富有经验的专业主持人来组织,主持人是现场及进程的核心,也是调节情趣、应变的中心。因此,主持人要了解全部活动,对全部活动应事先有足够的准备和训练。致辞人员需要事先准备好内容,致辞要热情洋溢,言简意赅,切忌啰嗦。

4)拟定程序和接待事宜

庆典活动的程序依据具体形式要求来确定,一般是:宣布活动开始,介绍重要来宾,致辞,剪彩或其他活动。活动的程序最好能事先印制好,以便在宾客到来时分发给他们,使他们能够心中有数。在举行庆典活动前,应事先确定签到、接待、剪彩、放烟花(如果组织所在地允许的话)、摄影、录像、扩音等有关服务人员,这些人员要在庆典前各就各位。

5)其他事宜

依据庆典活动的具体形式要求,在庆典活动中还可以加入助兴节目,如锣鼓、歌舞等,以营造热烈、欢快的气氛。节目可以由本公司的员工演出,这样可以培养员工的归属感和职业自豪感。在庆典的基本程序结束时,可以组织公众参观本公司的工作现场、服务条件、设施等。例如,小区的开业庆典后,可以邀请业主参观保安监控室、供水供电设备等,使业主更多地了解公司。

8.1.2 庆典活动的注意事项

庆典活动是一种技巧性要求很高的公共关系专题活动，为了达到预期的目的，还需要注意以下事项：

1) 庆典活动要有计划性

庆典活动应纳入组织的整体规划，使其符合提高组织整体效益的目的。组织者要对活动进行通盘考虑，统筹规划，使整个活动有条不紊、井然有序、忙而不乱。

2) 庆典活动要有艺术性

庆典活动要收到良好的效果，就必须具有艺术性，具有艺术的感染力，给公众以美的享受。

[示例1] 陕西××房产于2003年8月30日中秋到来之际，为了迎接广大业主的入住，在××新花园举办了大型的“迎中秋、民俗民艺游园会暨××新花园业主会”活动。此次民俗民艺游园活动展示了中华民族的民间文化，汇集了许多民间艺术创作，有捏面人、剪纸、木偶戏、木板年画等10余种，让××新花园的业主和孩子们充分感受到了民间艺人们带来的淳朴乡土气息，还重温了儿时的甜蜜。由于此次活动具有很高的艺术性，所以该公司对外起到了很好的宣传作用。

3) 庆典活动要善于制造新闻

新闻媒介的反应是衡量庆典活动成功与否的重要尺度，所以庆典活动必须尽量邀请新闻记者参加，并努力使活动本身具有新闻价值，以提高媒体报道的可能性。

[示例2] 日本××广告公司曾举办过一次成功的庆典活动。该公司决定在本公司成立60周年这一天从银座的旧址迁入筑地的新楼。当天清晨，2 000名员工在公司总经理的率领下，举着“谢谢银座各界人士过去的照顾”、“欢迎筑地各界人士以后多赐教”的旗帜，浩浩荡荡地由银座向筑地进发。沿街公众目睹了这一盛况，日本各大报刊和电视台也纷纷报道这一周年纪念日的乔迁之喜。

4) 庆典活动要注意总结

物业管理公司的公共关系活动要讲究整体性和连续性。作为整体公共关系一部分的庆典活动，应与其他公共活动协调一致。因此，每一次庆典活动后都必须进行及时的总结，为以后类似的活动提供经验。

8.2　记者招待会

记者招待会又称新闻发布会，是物业管理公司召集各新闻机构的记者宣布有关本组织的重要信息，并回答记者就此进行提问的一种公共关系专题活动。它是物业管理公司传播各类信息的最好形式之一。

8.2.1　记者招待会的特点

记者招待会作为公共关系专题活动主要具有以下特点：

①记者招待会发布消息的形式比较正规、隆重，而且规格较高。

②记者招待会的费用较高。

③在记者招待会上，记者们可根据自己感兴趣的方面，从自己所着重的角度进行提问，能更好地发掘消息。

④记者招待会对发言人和主持人的要求很高，如发言人和主持人必须十分敏感、反应迅速，等等。

8.2.2　记者招待会的准备工作

要召开记者招待会，准备工作非常重要，它关系到招待会能否成功，能否取得预期效果。一般来说，召开记者招待会之前，物业管理公司应该周密计划，精心准备，做好以下工作：

1)确定举行记者招待会的必要性

举行记者招待会必须有充分的理由和明确的目的。也就是说，在记者招待会举行前，物业管理公司必须对所发布的消息是否重要、是否具有广泛传播的新闻价值以及新闻发布的紧迫性和最佳时机进行研究和分析。只有在确认召开记者招待会的必要性和可能性后，方可决定举行记者招待会。具有举行记者招待会价值的事件一般有：小区遇到的紧急事件如起火、爆炸等严重事故，物业管理公司受到公众和新闻界的公开批评，物业管理公司的重大庆祝日或纪念日等等。

2)确定记者招待会的主题

主题是记者招待会的中心议题，记者招待会必须有鲜明的主题，围绕主题进行准备和宣传。这里的主题是根据物业管理公司发生的事件和做出的决策来确定的。物业管理公司在发展过程中受到了社会舆论谴责，如物管费收取过高、提供的社会服务发生了意外等，记者招待会的主题就应该是对所发生的事件进行解释；当物业管理公司准备做出某项重要决定时，记者招待会的主题就应该是宣布决定。

3）确定召开记者招待会的时间和地点

记者招待会的时间和地点有时直接影响到记者招待会的效果。举行记者招待会应尽量避开重大节日和有重大社会事件的日子。一般情况下，物业管理公司开张成立、更名或合并联营、推出新的服务项目、荣获嘉奖、对社会做出重大贡献、实施管理体制的重大改革措施以及物业管理公司被公众误解时，都可举行记者招待会。举行记者招待会的地点应根据会议的主题择定，或利用本组织的会议室，或租用宾馆、招待所，或到外地举行均可。如果记者招待会要澄清某个事实，挽回影响，涉及的范围达到全国，则可到大都市租用会场举行记者招待会；如果记者招待会侧重于介绍物业管理公司的发展情况，则可在本组织内部举行。此外，选择记者招待会的地点还要考虑交通是否方便，是否能给记者创造采访的种种便利条件，如会场所用的桌椅要尽量适合记者记录之用。

4）确定记者招待会邀请记者的范围

记者招待会邀请记者的范围应根据信息的重要程度和事情的影响范围而定。如果事件涉及全国，则要邀请中央新闻单位的记者出席；如果事件影响只限于本地，则可邀请当地新闻单位的记者；如果事件涉及较为专门的业务，则可请专业性报刊和新闻单位内部从事专门报道的记者、编辑出席。此外，邀请记者的覆盖面要广，各新闻机构都应照顾到，不仅要有报刊杂志记者，还要有电台、电视台的记者；不仅要有文字记者，还要有摄影记者。特别注意对记者要做到一视同仁，不可厚此薄彼。

5）确定记者招待会的主持人和发言人

记者招待会的主持人和发言人是物业管理公司的形象代表，影响着记者对物业管理公司的印象。由于职业要求和习惯，记者们大都会提出一些尖锐、深刻，甚至很棘手的问题，这就要求主持人和发言人有较强的组织能力和应变能力，有较高的文化修养和专业水平，反应敏捷，口齿伶俐。一般情况下，记者招待会的主持人应由公共关系人员担任，因为他们有较强的公关能力和较高的个人素质；发言人应由物业管理公司的领导或有关的主管人员担任，因为他们熟悉物业管理公司的决策方针和运行过程的详细情况，回答问题具有一定的权威性。

6）准备记者招待会的宣传材料

在记者招待会召开之前，物业管理公司应充分准备有关的宣传材料，包括主持人的发言稿、答记者问的备忘提纲、新闻统发稿以及与将发布的新闻有关的背景资料和论据资料等。一般情况下，每次记者招待会都要事先写好一篇重点突出、条理清晰、结构严谨的发言稿，拟定一些主要问题的基本答案，特别是要对可能引起争议的问题统一口径。此外,还要准备一些文字、图片、实物等辅助材料。把文字材料发给记者;必要时还要播放录像或拿出实物来向记者展示,以加深记者的印象和理解。

7)做好记者招待会的接待工作

在记者招待会召开之前,物业管理公司还应做好必要的接待工作,具体包括以下几方面:

①写好请帖,注明招待会的时间、地点、机构名称及联系电话,并提前几天送到邀请对象手中。

②布置好会场,在桌子上摆好名牌,分清主次,以便相互认识和避免混乱。

③准备好录音辅助器材、电话、电传、电源及其他设备,以给需要的记者提供方便。

④培训接待人员和服务人员,要求他们穿戴整齐、适宜,精神饱满、愉快,体现出本组织的风格。

⑤安排会议的记录、摄影、摄像工作,以备将来宣传和纪念之用。

8)做好记者招待会的费用预算

应根据举行记者招待会的规格和规模做出可行的经费预算。记者招待会的费用项目一般有:场地租金、会场布置、印刷、茶点、礼品、文书用具、音响器材、邮费、电话费、交通费、劳务费等。

8.2.3　记者招待会的会议程序

召开记者招待会,会议程序要安排得详细、紧凑,避免出现冷场和混乱局面。一般来说,一个记者招待会应包括以下程序:

1)签到

在会议接待人员的引导下让与会人员用预先准备好的笔在签到簿上签上自己的姓名、单位、职业、联系电话等。

2)发资料

会议接待人员要将会前准备的资料,有礼貌地发给到会的每一位。

3)介绍会议内容

会议开始时要由会议主持人说明为什么召开记者招待会,以及所要公布的信息或发生事件的简单经过。

4)发言人讲话

发言人讲话措辞用语要准确、贴切,要讲清重点,吐字要清晰、自然,切忌过长的讲话和啰嗦的发言。

5)回答记者提问

发言人要准确、流利地回答记者提出的各种问题,态度诚恳,语言精练,对于保密的东西或不好回答的东西不要回避,而要婉转、幽默地进行回答。如果吞吞吐吐,反而更会使记者穷根究底,造成尴尬局面,甚至记者会因此发表对组织不利的报道。此外,对于记者的提问,不要随便打断,也不要以各种动作、表情和语言对记者表示不满。即使记者的提问带有很强的偏见或带有挑衅性,也不能激动发怒。

6)参观和其他安排

提问结束后还应由专人陪同记者参观考察,给记者创造实地采访、摄影、录像等机会,增加记者对会议主题的感性认识。如果有条件,物业管理公司还可举行茶会和酒会,以便个别记者能够单独提问,并能融洽与新闻界的关系。

8.2.4 记者招待会的效果检测

记者招待会结束之后,物业管理公司要检验招待会的效果是否达到了预期目的。这要求物业管理公司做好以下几项工作:

①尽快整理出记者招待会的记录材料,对记者招待会的准备、主持、回答问题等方面的工作做总结,从中认真吸取经验和不足,并将总结材料编成档案备查。

②及时收集各报刊、广播、电视等新闻单位的反映,并对照会议签到簿查看是否每个到会记者都发了稿件,并对记者所发稿件的内容及倾向做分析,以此作为以后举行记者招待会邀请记者范围的参考依据。

③认真倾听部分与会者的反映,检查接待、安排等各方面工作是否有不足之处,便于今后改进。

④若出现不利报道,要采取相应对策。如果是不正确或歪曲事实的报道,物业管理公司应立即采取行动说明真相,向报道机构提出更正要求。如果批评报道是事实,则应通过该报道机构向公众表示虚心接受并将采取实际行动来加以改进,以求取得公众的谅解,挽回组织声誉。

[示例3] 2007年1月6日,中赫置地北纬40°项目媒体见面会在北京硬石餐厅举办。到场嘉宾有京城多家媒体友人、北纬40°项目合作团队及地产界同行。聚会现场,中赫北纬40°项目总经理石××先生介绍了产品概况,描述了这一位于京城北五环,78万平方米,具有多样产品的大盘蓝图,并由红鹤沟通李××先生阐述了“北纬40°”项目案名的概念及所涵盖的独特地段立意。与会的还有许李严建筑师事

务有限公司、澳大利亚 HASSELL 设计公司，他们从规划和建筑角度诠释了北纬40°作为精品大盘的产品基础，获得在场嘉宾的关注和专家首肯。（资料来源：http://house.focus.cn/，2007.1）

8.3　赞助活动

物业管理公司在其运行过程中，追求自身利益是无可厚非的，但它也不能忘记自己作为社会成员所应承担的社会义务。赞助活动就是物业管理公司为社会尽义务的一种具体形式之一，它指物业管理公司以不计报酬的捐赠方式，出资或出力支持某一项社会活动或某一种社会事业的公共关系专题活动。

8.3.1　赞助活动的作用

①通过赞助活动做广告，增强广告的说服力和影响力，从而扩大物业管理公司的影响。

②通过关心和支持社会公益事业来向公众表明物业管理公司作为社会的一员为社会做出了贡献，从而树立物业管理公司的良好形象。

③出资赞助社会公益事业，为物业管理公司的发展创造良好的社会环境，从而提高物业管理公司的社会效益。

④以此证明物业管理公司的经济实力，赢得社会公众的信任，谋求社会公众的好感，从而增进物业管理公司与公众的感情沟通。

[示例4]　安徽省××物业管理集团，先后投资1 100万元修建了年久失修的霍山路，投资140多万元为××小学建了一幢教学楼，投资150多万元修建了长丰南路，赞助25万元修建了农大北门，赞助10万元资金给安徽省中小学幼儿教师奖励基金会等。该集团通过上述赞助活动无疑提高了知名度与美誉度，博得了公众的信任与好感。

赞助活动作为物业管理公司的一种重要的公共关系活动方式，是物业管理公司树立良好形象并使之不断发展壮大的重要途径。每一个物业管理公司都存在于一定的社会环境之中，物业管理公司除了自身要赢利之外，还必须承担一定的社会责任和社会义务，从而才能赢得社会的支持和帮助，获得生存和发展的可靠保障，在客观上为物业管理公司产品和服务的推销创造有利的条件。因此，许多物业管理公司都十分重视赞助活动。美国著名的“可口可乐”和“百事可乐”饮料公司，都是在大力赞助各种世界性和区域性的体育活动中给社会公众留下良好的印象的。

8.3.2 赞助活动的基本类型

赞助活动内容广泛，类型众多。要搞好赞助活动，首先要简要了解赞助活动有哪些类型。

1）赞助体育运动

体育运动是人们闲暇生活的重要组成部分。随着人们生活水平和体育运动水平的提高，人们对体育运动越来越感兴趣。由于体育比赛拥有众多的观众，往往是新闻媒介热衷报道的对象，对公众的吸引力大，因而物业管理公司常常赞助体育运动以增强对公众施加影响的广度和深度。赞助体育运动常见的方式有：赞助训练经费，赞助体育竞赛活动，设立体育竞赛奖励制度等。在赞助体育活动时，不仅要注意锦上添花，更要注意雪中送炭。现在有的物业管理公司热衷于赞助一些热门体育活动，如足球、乒乓球等，而对一些相对比较冷门的体育活动不太重视。实际上这是赞助活动中的一个误区，因为赞助需要雪中送炭的体育项目更容易为物业管理公司赢得好的声誉和口碑。

2）赞助文化生活

人类生活有物质生活和文化生活（也称精神生活）之分，文化生活是社会生活的主要内容之一。物业管理公司积极赞助公众的文化生活，丰富公众的生活内容，不仅可以增进物业管理公司与公众的深厚感情，而且可以提高物业管理公司的社会效益和知名度。赞助文化生活的方式主要有：赞助拍摄有关影视片，赞助文艺演出队伍，赞助文化演出活动等。在赞助文化生活时，目前很多物业管理公司存在一种认识的误区：热衷于赞助娱乐性强、公众面广、流传性强的项目，如流行歌舞演出、文娱活动，而对一些真正需要赞助的较高层次的项目，如芭蕾舞、京剧及文化基础设施等则不屑一顾。事实上，当前这样的赞助活动已经搞得过多、过滥了，因而使得包括新闻媒介在内的公众对此失去兴趣，甚至观众在观看电视文娱节目时，连赞助单位的名称也记不住。因此，在目前这类赞助活动普遍泛滥的情况下，应极力避免这种做法。

3）赞助教育事业

教育是立国强国之本，发展文化教育事业是我们国家的基本战略方针。物业管理公司自觉地赞助文化教育事业，如赞助学校建立图书馆与实验室、设立某项奖学金等，既可以促进学校教育的发展，又可以为物业管理公司树立一种关心社会教育的良好形象；同时还能融洽物业管理公司与教育单位的关系，为物业管理公司招聘优秀人才和开展业务培训创造有利条件，可谓一箭双雕。现在很多组织已经认识到赞助教育事业的特殊意义，纷纷在教育单位设立奖学金。

[示例5]　浙江××物业公司赞助1 000名失学儿童，董事长兼总经理的蔡×个人出资捐助36名失学儿童，公司其他领导个人捐助27名失学儿童，公司向优秀教师捐赠住房，与省团委、市教委及省电视台共同举办“教师节慰问联欢会”。

4)赞助社会福利事业

物业管理公司为各种需要社会照料与温暖的人(如残疾人、孤寡老人)以及社会福利机构，如养老院、儿童福利院，提供物质帮助，开展服务活动，能够体现物业管理公司高尚的品质，向社会表明其承担的社会义务和责任。所以，物业管理公司也应经常赞助各种社会福利事业。

[示例6]　2001年3月8日，由北京电台、××物业卫生服务中心和社区中医诊所联合举办的“关注职业中年妇女健康”主题活动在××家园举行，共吸引了小区和周边客户150余人参加。北京电台“星空下的女人”栏目和该物业管理公司一道主持了此次活动，××物业卫生服务中心主任代表公司向现场客户介绍了物业公司健康进社区的理念，现场邀请到的北京市著名医学专家针对职业中年女性的健康进行了专题知识讲座和问题解答，并进行了现场义诊活动。业主对此次活动反响强烈，认为将健康的理念引进社区非常必要，物业管理公司为业主送去了亲情的人文关怀，值得称赞。北京电视台还对此次活动进行了跟踪报道。

5)赞助社会公益事业

物业管理公司出资参加市政建设，如修建马路、天桥、公园、路标、停车棚等，一方面可以为政府减轻建设压力，赢得政府的信赖；另一方面又能为广大市民带来方便，赢得市民的赞誉。这不仅能够树立物业管理公司的社会形象，而且能为物业管理公司的发展创造良好的条件。

[示例7]　××物业开展“2004首届客户植树活动”，中外客户160余人参加了此次活动。参加的客户有外国友人，有一家三代，有老人也有孩子。参加植树活动的客户最大的85岁，最小的只有2岁。大家都在自己种的小树上挂上表达美好愿望的树牌，如：“幸运之家”、“健康树”、“绿色家园”等，并与小树合影留念，整个活动充满了喜悦、热烈的气氛。一位老教师在前不久不慎扭伤了脚，但还是坚持来参加此次植树活动，她说：“植树是为社会做贡献、造福后代的好事，××物业组织这样的活动，是件很有意义的事，我们当然要支持。”

6)赞助学术理论活动

物业管理公司赞助学术理论活动，如提供开会地点、资助会议的经费、设立学术研究基金等，既可以利用学术理论活动在公众中的影响提高物业管理公司的知名度，又能直接得到理论工作者的科学诊断和积极建议，从而改进物业管理公司的生产与管理工作。

[示例8]　浙江××物业公司在经济开发区着手建设“奥林经济工业园”，与中

国科技大学知名学者联合成立“杭州康源生物细胞工程开发公司”,进行生物细胞高科技领域的课题研究,预计2004年完成研究并投产;此外还拟在浙江大学投资2亿元人民币筹建一所民办高等教育学院,力争建成一座以本科教育为主、以旅游管理为特色的,拥有一流的环境、一流的师资、一流的设备、一流的管理、一流的学术氛围的独立民办大学,创出浙江民办教育的品牌,为浙江的高等教育尽一份力。

7)赞助公共节日庆典活动

物业管理公司利用自己的产品或服务项目赞助公共节日庆典活动,增加节日气氛,让公众在心情舒畅的气氛中享受物业管理公司的祝贺与便利,也能收到良好的公共关系效果。

8.3.3 赞助活动的主要步骤

赞助活动是一种战术性很强的公共关系专题活动,一项成功的物业管理赞助活动,需要做好以下工作:

1)进行赞助研究

物业管理公司要开展赞助活动,进行赞助研究是非常重要的一步。具体而言,赞助研究是从物业管理公司经营活动的政策入手,分析物业管理公司的公共关系目标,确定赞助目的,并据此考核需要赞助的项目;同时组织一个专门赞助委员会负责赞助事宜,进行成本—效益分析,保证社会和物业管理公司都能获益。

2)制订赞助计划

物业管理公司要在赞助研究基础上制订赞助计划。赞助计划的内容应该具体、翔实,对赞助的目的、赞助的对象、赞助的形式、赞助的费用预算、赞助的具体实施方案等都有所计划,以便赞助负责人能够控制赞助范围,做到有的放矢。

3)实施赞助方案

在前2项工作的基础上,物业管理公司要派出专门的公共关系人员去实施赞助方案。在实施过程中,公共关系人员要充分利用有效的技巧,尽可能扩大赞助活动的社会影响;同时,应采用广告和新闻传播等手段辅助赞助活动,使赞助活动的效益达到最佳。此外,公关人员的形象应与物业管理公司形象一体化,以谋求公众的好感,争取赞助的成功。

4)检测赞助活动效果

赞助活动结束后,物业管理公司应该对照计划,测定实际效果。检测过程包括调查、收集各个方面(如公众、新闻媒介、受赞助组织)对此次赞助的看法、评论,看是否达到预定目的,还有哪些差距,原因是什么,并把这些写成总结报告归档储存,为以后的类似赞助活动提供参考。

8.3.4 赞助活动的注意事项

赞助活动要取得成功,达到预期目的,还要注意以下事项:

1) 把社会效益放在第一位

如果说物业管理公司在日常经营活动中应以赢利为宗旨的话,那么物业管理公司开展赞助活动则应该把社会效益放在第一位。这是由赞助活动本身的特点和性质所决定的。开展赞助活动必须优先考虑对社会福利事业、公益事业、教育事业的赞助。

2) 遵循合法原则

物业管理公司开展赞助活动必须遵循合法原则。一方面,物业管理公司赞助的活动对象必须符合法律、道德,符合社会利益和公众利益;另一方面,物业管理公司开展赞助活动时必须遵守国家的政策、法律。如果物业管理公司赞助的对象是违法的,或者违背政府的政策、法规,利用赞助活动搞不正之风,不仅无助于建立物业管理公司的良好形象,反而会损害物业管理公司的形象。

3) 考虑经济实力

物业管理公司开展赞助活动必须考虑自己的经济实力,根据自己的能力支出合理的赞助经费,使赞助数额既在本公司能够承受的范围之内,又能形成一定的规模效应。此外,赞助经费的支出还要注意留有余地,以防由于突然出现的事故而造成被动。

8.4 开放参观活动

物业管理开放参观活动是指为让公众全面了解物业管理公司及其设施、工作(或生产、活动)过程和各种成果等,物业管理公司确定特定日期向外部公众实施开放参观的一种公共关系专题活动。例如美国××公司在当年“揭丑运动”时,就是通过组织记者参观来扭转形象的。开放参观活动是物业管理公司同公众之间相互了解、理解、密切联系的重要手段之一。

8.4.1 开放参观活动的作用

①增强物业管理公司的透明度，扩大社会影响，增进公众对物业管理公司的了解和理解。

②争取公众的支持与合作、消除公众对物业管理公司的片面认识或误解。

③改善社区关系乃至整个公众对象关系，和谐社区关系，以求社区公众的理解和支持。

④增强员工或家属的自豪感。

作为一种公共关系专题活动，开放参观活动的计划、细节与其他专题活动大致相同。

[示例9] 位于××夏湾的“北欧森林”邀请部分准业主，在未来的××物业管理公司的带领下，参观了该公司在深圳管理的示范小区，让准业主们提前感受国家级物业管理公司的管理水平。

8.4.2 开放参观活动的组织

1)准备宣传的小册子

这类小册子以简明扼要、深入浅出的语言介绍参观内容，要注意配有一定的图表或数据，要考虑到一般公众的文化水平、接受能力，少涉及深奥的专业术语。这种小册子宜在参观一开始时就分发给公众，让公众快速阅读后对参观内容有大致的了解。参观时公众还可以边看实物边对照，能集中注意力观看，免去了记录的麻烦，并可以供公众以后查阅。

2)放映视听资料

在参观以前，为帮助公众理解，可放映有关录像片、幻灯片或电视片，做简洁的介绍。

3)观看模型

一般的物业管理公司都制作有小区的模型，在参观以前可以让公众先观看模型，了解整个小区的大致分布。同时可以让公众选择参观几处重要的地方。

4)引导观看实物

由专人引导公众沿一定的路线参观，逐一观摩实物。参观主要是以实物来传递信息，以公众目击为主、讲解为辅，不能本末倒置。

5)中途休息

参观的时间不宜太长,在参观路线的中途,最好设有休息室,并备好茶水,以供参观者中途小憩。

6)分发纪念品

参观过程中可向公众分发一些小型纪念品。这些纪念品最好印有本物业管理公司的标记,让公众一见到它就想起该组织。

7)征求意见

观摩实物结束,宜设置留言簿或意见簿。有条件的话,最好请参观者谈谈观感,提出意见,便于改进工作。

参观除平时可以进行外,还可以结合一些特殊时机进行,如在开幕式、周年庆典之后组织来宾参观。

8.5 联谊活动

联谊活动是物业管理公司邀请一些特定公众对象共同联欢,从而达到沟通相互之间的感情的一种公共关系专题活动。其突出作用是将物业管理公司和业主及其他公众紧密地联系在一起,给业主及其他公众留下深刻、美好的感受,增强业主及其他公众对物业管理公司的亲近感,吸引社会舆论对物业管理公司的兴趣和注意,能够形成强烈的宣传效果。

联谊活动的形式很多,主要有联欢会、联谊会、文艺演出、交际舞会、电影招待会等。

各种形式的联谊活动,既能给人以美的享受,又能加深组织与各类公众的感情。所以,联谊活动是物业管理公司的重要公共关系专题活动,是使物业管理公司内外“人和”的好方法。

8.5.1 联谊活动的形式

①感情型,即以联络感情为主要内容。其主要形式为互致信函、互赠礼品、出席庆祝活动等。这类联谊活动能为以后的联系奠定良好的感情基础。

②信息型,即以互相沟通信息为主要内容。其形式为双方就掌握的有关信息进行交流。这类联谊活动能使联谊各方建立合作伙伴关系,并互相获益。

③合作型,即以经济合作为主要内容。这类联谊活动是一种高层次的联谊活动,

是联谊活动结果的最终体现。

8.5.2 联谊活动的组织工作

无论是哪一种形式的联谊活动,都需要做好下述基本的组织工作:

①明确联谊目的,围绕目的去筹划活动。

②提出经费预算,并给予相应的经费保障。

③根据场地、交通、气象、设备等条件,确定活动的时间、地点。

④确定应邀对象,发出请柬。

⑤安排活动程序,并印制成节目单。

⑥布置活动场地,并安排专人负责接待。

8.5.3 联谊活动的原则

物业管理公司要使联谊活动圆满、成功,还需要注意以下原则:

①真诚原则。联谊活动不能以损人利己、坑害别人为出发点。

②互利原则。联谊活动应使双方共同受益,同时不能损害社会利益或公众利益。

③效益原则。联谊活动要在有限的时间、空间和物质范围内取得效果。

[示例10] 4月15日清晨,春暖花开,阳光明媚,略有初春的寒意。4辆45座豪华宇通大巴车在国奥大厦广场上等候,身着橘红色体恤衫的伟业工作人员有条不紊的做着准备工作。春暖花开,爱在伟业——2006伟业房产业主大型春游联谊活动在此拉开序幕。

据伟业负责人介绍,本次联谊活动不但有新业主的参与,还有以往楼盘业主,伟业6年来成长的见证人可谓都到齐了,本次活动一方面增进了新老业主与伟业公司之间的情感交流与沟通,同时也使新老业主对伟业公司旗下楼盘有一个全面的了解,使他们感受到伟业所给予业主的不仅仅是房子,更是拥有家的自豪,拥有在有实力公司开发的楼盘社区的体贴。本次活动的目的地是位于新乡辉县的八里沟景区,同时在去之前还会参观伟业的三个楼盘伟业·东尚、如果·爱和青青美庐三个楼盘,一方面是更好的了解伟业,了解伟业现在正在开发的项目,同时在这样的季节里,也去看看正在如春天般美丽的郑东新区。

小　结

物业管理公共关系专题活动是提高物业管理公司知名度和美誉度的重要手段。如果说日常活动是为物业管理公司形象打基础的,那么专题活动就是物业管理公司的亮相。

本章介绍了几种最常用的专题活动。这些活动虽然步骤多少不同、工作内容不同，但都应注意处理好人流、物流、信息流的关系。

庆典是提高物业管理公司知名度、扩大影响的活动，应遵循“热烈、隆重和节约”的原则。从拟定名单到最后的馈赠礼品，每一个步骤都应精心设计。

新闻发布会必须要有恰当的新闻“由头”，选择最佳的时机，尽量满足记者们的合理要求。

赞助活动一定要事前认真调查研究，目的明确，师出有名，通过比较选择，争取最佳效果。

参观活动要主题突出，要配合资料讲解，安排紧凑而不紧张；陪同参观的人员要能体谅参观者的心情，为参观者着想。

联谊活动以加深感情、促进信息沟通和感情的交流为目标，在活动中应注意效益问题，努力以较少的投入争取尽可能大的效益。

这些专题活动是前面调查、策划、企业文化、创造性思维、传播技巧等的综合展示，应融会贯通地使用全部知识，运用好相关表格，而不应只是就事论事。

复习思考题

1.判断并改错

(1)庆典活动不能用于制造新闻。（　　）

(2)记者招待会中，应尽量请中央一级的媒体参加，以扩大影响力。（　　）

(3)赞助一些影响力比较大的项目，如足球，能取得更好的公关效果。（　　）

(4)参观除平时可以进行外，还可以结合一些特殊时机进行，如在开幕式后、周年庆典之后组织来宾参观。（　　）

(5)联谊活动的主要目的是要和上级主管部门等实权公众加强联系。（　　）

2.选择题

(1)出席庆典仪式的人员一般包括：（　　）

A.业主　　B.邻近社区负责人　　C.知名人士

D.社团代表　　E.同行业代表　　F.新闻记者以及员工代表

(2)记者招待会中，应邀请（　　）记者。

A.报刊杂志　　B.电视

C.摄影　　D.国外

(3)下列（　　）属于赞助活动。

A. 修建小区道路　　B. 资助贫困大学生

C. 为养老院捐款　　D. 为建设局购置交通工具

(4)开放参观活动的作用有(　　)

A. 增强物业管理公司的透明度

B. 扩大社会影响

C. 争取公众的支持与合作

D. 改善社区关系乃至整个公众对象关系

E. 增强员工或家属的自豪感

F. 和谐社区关系

(5)联谊活动的形式包括:(　　)

A. 统一型　　B. 感情型

C. 信息型　　D. 合作型

3. 填空题

(1)所谓物业管理公共关系专题活动,是指为引起公众的极大关注从而更为有效地协调__________,物业管理公司针对__________、围绕特定主题而有计划进行的各种特殊的公共关系活动。

(2)记者招待会又称__________,是物业管理公司召集各新闻机构的记者宣布有关本组织的重要信息,并回答记者就此进行提问的一种公共关系专题活动。

(3)赞助活动是物业管理公司以__________,出资或出力支持某一项社会活动或某一种社会事业的公共关系专题活动。

(4)物业管理开放参观活动是指为让公众全面了解__________等,物业管理公司确定特定日期向__________实施开放参观的一种公共关系专题活动。

(5)联谊活动是物业管理公司邀请一些特定公众对象共同联欢,从而达到__________的一种公共关系专题活动。

4. 简答题

(1)设计某小区的开业典礼活动。

(2)某物业管理公司需要在最短的时间里提高知名度,试为该公司策划一项公共关系专题活动。

(3)试为某物业管理公司策划一项联谊活动。

案例讨论

2002 年 5 月 7 日,深圳市某花园的住户郑某 6 岁的儿子小俊和另外两个小朋友 10 岁的小浩、11 岁的小文一起玩,3 人到了花园的一栋楼后,在堆放杂物的临时搭建的小房子里发现了几个小铁桶。此时,暂住在该花园的另一个孩子 9 岁的小豪也来与他们一起玩。结果，小豪将燃烧的木棒插入小铁桶后发生爆炸，小俊则因离得近被严重烧伤。

事故发生后，小俊的父母赶快把孩子送到了深圳红十字会医院治疗了18天，后因付不起医疗费无法继续治疗而被迫出院。6月13日，小俊因大面积烧伤致败血症，父母本来打算送孩子回老家潮阳继续治疗，但在回去的途中孩子不幸死亡。

为此，郑某将该花园的物业管理公司和另3个肇事孩子告上了法庭。

问题：

针对此事，物业管理公司可采取哪些专题活动？试策划之。

第9章 物业管理公共关系礼仪

【学习目标】

1. 明确公共关系礼仪的涵义、特征、功能和基本要求。
2. 掌握物业管理工作中的一般礼仪、用语规范和人际沟通的语言技巧。

【案例导入】

某大厦一台正在运行中的电梯突然发生故障,将在大厦办公的某公司一位员工困在空中。管理处领导马上赶到现场,按照事先制订的应急预案组织有关人员进行抢修,经过一个小时的紧急处置,电梯故障才得以排除。当被困的这位公司员工走出电梯时,管理处领导当即迎上前去,毕恭毕敬地给他了一个鞠躬,诚恳地向他道歉和解释,但这位公司员工根本不予理睬,反过来还破口大骂,并扬言要到新闻媒体投诉,拂袖而去……大家议论来议论去,希望能用一个恰当的方式来化解他的不满情绪,尽早得到他的谅解和平息他的不快。第二天上班,这位工作人员发现自己办公桌上放着一束美丽的鲜花,鲜花中还有管理处的一张歉意卡,卡上写道“忘了昨天吧,你的笑容应当这样灿烂!”,此时他会意地笑了。(资料来源:http://www. sdwuye. com)

9.1 物业管理公共关系礼仪概述

9.1.1 物业管理公共关系礼仪的概念

礼仪是人们在社会交往中共同遵守的行为准则和规范。它既可以指在较大较隆重的场合为表示礼貌和尊重而举行的礼宾仪式,也可以泛指人们相互交往的礼节、礼貌。礼仪是对礼貌、礼节和仪式的统称。

物业管理公共关系礼仪,是指物业管理公司的工作人员在公共关系活动中,通过某种媒介,针对交际的不同场合、对象、内容、要求,借助语言、外貌、表情、动作等形式,向交往对方表示重视、尊重、敬意,进而达到建立和发展良好、和谐的人际关系的行为准则和交往规范。

9.1.2 物业管理公共关系礼仪的特征

礼仪作为人们在社会交往中必须遵守的行为规范,具有鲜明的时代特征和社会特征。这些特征在物业管理公共关系中主要表现为共通性、差异性和继承性。学习和掌握这些特征,对于加深对礼仪的理解,更好地应用礼仪具有重要的意义。

1)共通性

共通性是物业管理公关礼仪的基本特征。公关礼仪同社会公德一样,是物业管理公司的工作人员调节内部与外部相互之间最一般关系的行为规范,是社会各个阶层的成员应该共同遵守的人际交往准则。

2)差异性

物业管理公关礼仪的差异性主要表现为:

①个体差异性。物业管理公关活动往往受到人的地位、经历、资质、民族等因素的制约。

②性别差异性。一般来说男性在交往中常常处于主动地位,比较善于理智地与不同类型的人展开礼仪周旋,并赢得对方的尊重和礼貌。

③年龄差异性。一般来说,年轻人的社会适应能力较强,容易沟通交流。

3)继承性

礼仪规范按人们在交际活动中约定俗成的程式固定下来,这种固化程式随着时间的推移沿袭下来,形成了继承性特点。物业管理公共关系礼仪应作为一种道德规范,是一定社会人们在生活和交往中易于被理解和接受,带有大众普及和社会传统的礼貌、礼节;同时对传统的礼仪规范应采取吸取精华,去其糟粕,古为今用的态度。礼仪的继承性应反映代表礼仪的主流和本质,体现社会文明和进步。

9.1.3 物业管理公共关系礼仪的功能

公关礼仪作为物业管理人员在公务活动中的行为准则和交往规范,绝不只是交际过程中一种悦目的形式,它在人际交往活动中具有独特的功能,发挥着举足轻重的作用,甚至关系到物业管理公司的整体形象和长期发展。所以要重视学习公关礼仪,掌握沟通技巧,以便在物业管理工作中充分发挥礼仪的功能。

1）形象功能

物业管理公司的职能是对业主进行服务与管理，在内部与外部的诸多关系中，工作人员的礼仪素质便成为“首因效应”的关键因素。其言谈举止、举手投足都为着把一种潜在的信息传递给客户。良好的礼仪表现可以为物业管理公司树立完美的社会形象；反之，也可以给公司带来负面效应。在公务活动和管理工作中，物管工作人员一定要注意塑造得体的公众形象。

2）沟通功能

人际交往、沟通是当代社会生活中的一大主题。发自真诚和敬意的礼仪行为，是人际交往中的桥梁，是社会中人与人之间、群体与群体之间密切联系的纽带。施礼于人，是一个人文明素养的外在表现，它表达了施礼者良好的愿望和情感。物管工作是开放型的，日常公务活动中要接触方方面面、形形色色的客户，物管人员以文明优雅的举止、温和客气的言语与客户进行交谈对话，可增添融洽气氛，更有利于彼此的沟通和人际关系的协调发展，促进服务与管理工作的质量。

3）协调功能

礼仪作为社会交往的规范和准则，使人们相互尊重、相互理解，对人际矛盾起着“润滑剂”的作用，能对人际关系发挥良好的协调功能，使人们相处友好，工作有序、有效。物业管理工作处于上下联系、左右协作、内外调节的中介位置，尤其是与业主交往密切的工作岗位。物管人员在与各方面进行工作接触的过程中，按照礼仪规范处理方方面面的关系和应对各种各样的局面，有助于缩短人们之间的感情距离，缓解或避免不必要的人际冲突，利用各方建立友好与合作的关系，促进服务和管理工作的顺利进行。

4）制约功能

随着社会物质文明、精神文明的发展，礼仪规范成为社会文明的重要标志，成为社会约定俗成的行为模式。礼仪约束着人们的态度和动机，规范着人们的行为方式，协调着人与人之间的关系，维护着社会的正常秩序，在物业小区管理中发挥着巨大的作用。可以说，物业小区管理工作的运行与稳定，生活秩序的井然有序，人际关系的协调融洽，家庭邻里的和睦安宁，都要依赖于人们共同遵守礼仪的规范和要求。正是因为礼仪有规范和维护的制约功能，对人们在社会交往活动中的言谈举止起到约束的作用，使人们将自己的言行纳入礼仪规范的轨迹，按照礼仪规范的要求调整自己，从而形成一种强大的道德力量，保证物业小区正常的管理和生活秩序。

9.1.4 物业管理公共关系礼仪的基本要求

物业管理公关礼仪是被物业管理公司全体员工所掌握并融于各项公务活动之中的具体规矩，掌握这些“规矩”和“程序”固然必要，但更为重要的是要把握其公共关系礼仪的基本要求。具体有以下5项：

1）信守时约

交往中要严格遵守自己的承诺，说话一定要算数，许诺别人的事一定要兑现。在物业管理中，讲信誉、取信于人是物业管理公司顺利运行和不断发展的基本前提，“信守时约”就是取信于业主的主要要求。在物业管理公务交往中，言而无信，失信、失约是根本违背礼仪的基本原则的，不尊重客户，也会严重损害物业管理公司自身形象。

2）充满爱心

有人把组织的公共关系工作目标形象地比作：“让公众爱我”。物业管理公司要想获得业主、租户和社会公众对公司服务质量的信任，首先应强化“内功”，树立员工的爱心服务意识。只有充满爱心的服务和真诚的关怀，才不至于使礼仪变为虚伪的形式，才能赢得更多人的信赖，才会真正使物业管理公司具有旺盛的生命力和更强的竞争力。

3）品德高尚

很多礼节是大家应该自觉遵守的，是一种共同的行为准则，它反映一个人的修养和道德水准。物管工作人员在代表公司与客户往来和交道，协调和处理各种公共关系事务时必须以道德水准来衡量自己的言行举止。在矛盾冲突时，互相谅解、求同存异，不使对方因此产生不愉快，不让对方难堪，这比提防自己不出错、不说错话更为重要。

4）吸取经验

经验包括直接经验和间接经验。物管工作中要与各种类型的人接触和打交道，这些人有着不同的性格、不同的职业、不同的文化层次、不同的民族风俗习惯和不同的道德水准等。因此，在开展公务活动时，要求所有的物管工作人员必须广泛地学习各方面知识，了解各种各样的礼仪习俗，吸取有用的经验，以协调方方面面的公共关系。

5）灵活运用

让礼仪规则适应业主的现实生活，适应物业管理公司的需要，具体问题具体分析,灵活运用,巧妙安排,定会给整个物业管理公司增光添彩。

9.2 物业管理公共关系一般礼仪

9.2.1 个人礼仪

个人礼仪是社会个体的生活行为规范与待人处世的准则,是个人仪表、仪容、言谈、举止、待人、接物等方面的具体规定,是个人道德品质、文化素养、教养良知等精神内涵的外在表现。对个人来说,个人礼仪是文明行为的道德规范与标准,其核心是尊重他人,与人为善,表里如一,内外一致。在公关活动中,就组织而言,个人礼仪仍属一种文化,主要是一种组织行为,是一种代表组织、反映组织和围绕组织目标体系运转的组织化了的个人行为。所以,物业管理人员在承担诸如接待客人、管理员工、受理投诉、调解纠纷、收取费用、组织活动等各种与业主、租户、员工以及外部人员接触的公务活动中,应强调个人礼仪规范,通过员工个人形象风貌,塑造整个物业管理公司的精神风貌,维护物业管理公司的社会形象,促使物业管理公司具有旺盛的生命力和更强的竞争力。

1)仪表风度

仪表是指人的外表,包括人的容貌、姿态、服饰和个人卫生等方面,它是人的精神面貌的外观体现,是构成"第一印象"的基本因素。仪表端庄、穿戴整齐者比不修边幅者更有教养,也更懂得尊敬别人,这已成了一般人的思维定势。

(1)物业管理人员的仪容修饰　仪容即人的容貌,是个人仪表的重要组成部分之一,它由发式、面容以及人体所有未被服饰遮掩的肌肤(如手部、颈部)等内容所构成,它在人的仪表美中有举足轻重的地位。仪容修饰是自然美和修饰美的融合,其基本原则是:要与性别相适宜,要与容貌肤色相适宜,要与身体造型相适宜,要与个性气质相适宜,要与职业身份相适宜。在仪容修饰方面应首先强调仪容的清洁,它是个人礼仪的最基本要求,具体包括5个方面:面容的清洁,口腔的清洁,头发的清洁,手的清洁,身体的清洁。其次是通过适宜的美容与化妆,充分利用天生条件加以修饰,以表现个性气质和精神风貌。这要求:男员工头发不盖耳朵、不遮衣领,每天剃须,保持指甲清洁,不留长指甲;女员工不披散发,不做怪异发型,不留长指甲,不染指甲,不浓妆艳抹。

(2)物业管理人员的表情修养　表情是人内心情绪的外在表现,最能表现出人的真情实感。心理学家总结出一个公式:感情的表达 = 言语(7%) + 声音(38%) + 表情(55%)。由此可以看出表情在人与人之间的沟通上占有相当重要的位置。健康的表情是自然诚恳、和蔼可亲的，是一个人优雅风度的重要组成部分。构成表情的主要因素是目光和笑容。

①目光。目光是人在交往时，一种深情的、含蓄的无声语言，往往可以表达有声语言难以表达的意义和感觉。“眼睛是心灵的窗户”，它在很大程度上能如实地反映一个人的内心世界。物业管理人员应有良好的交际形象，目光应是坦然、亲切、和蔼、有神的。运用目光语应注意以下3点：

a. 注视时间。自然而有礼貌的做法是，在交谈过程中与对方目光接触应该累计达到50% ~70%，其余30% ~50%的时间，可注视对方脸部以外5 ~10米处。

b. 注视区域。在洽谈、磋商和谈判等严肃场合，注视的位置在对方双眼与额头之间的区域，称公务凝视。在一般社交场合，注视的位置在对方唇心到双眼之间的三角区域，称社交凝视。

c. 注视方式。无论哪种凝视，都要注意不可将视线长时间固定在所要注视的位置上，因适当将视线从固定位置上移动片刻。与人说话时，目光要集中注视对方；听人说话时，要看着对方的眼睛；想中断与对方的谈话时，可有意识地将目光稍稍转向他处；谈判和辩论时，就不要轻易移开目光，直到逼对方目光转移为止；谈兴正浓时，切勿东张西望或看表，这是一种失礼的表现。

②微笑。微笑是一种特殊的“情绪语言”，其传播功能具有跨越国籍、民族、宗教、文化的性质。几乎在所有的社交场合下，微笑都可以和有声的语言及行动相配合，起到“互补”作用，充分表达尊重、亲切、友善、快乐的情绪。它能拨动对方的心弦，沟通人们的心灵，缓解紧张的气氛，架起友谊的桥梁，给人以美好的享受。微笑服务更是优质服务中不可缺少的内容，它是一种高层次、高规格的礼貌服务。物业管理公司与千家万户接触频繁，更应当充分认识和发挥微笑的作用，深入持久地开展微笑服务，将微笑贯穿综合服务工作的各个环节。微笑服务的要求有以下4点：

a. 微笑一定要发自内心。微笑既然是一种情绪语言的传递，就必须强调发自内心。只有发自内心的诚挚的微笑，才具有魅力，才能感染对方，发挥情绪沟通的桥梁作用，制造良好的工作氛围，并有益于自身的身心健康。

b. 微笑服务要始终如一。微笑服务应当贯穿在物业管理综合服务工作的全方位、全过程的各个环节中，只有这样，才能最终发挥微笑服务的作用。

c. 微笑服务要做到“五个一样”，即领导在与不在一个样，身份高与低一个样，生人与熟人一个样，心情好与坏一个样，领导与员工一个样。

d. 微笑服务要持之以恒。微笑服务既然作为规范化服务的重要内容之一，表明它不会自发形成，而是需要进行多方努力才能蔚然成风。为此，作为员工来说，要善于保持心理平衡，维系一种有助于微笑的良好心态，并通过微笑把尊重传递给对方。

[示例1]　客户服务部年轻的王小姐仅用一天的时间为A老板联系了他急需的一套公司员工住房，但由于在租金上与租户有分歧，彼此讨价半天起身告辞，王小姐微笑而客气地先对A老板说：“是自己的工作没有做好，希望能有机会给老板再寻找一套房子，恳请再给她一点时间”。然后又笑对租户说：“不好意思，我希望您也再给

点时间好帮助再找另一个客户”。王小姐歉意的微笑和表达的热情服务,反使两位先生感到有些内疚,A 老板说:“王小姐的热情让人难以割舍这套房子,诚意的笑容真让我不好意思,我可以让 1 000 元”。而租户也紧跟着说:“你的热情可嘉,笑容难敌,真诚让我感动,我也让 800 元”。房子在愉快的氛围下成交……A 老板感激地说:“你的微笑征服了我。”

(3)物业管理人员的着装规范　物业管理人员按职业特点,一般以色彩凝重、沉稳合体的西装或制服为职业服装,旨在短时间内凝聚起端庄大方、彬彬有礼、精明能干、富有责任心的气质印象。西装穿着应尽量做到合体、合适、合意。合体,即穿着要和身材、体形相协调,服装不长不短,不肥不瘦。合适,即要遵循穿衣的“PTO”原则,即衣着要与时间、地点、目的相协调。合意,即穿着要符合正确的审美心意,注意服装色彩的整体配套,充分考虑服装与服饰的协调。制服着装强调整洁、整齐、美观的效果。整洁,即制服应无油、无污垢、无异味,无破损、无皱纹。整齐,即按规定要求着装,保持衣冠整齐,将工作卡端正地佩戴在左胸或挂在脖子上;工作场所不得穿短裤、背心、拖鞋;扣好衣扣、裤扣,紧束领带,衬衣下摆放进裤里。美观,即为表现制服的象征性(热情有礼),体现制服与环境的和谐(高素质),应保持整齐美观的着装效果,不能为时髦将制服随意修改,不穿戴怪异、透明的服饰。

2)举止行为

所谓举止行为,就是指一个人的活动以及在活动中各种身体姿势的总称。哲学家培根有句名言:“相貌的美高于色泽的美,而秀雅合适的动作美又高于相貌的美。这是美的精华。”举止是展示自己才华和修养的重要外在形态,用恰到好处的举止展示礼仪,有时比语言更让交往对象感到真实、美好和生动。而基本体态是社会交往中一种最基本的举止,温文尔雅、从容大方、彬彬有礼已成为现代人的一种文明标志,礼貌的举止行为是一种教养,更是人的无形财富。

在物业管理工作交往中,业主对员工的评价,很多时候就来源于对他们一言一行、一举一动的观察和概括。所以,物业管理工作人员应加强优雅、大方的举止行为修养,注意日常工作中的人体姿势:站、坐、走的姿势和一些常用的待人接物姿势,如:低头拾物、上下楼梯、搭乘电梯、乘坐汽车等。

(1)站姿　站姿是人的静态造型动作,是第一引人注视的姿势,是公众形象的起点和基础。良好的站姿能衬托出个人的气质和风度,并给他人留下美好而深刻的印象。

正确而健康的站姿应做到:挺直舒展,自然大方,精神焕发。其基本要求是:头要正,头顶要平,双目平视,微收下颌,面带微笑,动作要平和自然;脖颈挺拔,双肩舒展,保持水平并稍微向下沉;两臂自然下垂,手指自然弯曲;身躯直立,身体重心在两脚之间;挺胸收腹、立腰收臀,重心有向上的感觉;双腿直立,女士双膝和双脚要靠紧,男士两脚可稍分开,但不宜超过肩宽。

在工作和社会交往的过程中,个人可在基本的站姿规范上进行调整。可根据服饰的不同,选择适宜脚位,如“丁”字形,“V”字形和并步等;双手的位置也可根据服饰和个人气质的需要选择双手相搭放置于体前腰腹部,或双手相搭放置于身体后腰部等,而其他部位要求姿势不变。如物业管理保安人员的站姿,要求男性双手在后腰处交叉搭放,以体现男性的阳刚之美;而女性站立时,则要求身体微侧,呈自然的45度,斜对前方,面部向正前方,单臂前屈置于体前腰腹部,力求展示体态修长和典雅的气质美。

在物业管理的人际交往中,挺、直、高的站姿给人传递的信息是积极的,它对于融洽人际关系,形成良好的人际氛围具有积极的作用,因而在工作中应尽量克服和纠正不正确的站姿。站立时要防止身体东倒西歪、重心不稳,更不要倚墙靠壁、躬腰驼背或挺肚后仰,一副无精打采的样子;双手不可叉在腰间或环抱在胸前,以免给人以一种盛气凌人的感觉,令人难以接受;双手不可插入裤袋中并伴随着身体晃动或抖动,以免给人以一种漫不经心、缺乏责任心、不成熟和修养不够的感觉。

(2)坐姿　坐姿,即坐的姿势,也是一种重要的动作姿态。在人们的生活和工作交往中,良好的坐姿传递着自信练达、友好诚挚、积极热情的信息,同时也展示着高雅庄重、尊敬他人的良好气质和风范。

正确而文雅的坐姿应做到:上体直挺,勿弯腰驼背,也不要前俯后仰;双脚自然垂地,不可交叉伸直在前或呈内“八”字状;双手应掌心向下相叠或两手相握,放于身体的一边或膝盖之上;头、颌、颈保持站立时的样子不变。与人交谈时,上体和腿的方向应转向对方,双目正视说话者。入座时,动作要轻盈、和缓、平稳,从容自如;起座时,动作要轻稳,不要猛地一下站起来。

端庄、文雅、得体、大方是社会交往活动的基本要求,物业管理人员在对外公关和接洽等公务活动中,在坐姿礼仪方面应注意以下几点:

①根据具体的环境选择恰当的坐姿。人际交往活动中环境通常是由交往对象、目的、空间场所等要素组合而成的,而不同的环境对人的坐姿要求有所不同。在比较严肃的场合,应当注意采取正规坐姿,通常是身体挺直,双脚并拢或稍分开,手自然放在膝盖上或椅子的扶手上。在比较随意的场合,坐姿也可以随便一些,如腿可交叠放置,手的位置也可以随意一些,上身可保持正直或稍微前倾,双脚不宜过于前伸。若是坐在有靠背的椅子上,可坐在椅子的中后部,腰背要自然地靠在椅背上。开会坐于桌前应将两手放于桌上,或十指交叉后以肘支在桌面上,切忌双手托腮或伏在桌面上。正式场合入座后,要尽可能保持正确的坐姿,如果坐的时间长,可适当调整姿态,但不能影响坐姿的端庄与得体。

②正确识别不同的坐姿所表达的内涵。通常男士微微张开双腿而坐,是“稳重、豁达”的表示;而将一条腿架在另一条腿上,常是“轻松、自信”的表示。女士并拢双膝而坐,是“庄重、矜持”的表现;双腿交叉又配合双臂交叉的坐姿则是一种“自卫、防范”的表示;将腿自右向左交叉呈标准交叉姿势又常常表示紧张、缄默或防御的态度等等。在社会交往中,应对不同坐姿所表达的含义有所认识和了解,以便在各种公关活动中灵活使用。

③了解坐姿在性别上的具体要求。总的来说,男女的坐姿大体相同,男性相对来说要随便一些,而对女性力求庄重、优雅。如女性入座时,双腿并拢以斜放一侧为宜,双脚可稍有前后之差,即若两腿斜向左方,则右脚放在左脚之后,反之亦然。同时女性入座时还要注意其他限制,如穿裙装入座时,应先整理一下裙边,将裙子后摆前拢一下,再坐下来,以显得端庄娴静。

④注意避免或纠正不规范和不礼貌的坐姿。如将两手夹在腿的中间或放在臀下,将双腿分开得过大或将脚伸得过远,坐着时身体左右摇晃、上身歪斜或猛坐猛起,弄得桌椅乱响等,往往给人以缺乏自信和没有修养的印象。入座时有意识地将双臂抱在胸前或抱在头后靠在椅背上,并随意抖腿或晃动脚尖,常显示出的是过于傲慢、目中无人。以上种种不规范和不礼貌的坐姿在社交场合应尽量避免出现。

(3)走姿 走姿是站姿的延续动作,是在站姿的基础上展示人的动态美的极好手段,最能表现一个人的风度、风采和修养。行走姿态的好坏反映人的内在素养与文化素质,能产生很强的感染力。所以,无论是在日常生活中,还是在正规的公关活动中,优美走姿的形成都是非常重要的,它可增添人的魅力。

正确而优美的走姿要求:上体正直,抬头挺胸,收腹直腰,两眼平视,身体重心落于脚的中央;行进时,脚迈步要正,步位呈直线,步幅适中,两脚相距约自己的一脚长;走的过程中,身体保持平稳,手臂自然、轻松地前后摆动,摆幅应随步幅、步频调整。在公务活动中,应控制一定的步频,一般以男士 100 步/分钟、女士 90 步/分钟的速度行走,更显得有风度和韵味。

在日常生活中,人们行走的姿势往往是千姿百态,有的人步伐矫捷、敏捷,显得精明强干;有的人步伐稳重、大方,显得沉着老练;有的人步伐轻盈、欢快,显得朝气蓬勃;有的人摇头晃脑,左右摇摆,给人以轻薄的印象;有的人弯腰驼背,步履蹒跚,给人以压抑、老态龙钟的感觉,等等。物业管理工作人员在公务交往过程和社会公众场合中,应注意运用表达轻松、自信等信息的行走姿势,以树立良好的公司形象。

(4)其他动作姿态

①低处拾物。在公众场所,当你拾拣掉落地面的东西或取放低处物品时,最好走近物品,上体正直,单腿下蹲。这样既可轻松自如地达到目的,又显优雅和风度。

②上下楼梯。礼貌右行,落脚要轻,上体保持直挺,两眼平视正前方。勿低头看梯,重心一般位于前脚掌,注意保持身体平稳。

③搭乘电梯。先出后进,食指正确按键,平稳站立。电梯到达各楼层应主动移位谦让,忌叉手伸臂和撩衣扇风等不雅动作。

④叩门入室。直立门前,手臂屈肘在体前,用手指轻敲二三下门面,得到同意后再轻步进入。如有门铃,按响两三声即可。

⑤递物接物。身体应保持立正姿态,上身稍向前倾,双手持物抬至齐腰高递出。注意递交文字资料时,应使文字正面朝向对方。递剪刀、笔等尖锐物品时,应尖头朝向自己,切不可指向对方。

⑥手势。得体的手势能起到锦上添花的作用,其要求是:自然、规范、适度。自

然,指手势曲线适宜,力度适中,动作不要过快,忌突然。规范,指每一手势应做标准,给人优雅含蓄、彬彬有礼的感觉。适度,指手势不宜过大,手的位置上界不超过对方视线,下界不低于胸区,左右摇动范围不宜太宽,应在人的胸前或右方进行。

从个人礼仪角度分析,不规范的个人行为举止,轻则影响一个人自身形象的美丑以及别人对自己的总体评价,重则会影响整个组织的形象。物业管理人员在工作中的个人行为举止方面应加强平时修养,注意养成个人行为举止的礼貌、礼节规范。

9.2.2 物业管理日常交往礼仪

1)称谓礼仪

称谓是指人们在日常交往应酬中,所采用的彼此间的称谓语。在物业管理公司的对内、对外公务活动过程中,选择正确、恰当的称谓,是对他人尊重、友好的表示。

(1)称谓方式 称谓是沟通人际关系的信号和表情达意的手段,因此,要根据对方的身份、地位、职业、年龄、性别以及对方所处的场合的不同而选择恰当称谓。

①职务性称谓。以交往对象的职务相称,以示身份有别、敬意有加,这是一种最常用的称谓。以职务相称,一般有3种情况:

a.职称职务,如:"董事长"、"经理"、"主任"等。

b.姓氏+职务,如:"赵经理"、"李主任"等。

c.姓名+职务,如:"王某某部长"、"李某某主任"等,主要用于特别正式的场合。

在使用职务性称谓时,对带有"总"字的头衔可用简称,如:"李总"、"周总"。如果是副职,在称呼时一般可去掉"副"字,如"王副经理",要称"王经理"。但是,在特别正式、隆重场合不能使用简称。

②职称性称谓。对有职称者,尤其是具有高级、中级职称者,可以称姓氏加职称。如:"冯教授"、"陈工程师"(或简称"陈工")等。

③行业性称谓。对于从事某些特定行业的人,可以称姓氏加职业。如:"魏教师"、"张律师"、"韩会计"等。

④性别性称谓。根据性别的不同,可以称呼"小姐"、"女士"或"先生"。"小姐"是称未结婚的女性,"女士"是对女性的一种尊称。

⑤姓名性称谓。在工作岗位上称呼姓名,一般限于同事、熟人之间。其具体方法有3种:

a.直呼姓名。

b.只呼其姓,不称其名,但要在它前面加上"老"、"大"、"小"等,如:"小李"、"老王"等。

c.只称其名,不呼其姓,通常限于上级称呼下级、长辈称呼晚辈。在亲友、同事、邻里之间,也可以使用这种称呼。

(2)称谓礼规 称谓是否恰当,既反映了说话人的思想修养和文化修养,也影响到人际交往活动的效果。对于物管工作人员来说,在称呼的使用上,尤其是在对客户服务方面更应注意以下几个问题:

①对领导、宾客和长辈不要直呼其名,可以在姓氏后面加合适的尊称或职务。

②对客户或初次见面的客人,表示敬意应用“您”,而不是“你”。

③在日常工作中,与业主交往,可分别称“同志”、“师傅”、“老师”、“先生”、“女士”、“小姐”等。在非正式场合,对同事可根据年龄来称呼,如:“老陈”、“小李”等。

④多人见面交往的场合,应遵循先上后下、先长后幼、先女后男、先疏后亲的顺序。

⑤对一些特殊的人,如有生理残疾的人,要绝对避免使用带有刺激或蔑视的字眼。

⑥在涉外场合,应注意相关礼仪,避免使用容易引起误会的一些称谓。如:“爱人”这个称谓,在英语里是“情人”的意思。

2)介绍礼仪

介绍是一切社交活动的开始,是人际交往中与他人沟通,建立联系,增进了解的一种最基本、最常见的形式。通过自己主动沟通或者通过第三者从中沟通,从而使交往双方相互认识,建立联系,加强了解和促进友谊。物业管理公司在公务交往过程中,运用介绍可以缩短物业管理公司与客户、业主之间的距离,增加彼此的了解,消除不必要的误会和麻烦,进而扩大社会影响力,促进物业管理公司管理工作的顺利进行和业务的进一步发展。

(1)自我介绍 自我介绍,就是在必要的情况下,由自己担任介绍的主角,自己将自己介绍给其他人,使对方认识自己。根据物业管理工作特点,进行自我介绍时,应注意举止自然大方,态度真诚谦和,语言亲切得体,在不同场合把握好自我介绍的方式和分寸等问题。应酬式的自我介绍,应简单明了,只介绍一下姓名即可;工作式的自我介绍,除介绍姓名外,还应介绍工作部门和具体工作;社交式的自我介绍,在介绍姓名、单位和工作的基础上,则需要进一步介绍兴趣、爱好、经历、同交往对象的某些熟人的关系,以便加深了解,促进交流和沟通;礼仪式的自我介绍,其内容包含姓名、单位、职务等项,介绍时应多加入一些谦辞、敬语。

[示例2] “尊敬的各位来宾,大家好!我叫杨××,是物业管理公司的总经理秘书。我代表本公司欢迎大家的到来,在参观过程中,有什么问题,我愿竭诚为您服务。”

(2)为他人介绍 又称第三者介绍,它是经第三者为彼此不相识的双方相互引见、介绍的一种方式。为他人介绍时,首先,要了解双方是否有结识的意愿,应避免贸然介绍。其次,要讲究介绍的顺序,通常应遵循受尊重一方有优先了解对方的原则,即:先把男士介绍给女士,先把职位低的人介绍给职位高的人,先把主人介绍给客人,先把非官方人士介绍给官方人士,先把晚辈介绍给长辈。在为他人介绍时,应该热情、诚恳,身体姿态文雅大方,一般可以站在双方之间,应先说:“让我来介绍一下”或“请允许我来介绍一下”。同时伴随适当的手势,即介绍的同时应用手掌示意,掌心向上,四指并拢,拇指微张,指向被介绍一方,注意眼神要随手势转向被介绍一方。被介绍时,无论哪一方,无论何种身份,都应有回应致意,如:起立、点头、鞠躬、握手等,同时伴随礼貌用语,诸如“您好!”、“认识您很高兴!”等。在对外接待的集体介绍中,应按客人到达的先后顺序,把后到的客人先介绍给先到的客人,再介绍先到的客人。

(3)被人介绍　当你自己被介绍给他人时,你应该面对着对方,显示出想结识对方的诚意。等介绍完毕后,可以握一握手并说“你好”、“幸会”等客气话表示友好。如果你是一位男子,被介绍给一位女子时,你应该主动点头并稍稍欠身,然后等候对方的反应。按一般规矩,男的不用先伸手,如果对方不伸手也就罢了,如果对方伸出手来,男的应立即伸手轻轻一握。如果你是一位女子,被介绍给一位男子时,一般来说,你微笑点头也就合乎礼貌了,如你愿意和对方握手,则可以先伸出手来。

3)握手礼仪

握手是最为普遍的一种表达见面、告别、祝贺、安慰、鼓励等感情的礼节。标准的握手姿势是:距受礼者约1米处,双腿直立,上身稍前倾,自然伸出右手,手掌与地面垂直,四指并拢,拇指张开与对方相握1~3秒钟。握手时用力适度,上下稍许摇动二三下,双目注视对方,并配以微笑和问候语。行握手礼时最为重要的礼仪问题是,握手的双方应当由谁先伸出手来“发起”握手,根据礼仪规范,应遵守“尊者决定”的原则。具体而言,握手时双方伸手的先后次序应是上级在先、主人在先、女士在先、长辈在先,作为下级、客人、男士、晚辈应该先问好,待对方伸出手后,再伸手与之握手。

在人际交往中,握手礼司空见惯,看似寻常,但作为一种广泛采用的礼节形式,是大有规矩和讲究的。因此,作为物管工作人员务必认真遵守握手的规范,注意握手的禁忌:一忌贸然出手;二忌用左手同他人握手;三忌带手套和墨镜与他人握手;四忌交叉握手;五忌滥用双手握手;六忌握手时间过长;七忌出手慢慢腾腾;八忌握手时漫不经心;九忌握手后马上揩拭自己的手掌;十忌拒绝与他人握手。

4)电话礼仪

电话通讯是物业管理公司对外服务的一个“窗口”,在“只闻其声,不见其人”的电话里,不仅能反映出通话人的职业道德、社会公德及文化素养,也反映出物业管理公司的组织形象,甚至会对公司声誉和业务产生直接影响。规范、优质的服务可以给业主或使用人带来身心的愉快和工作、生活上的便利。物业管理公司应从以下几个方面做到电话通讯服务的达标和创优:

(1)打电话时的礼仪　打电话应注意时间选择,如打给公司或单位,最好避免中午和下班以后的时间;打到个人或业主的住所,应避免吃饭和休息的时间。通话时间一般以3分钟为宜,如果通话时间要占用5分钟以上,就应先说明你要办的事,并问一下:“你现在和我谈话方便吗?”假如不便,就应与对方另约一个时间。通话时应注意说话的态度和语气的使用，措辞应有礼貌，体现友好、热情、尊重的特点，应多用“请”、“对不起”、“谢谢”、“您好”、“再见”之类的礼貌用语；结束通话时，应确定对方已挂上电话筒，才能放下电话。打电话前要有所准备，确定受话人的电话号码，避免拨错电话号码，给别人添麻烦；同时想好谈话内容，重要电话不妨先在纸上记下要点和有关数据，而不要在通话时才慌慌张张地翻材料，让对方久等。使用办公电话应做到长话短说、简明扼要，避免因线路不畅通而影响办公室正常业务的开展。

(2)接听电话的礼仪　接听电话最基本的工作规范是：铃响三声，必有应答；礼貌接听，用语规范。物业管理公司的全体员工都应按这一规范要求进行电话通讯操作。接了电话以后，要马上清晰地表明自己公司的名称、自己所属的部门，若对方说“经常麻烦您”，就要马上回答：“哪里，是我们麻烦您！”听电话时应表现出聚精会神，可以不时地“嗯”一声，或说“好”等等，以表明自己正在倾听并有反应。接电话时，一定要把交谈的事情记在备忘录上，以免忘了误事，若需要传达给同事的，必须要将时间、地点、内容等正确地传达出去。接到打错的电话，首先仔细倾听对方找谁，然后询问对方拨的号码是多少，最后客气地告诉对方打错了电话。若有可能，不妨为对方提供一点线索，而不必责怪对方或粗鲁地挂断电话。当对方道歉时，说声“没关系”，对方致谢时，回答“不客气”。对于客户投诉电话的接听和应答，一定要注意语气和情绪的控制，做到听清楚、问清楚、记清楚。

5)名片礼仪

名片是一种经过设计、能表示自己身份、便于交往和开展工作的卡片。名片是当代社会不论是私事还是公务交往中最经济实惠、最通用的介绍媒介，被人称作自我的“介绍信”和社交的“联谊卡”，不仅可做自我介绍，而且还可用做祝贺、答谢、拜访、辞行、委托、慰问、吊唁、赠送附言、备忘等。运用名片来开展物业管理公司公务活动和其他公关活动较为频繁和普及。名片可分应酬性名片、社交性名片和公务性名片，正确合理地使用名片，将有助于物业管理公司业务的发展。

(1)名片的放置　一般说来要事先把名片准备好，放在容易拿到的地方，如上衣口袋里或专用名片夹里。不要将它与其他杂物混在一起，以免要用时手忙脚乱，甚至拿不出来，给人留下一个不精干的印象和不礼貌的感觉。

(2)递交名片的礼节　递名片时，应起身站立，走到对方面前，面带微笑，眼睛友好地目视对方，以大方谦逊的姿态，用双手或右手将名片正面朝向对方，恭敬地递送过去，并说一些诸如“请多关照”之类的寒暄语。如果同时向多人递送名片，可按由尊至卑或由近至远的顺序，依次递送。对独立身份的来宾，也应同样递送名片，不可只给领导和女士，给人以厚此薄彼的感觉。出示名片时应把握好时机，切忌漫不经心滥发一气。

(3)接受名片的礼节　接受名片时，要立即放下手中的事，眼睛友好地注视对方，用双手或右手接过来，态度应毕恭毕敬，并点头致谢，口称“感谢”，使对方感受到你对他的尊重。接到名片时要认真看一下，表示出对名片很感兴趣，也可有意识地重复一下名片上的内容，或对名片上说明的对方的头衔、单位等表示赞赏或关切。阅读之后要郑重其事地放好，切忌看也不看就放在口袋里或扔在桌上，也不要把对方的名片拿在手里随意摆弄，给对方一种不恭的感觉。接到名片后，如自己有名片，可马上送上，如没有带或没有，可向对方说明，并主动进行自我介绍，如有需要，还可把自己的姓名、通讯处写在纸条上留给对方。

6）接待礼仪

接待是物业管理公司一个最频繁的日常工作内容，诸如客人来访、租户咨询、业主投诉等，其接待态度如何，会直接影响物管公司的形象，决定着来访者对公司的印象，关系到公司业务能否顺利进行。因此，无论是在日常性接待还是特殊性接待中，对来访的客人都应做到礼貌周到，掌握必要的接待礼仪。

（1）迎客　当有客人来公司时，公关人员应出面迎接，见到对方时，要先说“欢迎光临”，然后将客人带到会客室。如果是约好的客人，可以说：“欢迎光临！您是王总吧？我是李总的秘书××，李总正在等您。”如果是没有约定的客人或第一次来访的客人，可以这样说：“您好！我是部门经理××，对不起，请问您贵姓？有什么事情吗？”明确对方身份、来访目的后，再做相应的安排和事务处理。

在引导客人通过过道走进会客室时，要做到：在客人的左前方两三步，说：“请这边走！”然后以自己的背不完全被客人看到为准，静静地带路；若走道弯弯曲曲或上下起伏时，要及时轻声提醒客人注意；通过危险地带时，则要提请客人务必小心。搭电梯时，自己先进入、按钮，到了之后先让客人出去；如果电梯有人操作，进出电梯时，都让客人或上司先行。

引导客人进入会客室后，必须让客人入座，要客人长等时，应拿出杂志、报纸给客人看，并不时进来传达拜访对象的情况；若拜访对象在开会或有其他事情时，最好由本人或其代理人先出来照会一下，并说声抱歉，再让客人等候。在上班时间，若需在同一时间内约见同事或公司外的访客，则应以访客为优先。

（2）见客　当客人来到时，应马上放下手中的工作，并起立向来客问候致意，做自我介绍。无论访客的身份如何，不可让他久等。如果客人需要等候一段时间，应简要说明原因，如：“对不起，李总正在处理一件紧急事情，请您稍等一会儿”，然后安排好恰当的座位请客人坐下，并为其提供饮水以及一些书报杂志等，以免冷落客人。

会见访客时举止要高雅，稳重得体，穿戴整齐，面容精神。当代表公司接待访客时，不可谈一些个人的想法或自己不知道的事情，也就是绝对不做不负责任的承诺或回答。与客人会面时要显示出明朗诚恳的态度。会客时原则上不接听电话，如果非接不可，要取得访客的谅解。

（3）送客　来访的客人告辞时，原则上要送客人到公司门口，如果公司在高楼大厦内，至少要送到电梯口。送客时要注意：在走廊时，送客者应走在访客的斜后方，不过，当要为客人指引出口、电梯时就要走在客人的左前方。当客人到电梯口时，必须要等到电梯门关了后才可离开；而送访客上车时，则在汽车开动时，应鞠躬行礼送客。

客人乘自用车来访时,应该在客人离开前,通知停车场将车开到公司大门口处等候,同时要提醒访客不要忘记寄存的物品。

7)拜访礼仪

拜访又叫拜会、拜见,是指前往他人的工作单位或住所,去会晤、探望,进行接触。物业管理公司在公关活动中的拜访常有事务性拜访、礼节性拜访、业务商谈性拜访和专题交涉性拜访等。登门拜访他人在时间选择、衣貌修饰、言行举止方面都应注意一定的礼仪规范。

(1)拜访前的准备

①熟悉对方,了解相关资料。拜访前,要对对方个人及单位的性质、特点以及拜访的目的等有关情况有所了解,尤其是对方提供的有关资料应熟悉。这样可以做到心中有数,应对自如,利于工作的开展。

②注重个人形象。拜访前,要注意装扮自己,穿着应符合身份,讲求简洁、大方、得体,维护好公司形象。

(2)预约的礼仪　拜访客户礼仪中最重要的一条就是有约在先。事先应以电话或信函形式与对方联络,说明拜访的目的和时间等,这样做既能体现自身的修养,同时又能充分体现公司对客户的尊重。具体做法为:

①掌握约定的时间。一般情况下,不要选择对方极为忙碌、节假日或用餐、午休等时间前往拜访。预约的时间应尽量尊重对方的意愿。

②明确拜访的人员。预约时,主客双方应事先通报各方的具体人数及身份,双方一经约定,就不要随意改变。

③遵守约定的时间。拜访时,一定要准时到达,既不要过早,让对方措手不及;也不要迟到,让对方等待,以免给对方留下不良的印象。

(3)拜访中的礼貌

①上门有礼。不论是办公室还是住所,进门之前都要先敲门或按门铃。敲门的声音不要太大,轻敲两三下即可;按门铃的时间不要太长,响两三声即可。要等有人应声允许进入或主人出来迎接方可进去,不可不打招呼就推门而入。即使门是开着的,也要以其他方式让主人知道有人来访,待主人允许后方可进入。与主人相见,应主动问好,如初次见面,还应做简单的自我介绍。进门后,需要换鞋,应自觉戴上鞋套,随身带的物品要放在主人指定的地方。进入房间时,要主动跟随主人之后,并根据主人的邀请,坐在指定的座位上。

②作客有方。拜访时,态度要诚恳大方,言谈要得体,尽快接触实质性问题,紧紧围绕拜会的主题,争取达到满意的目的和效果。注意自己的行为举止符合礼仪要求,如坐姿要端正、文雅,不要触动主人家里的物品和陈设,不要随意走动和吸烟。

③适时告辞。在交谈过程中,应注意把握时间和及时观察主人的态度,主动“见好就收”,适可而止。通常一般性拜访不要超过1小时,初次拜访不要超过半个小时。提出告辞后,应果断起身道别,出门以后,主动请主人“留步”并表示感谢。

9.3 物业管理公共关系中语言礼仪与技巧

9.3.1 物业管理公共关系中语言礼仪的基本要求

语言交谈是物业管理公关活动中传播信息的重要手段。它以语言为媒介,使物管人员与公众得以沟通,实施物业管理工作与公关活动。语言交谈中是否注意礼节,语言运用是否恰当,直接关系到信息沟通的效果。所以其公关语言要求以语言的“礼”吸引人,以语言的“美”说服人。

通过接受对方传递的信息,并通过主观对客观信息的接收、评价而产生的心理反应,能产生人与人之间的某种关系和信息交流的效应。口头交谈有3个要素:谈话者、主题和听话者,要达到“施加影响的目的”,就必须注意这3个要素。所谓语言礼仪,是指人们在交谈中所应该注意的礼节、仪态。一般来说,它集中体现在礼貌语言的使用和谈话时的表情及声音上。物业管理人员在语言交谈中首先必须掌握好的就是语言礼仪。其基本要求如下:

1)态度热情真诚

人们用语言相互交谈,但语言并非是交谈的全部,能否打动别人,使交谈顺利进行,很多时候取决于交谈者的态度,其态度有时比交谈内容更为重要。怀有诚意是交谈的前提,诚意是打开对方心灵之窗的钥匙。推心置腹、以诚相见的态度会使人感到和谐、融洽。真诚的态度,应该是平易、稳重、热情和坦诚的态度,而不是傲慢、轻浮、冷淡和虚假的态度。

2)用语文明规范

物业管理公司要与各行各业和各种层次的人员交往,礼貌用语的作用是不可忽视的。人们见面时要互致问候与寒暄,如“你好”、“早安”、“好久不见,近况如何”、“能够认识你真是太高兴了”等,尽管这些问候与寒暄用语的本身并不表示特定的含义,但它们却是交往中不可缺少的。它们既能传递出表示尊重,以示亲切,给予友情的信息,同时又能显示出自己懂礼貌、有教养、有风度,从而形成一种和谐、亲切、友善、热情、尊敬的良好“人际气候”。

3)神态举止礼貌

言谈中,出于对他人的尊重,有必要对自己的神态举止加以约束,特别是要注意自己的眼神和手势。当与别人讲话时,不要东张西望,不要不看对方,也不要对另外的人讲话，更不要摆弄手指、修指甲、掏耳朵、伸懒腰、看电视、翻报纸、问时间、看手表和做其他与谈话无关的事情。因此，在言谈时，要克服漫不经心的不良习惯，排除干扰，神态专注、神情自然、聚精会神地同他人交谈。

4）语句简练生动

物业管理公共关系传播口语中多选用结构较为简单、形式较为短小又灵活多样的句子。句式的简短，也是受面对面语言式传播的特性所限制的。说者这一方，由于时间限制也难于在瞬间组织结构复杂的句子，在借助特定情景、双方能够充分理解的前提下，省略某些成分，使句子简短是可行的也是必要的。从听者这一方着想，结构简单、形式短小的句子更易于把握、理解。句式的灵活多样是指句子构成上富有变化，并且句式丰富多样。

5）讲究声调语速

交谈过程中，说话者的语速、音质和声调，也是传递信息的符号。同一句话，说时和缓或急促，柔声细语或高门大嗓，面带笑容或板着面孔，效果大相径庭。要根据对象、场合进行调整，要追求自然，如果装腔作势，过分追求所谓的抑扬顿挫，也会给人华而不实在演戏的感觉。

9.3.2 物业管理公共关系中的语言技巧

语言技巧，简单来说就是如何使你说的话更有说服力和感染力。对于一般人而言，言谈的要求只是将自己的信息正确地传至对方，使对方听懂、理解即可。而对于从事物业管理工作的人员来讲，由于职业的要求，其言谈不仅要使对方听懂、理解，而且还应使对方认清事实，统一认识，最终达成共识。

1）接近的语言技巧

接近对方是人际关系发生、发展的起点，对物业管理人员而言，也是业务工作的开始。良好的开端，有利于增进双方的相互信任，促进彼此间的协作与沟通。如何自然而巧妙地接近对方，可按以下惯例去做：

(1)问候寒暄暖人心　物管人员应主动采用标准的问候语："您好"、"认识您很高兴"、"幸会"等。在与业主初次见面时，若能选用适当的问候语及寒暄语，更易打破陌生局面，缩短距离，为双方进一步交往与协作做好铺垫。

(2)常用敬语显风度　物业管理人员始终要牢记，人际感情能否沟通，关键取决于交际者的谈吐，取决于交际者用什么方式、什么感情交谈。使用敬语，是尊人尊己相统一的重要手段，是展示谈话人风度与魅力必不可少的基本要素之一。

(3)投其所好选话题　话题应尽量符合交谈对方的年龄、职业、性格、心理等特点，注意根据对象选择不同的表达方式。应尽量避开一些不宜在友好交谈中出现的事情，如疾病、死亡、黄色故事等。

(4)恰当"附和"示细心　"附和"是表示专心倾听对方说话的最简单的信号，体现谈话双方的情感交流。真正用心听他人谈话时，总会发现谈话中有自己不尽知的、有趣的或令人拍案叫绝的地方，如果能将听到的感想积极地表达出来，在谈话时加入"真是这样吗"、"你说的是……"、"为什么"之类的话，定能使对方的谈话兴趣倍增，乐于与你交谈。

(5)熟记姓名表尊重　对于初次交往的客户、业主或租户，要尽量记住他们的姓名，待再次相遇时，能准确地道出他们的姓名乃至职务，会使他们心中感到愉悦和受到尊重，接近也就显得更自然和融洽了。

[示例3]

问候用语——标准式问候用语(你好，您好，大家好，各位好等)
　　　　　　时效式问候用语(早上好，午安，晚上好，晚安等)
迎送用语——迎客用语(欢迎……)；
　　　　　　送别用语(再见，慢走，走好，欢迎再来，一路平安，多多保重等)
请托用语——标准式请托用语(请，请稍候，请让一下等)
　　　　　　求助式请托用语(劳驾，拜托，打扰，借光，请关照等)
　　　　　　组合式请托用语(请您帮我一个忙，拜托您为这个大爷让个座等)
致谢用语——标准式致谢用语(谢谢，谢谢您)
　　　　　　加强式致谢用语(十分感谢，万分感谢，多多感谢，多谢)
　　　　　　具体式致谢用语(有劳您了，让您替我们费心了)
征询用语——主动式征询用语(需要帮忙吗？我能为您做点儿什么？您需要什么？)
　　　　　　封闭式征询用语(您是不是找人？您不介意我来帮助您吗？)
　　　　　　开放式征询用语(您找谁？)
应答用语——肯定式应答用语(是的，好，随时为您效劳，很高兴能为能您服务，我知道了；好的，我明白您的意思；一定照办)
　　　　　　谦恭式应答用语(这是我的荣幸，请不必客气，这是我们应该做的，请多多指教，过奖了)
　　　　　　谅解式应答用语(不要紧，没有关系，我不会介意)
赞赏用语——评价式赞赏用语(太好了，真不错，对极了)
　　　　　　认可式赞赏用语(还是您懂行，您的观点非常正确)
　　　　　　回应式赞赏用语(哪里，我做得不像您说的那么好，还是您技高一筹)
祝贺用语——应酬式祝贺用语(祝您成功，恭喜恭喜，真替您高兴，全家平安，向您道喜，生意兴隆)
　　　　　　节庆式祝贺用语(节日愉快，新年好，周末好，生日快乐)
推托用语——道歉式推托用语(实在抱歉，上班时间不准会客)

转移式推托用语(我们学校没有这个人,您到别的学校问问?)

解释式推托用语(我们这里有规定,不能随便进出)

道歉用语——(抱歉,对不起,请原谅,失礼了,失敬了,失迎了,不好意思,很惭愧,真的过意不去,多多包涵,失言了)

2)说服的语言技巧

说服是改变对方原有意见、见解、思想及态度的一种语言技巧。在物业管理工作中,出于公司和业主各自的利益,决定了双方在交谈中不可能处处都能达成共识,常常会就某一问题产生意见分歧。在这种情况下,要说服业主改变原有主张,接受自己或公司的建议,除原则性的问题之外,缓解矛盾冲突和解决矛盾冲突可考虑采用下面的方法:

(1)先肯定后否定,或在肯定的基础上局部地否定　对对方意见中合理的部分加以赞扬,不妥当的部分加以指明和纠正,这样要比一开口便直接否定容易让对方接受。不管是肯定还是否定,都必须要客观公平,有利于双方的利益,这样的说服才能易于对方心悦诚服。

(2)以数据讲话,以事例服人　数据是说服过程中最有力的说服工具,因为听者更相信具体而且可以查证的东西,并由此产生对说话者的信赖。

(3)通过对比,说服对方　将双方的观点进行相互比较,通过对比证明对方思路有失偏颇,存在漏洞,同时阐明自己观点的正确,让对方在对比中权衡利弊,使其最后放弃自己的观点。注意语意要明晰,语气要委婉,神情要平和,有效控制自己的情绪和举止。

(4)了解对方,善用情感　了解对方,并设身处地为对方着想,只有这样才会缩短心理距离和打动对方。所以,在矛盾冲突的交谈中,物管人员对对方要多加注意,细心观察,综合分析,有效结合表情等因素,辅以更强的语言说服力。

[示例4]　某小区护卫员报告,一位业主未按要求的位置,擅自在外墙上开孔安装空调。待装修巡视督察人员赶到现场时,空调安装已在进行之中。装修巡视员检查一番后,向业主解释,如此安装不但影响了外立面的统一和美观,而且安装厂家施工已不慎将暖气管"打漏",还将给业主的生活带来不便。但业主仍坚持己见,督促继续安装,装修巡视员只好暂扣装修工人的工具和证件,予以制止。同时,请水工火速来修补已"打漏"的暖气立管。

业主对装修巡视员制止他违章装修十分不满,提出要物业公司领导签字,承担停止安装空调的后果。装修巡视员认为自己所做并无不妥,随即提出业主也需签字,承认自己违反小区装修管理规定。双方各执己见,一时僵持不下。

水工赶到现场后,迅速将漏水的暖气管修复好,将污染的地面、墙面进行了彻底清理。一看两人还在争执,便接了个话茬:"要我说也不是什么大不了的事情,谁也不用让谁签字了,还是商量商量怎样安空调吧!"待两人都平静下来,他再对业主说:"我看你自己选定的这个位置并不好,咱抛开影响外立面整齐美观不说,就说你安到这里,冷凝水管要走多远呀,比较起来还是规定的那个位置”。业主迟疑不决,水工试探着提了个建议:“如果你觉得我说的没有道理,你自己里里外外看看”。或许刚才主动帮助修复漏水暖气管的举动感化了业主,业主楼上楼下转了一圈,回来后欣然同意在规定位置安装。并且与装修巡视员握手言好。

3)应急的语言技巧

在物业管理的各种场合中,难免会出现一些意想不到的事件,这要求物管人员必须妥善处理,巧妙应付,从而使紧张的气氛变得轻松,使窘迫的场面变得自如,使被动的局面变成主动。常用的方法有以下几种:

(1)因势利导,顺势牵连　因势利导,即当对方的思维向某一方向进行时,物管人员把自己要表达的意思,顺着对方的思维表达出来。顺势牵连,即在对方突然发问而无法正面回答时,巧妙地联系其他事物进行回答。

(2)岔开话题,换个说法　当突然出现对自己不利的情况下,应把不利的话岔开,用巧妙、别出心裁的解释挽救危急的局面。岔开话要自然、及时,要找准岔口,使人感到新话题与旧话题意义相连,只是换个说法等。

(3)巧用幽默,调节气氛　当处于某种难以摆脱的困境时,一句幽默的安慰之词往往能收到奇效,使人在交际中化被动为主动。幽默的使用要注意具体情况具体分析,把握好“度”。

[示例5]　　**办公室主任的应变绝招**

一天早晨,某大饭店办公室主任接到报告,一部电梯突然停在10楼与11楼之间,里面有两位客人。他马上打通电话给尚未上班的总经理。总经理指示说:通知工程部经理迅速派人检修,查明原因,并要求大堂值班经理立即赶到现场,妥善处理客人事宜。

由于寻找大堂值班经理用了一些时间,在大堂经理尚未赶到现场时,两位受惊的客人已直接找上门来了。

“您早,先生! 您早,小姐!”办公室主任面带笑容,很有礼貌地迎上前打招呼。

“你是……”男客人的声音比在总经理室门外时压低了一些。

“请两位这边坐。”办公室主任没有直接回答,而是先领客人到隔壁会客室,请客人在沙发上坐定。

“你就是总经理?”客人望着年轻的办公室主任,将信将疑地问道。

“请用茶!”办公室主任招呼客人用茶,仍不做正面回答。

“如果你是总经理的话,我就对你说吧。”客人还想试探一下对方的身份。

“小姐,请用茶!”办公室主任顾左右而言他地招呼歇在一旁没有作声的小姐。

“你们是怎么搞的,该死的电梯把我们关在里面这么久!”客人开始投诉了,“我花了钱住饭店,不是花钱买倒霉的。我拒付房金。”

“电梯出故障,虽说是偶然,但当然是我们饭店的责任,我先向您两位表示歉意。”办公室主任边说,边为客人添加了茶水。

“道歉有什么用？我还是要拒付房费，我们的性命都差点给丢了。”客人用日语对身边的小姐叽咕几句。

“先生是日本人？中国话说得不错吗。”

“Half Japan(ese)”客人冒出一句英语。

“先生挺风趣，‘半个日本人’。”

“是呀。我母亲是中国人，我父亲是日本人，我小时在东北外婆长大的。”

“噢，您是第一次来上海吗?”

“当然是第一次。到了上海生意还没有谈，就碰到不顺心的事，几家五星级饭店都客满了，只好住你们这家四星级的，倒霉的事今天又让我给碰到了。”

“想必您听说过我国有句古话叫做‘好事多磨’，我可要祝福您交好运喏。”办公室主任做着祈祷的手势。

“什么意思?”客人有点好奇不解。

“我不相信迷信，但我却相信‘好事多磨’的话。可不是，您没有去住五星级饭店，却能住我们饭店，真使我们感到很荣幸。我店的电梯是日本三菱的，使用七年来，没出过一点故障，今天让您两位受惊了。我想，先生您的生意肯定会谈得很成功。”办公室主任说得很认真。

“是吗?”客人的情绪到此时已完全变得正常了。

“当然啦，我国还有一句古语，叫做‘大难不死，必有后福’，虽然电梯出故障，我们要承担责任，但先生小姐有‘后福’我也该祝贺呀。”

“你真会讲话。”客人笑了。“托你的‘口彩’，生意如果谈成功，一定忘不了你。”

“您两位有没有受到了点小伤什么的?”办公室主任关切地询问。

“伤倒没伤着，就是……早餐到现在还没有用呢。”客人似乎没有什么可说的了。

“噢，非常对不起，我耽误你们用餐了。”办公室主任站了起来说：“很抱歉，我还没有自我介绍呢。我是总经理办公室主任，等总经理来了以后再请他拜访您两位。”

“不必了，你的接待使我们很满意，我也不是不愿意付房金，不过碰到这种不顺心的事，在气头上说说而已。”

办公室主任送客人到电梯口，打招呼道别。客人用完早餐一进客房，看到一盆水果和一份总经理签名的道歉信已放在台上。男客人看着信，满面笑容地对女秘书小姐说了些什么。

4)拒绝的语言技巧

在物业管理工作中，“有求必应”是物业管理公司为业主服务的理想目标。但是，由于主客观条件的限制，事实上不可能有求必应。拒绝，可能是因为物管公司的条件有限，可能是物管公司要维护自己的利益，可能是物管公司不得不兼顾第三者的利益，也可能是对方的要求不合情理。在原则性问题上，为了长远、有效、脚踏实地地发展公共关系与人际关系，维护业主和物业管理公司的长远利益，使众多的不得不采取的拒绝行为所引起的抗拒心理和消极情绪反映降低到最低限度，每一位物业管理公司的员工应当自觉地建立起一种随时准备说“不”的勇气和自信心，同时学习和掌握一些拒绝的礼仪技巧。因为一次得体的拒绝，表现出来的不仅是对业主的尊重，也是对自己的尊重，更是对公司形象的维护。具体方法归纳如下：

(1)使用敬语，扩大心理距离　过多的客客气气和彬彬有礼，往往会使双方的心理距离一下子拉大，而产生一种陌生感。如果想拒绝别人，多用敬语，这样既能表现出对对方的格外尊重，又能在对方心理上产生一种“可敬不可近”的“距离”效应，使对方不好意思将要求和意愿提出来。

(2)说明原因，取得理解　在物管工作中，拒绝总是有原因的，这些原因对方未必都清楚，因此在拒绝的同时，不妨将拒绝的理由及自己的难处一并陈述给对方，只要是真诚的，对方多半能予以理解和谅解。但同时也应主动理解对方，对对方表示理解，也可帮对方想办法或提出建议。

(3)正面肯定，留有余地　物业管理中，对于业主的要求和建设性意见，可使用一些诸如“目前”、“暂时”等一类的词，表达的结果既不容易引起业主的委屈和抱怨，有给公司留下回旋余地，避免矛盾冲突。如回答业主提出的建议时，可这样说：“这是个好建议”，“你的建议非常好，但我们目前暂时不宜采纳……”，使自己的拒绝以正面肯定的方式表达出来，业主也容易接受。

5)批评的语言技巧

物业管理牵涉到方方面面，使许多微不足道的小事复杂化了。在物业辖区里，作为物业公司员工，当你发现有违反管理公约或公共道德的“言”和“行”时，该如何纠正呢？业内人士总结有以下一些经验：

(1)“先礼后兵”　搞物业管理，一定要重视关键的少数。对于少数严重的、有危害的、经多次批评不改的行为，必须及时批评纠正。因为一个小区如有一两件“违规事例”未得以及时解决，会导致管理混乱，尤其是安全上出了问题，一是砸牌子，二是丢票子。所以一位资深物业管理人士说，安全管理无小事。那么对一切危及安全的因素，都要高度重视，认真对待，及时制止，切不可掉以轻心。

(2)“苦口婆心”　有些事情出了问题，可能原因并不在事情本身办得是否妥当。要想很好地加以解决，关键是要找准症结所在，并根据事情的原委反复强调，使之明确，以达到批评教育的目的。

(3)“不软不硬”　纠正违反物业管理规定的行为，不能一味来“软”的，也不能一味动“硬”的。通过劝导，在对方迫不得已纠正时，应当注意适可而止，见好就收，这样不至于结怨，便于开展以后的工作。

(4)“移花接木”　以其人之道还治其人之身，是古人总结出来的一种处世哲学。纠正某些违章行为，亦不妨用用这一办法。当然这里讲的“治”，没有鼓励以错制错的意思，而是说用语言创造一种客户本身受违章困扰的情境，使之“已所不欲、勿施于人”。

总而言之，在物业管理工作交谈时，除注意语言美、声音美之外，姿态美也很重要。也就是说，在谈话中语气、语态、神色、动作、表情等都要专心致志，聚精会神，合乎规范，一心敬人。注意尊重客户，学会耐心聆听，尽量让对方把话说完，不要轻易打断对方的谈话，以表示对交谈一方的尊重，这是一种基本修养。

9.3.3 物业管理人员常见场合的用语规范

1）处理住（用）户投诉时的规范用语

"先生（小姐），您好！请问我能帮您什么吗？"

"先生（小姐），请问您贵姓？"

"您能把详细的情况告诉我吗？"

如职权或能力不能解决时——"对不起，先生（小姐），您反映的问题由于某原因（说明理由）暂时无法解决，我会把您的情况向公司领导反映，尽快给您一个满意的答复。"

当投诉不能立即处理时——"对不起，让您久等了，我会马上把您的意见反馈到有关部门处理，在规定的时间内给您一个答复。请您放心。"

"谢谢您的意见。"

2）收取管理费时的规范用语

（1）住（用）户上门交款

"先生（小姐），您好！请问您是来交管理费的吗？请问您的房号。"

"您本月应交 ××元、电费××元、维修费××元。"

"收您××元，找回××元（或××元收齐）。"

"这是您的发票，请保管好。"

"谢谢您，再见。"

（2）电话查询

"先生（小姐），您好！请问有什么可以帮忙的吗？"

"请稍等，我帮您查一下。"

"贵公司（单位）×月的管理费××元、电费××元、维修费××元、仓库租金××元，共计××元。您打算现在来交款吗？"

"一会儿见。"

（3）催收

"先生（小姐），您好！"

"贵公司（单位）×月份的管理费还没有交，我们已于×日发出了《催款通知》，想必您已经收到了。现在再提醒您一下，按《管理公约》，管理费应在当月 15 日之前交纳，逾期将按每天 1% 计收滞纳金。"

"为了避免增加您的不必要的支出，希望您尽快来交款。"

"请问您什么时候来交费,如果是汇款没有到账,可以先把汇款单传真给我们。"

"谢谢您,再见。"

3)纠正违章施工时的规范用语

"先生,您好！请您拿出出入证让我登记一下。"

"请您将出入证佩戴在左胸前,以方便检查登记。"

"先生,您好！请您到服务中心办理大厦出入证,无出入证不能在大厦内施工,请您办好证再施工。"

"先生,您好！施工场地禁止吸烟,请您将烟熄灭,否则,我公司将不得不执行有关违约处罚规定,请您自觉遵守大厦有关施工安全的管理规定。"

"先生,您好！办公时间施工不能使用冲击钻、电锯、电刨等较大噪音的电机具,以免影响周围用户办公。请您改在非办公时间使用。"

"先生,您好！请您不要乱接电线,以免发生危险。"

"先生,您好！收工清场时,请您将用剩的油漆等危险物品带离大厦。离开前,请将室内的电源总闸拉下,以确保安全。"

"谢谢您的合作。"

4)用户二次装修的验收

"您好！我是管理公司工程部的××(出示证件),您申报了室内装修验收,现在进行验收,方便吗?"

"××先生(小姐),经过检查,发现贵公司的装修工程存在××问题,请您通知承建商在××日内整改,然后通知工程部复验,有关事项我公司将会发一份整改通知给您。"

"先生(小姐),经过检查,贵公司装修工程基本符合要求,但尚欠××单据和文件,请您尽快将其交到管理公司。"

"××先生(小姐),经过检查,贵公司装修工程基本符合要求,我们将在两天内电话通知您来办理退还装修保证金。"

"谢谢您,再见。"

小　结

物业管理公共关系礼仪,是强调向交往对方表示重视、尊重、敬意,尽力塑造个人和组织的良好形象,进而建立和发展良好、和谐的人际关系的行为准则和交往规范。

本章着重介绍了物业管理公司员工个人礼仪、物业管理工作的日常交往礼仪和交谈的语言礼仪、语言技巧。

物业管理公司员工个人礼仪应加强礼仪修养，充分体现尊重他人，与人为善，表里如一，内外一致的礼仪核心。在个人仪表风度、行为举止方面要坚持规范化、行业化，塑造良好的个人精神风貌，以维护组织的良好形象，促使物业管理公司具有旺盛的生命力和更强的竞争力。

在日常交往礼仪中，应注意待人接物的礼貌、礼规的修养，掌握日常交往的基本礼仪。在物业管理工作中正确运用称谓礼仪、介绍礼仪、握手礼仪、电话礼仪、名片礼仪、接待礼仪、拜访礼仪。

语言礼仪集中体现在礼貌语言的使用和谈话时的表情及声音上，要求以语言的"礼"吸引人，以语言的"美"说服人。物业管理人员在工作交谈中应做到：态度热情真诚，用语文明规范，神态举止礼貌，语句简练生动，讲究声调语速。

语言技巧对于物业管理工作人员来讲，不仅要使对方听懂、理解，而且还应使对方认清事实，统一认识，最终达成共识。正确掌握和灵活运用接近、说服、应急、拒绝、批评的语言技巧有助于促进工作顺利进行。

复习思考题

1. 判断并改错

(1)礼仪是一种潜在的资本。（ ）

(2)陪同引进应居于右侧行进。（ ）

(3)公关礼仪以德报德，以怨报怨，故反对以德报怨。（ ）

2. 选择题

(1)下列各项表述正确的是（ ）。

A. 非正式邀请时名片可以代替请柬　　B. 大客车的尊位是前排右侧

C. 拜访时间最好在节假日的上午　　D. 握手的时间 3 到 5 秒即可

(2)敬语的类型有（ ）。

A. 问候型敬语　　B. 请求型敬语

C. 道谢型敬语　　D. 致谦型敬语

E. 互吹型敬语

(3)特殊问候一般有（ ）。

A. 节日问候　　B. 喜庆问候

C. 不幸问候　　D. 打招呼

E. 聊天

3. 填空题

(1)礼仪是对__________、__________和__________的统称。

(2)对于客户投诉电话的接听和应答,一定要注意语气和情绪的控制,做到__________、__________、__________。

(3)构成表情的主要因素是__________和__________。

4. 简答题

(1)物业管理公共关系礼仪的基本要求有哪些?

(2)"拒绝"常用的语言技巧?

案例讨论

案例 1

某小区入伙不久,一户业主不顾物业管理分公司的劝阻,硬把空调的室外机装在了主面外墙上。督促其整改的责任,就落在了负责监管装修的物业管理人员崔××身上。

第一次,崔主管到业主家交涉,给业主讲述了小区安装空调的有关规定,并指出空调应当安装在指定的位置,否则会破坏小区的整体外观,向他提出必须拆下来重新安装。可业主一点说话的余地都不给,就硬把崔师傅推出了门(搞物业管理既要吃得起辛苦,又要受得了委屈。能够受得了委屈而又不打退堂鼓,是一个成熟的物业管理者的重要标志)。

第二次,崔主管又上门做业主的工作,这一次他不单给业主讲述小区对空调安装的管理办法,还和业主天南海北地聊起了家常,力求缩短双方感情上的距离。业主显然没有上次那样生硬,但答应再考虑考虑(物业管理的工作经验往往就是这样从一次又一次的碰钉子中积累起来的)。

一天后,崔主管第三次敲开了业主家门,和业主坐下来谈了很久。不仅给业主讲述了该物业管理服务的理念和特色,还诚恳地征求了业主对物业公司的意见和建议,并对业主提出的从入伙、装修到入住所遇到的种种问题,给予了有理有据的说明和解释。许久,业主笑着说:"老兄,你这股认真劲让我服了!我原来觉得你们这也管那也管,不舒服,总想较个劲,听你这么一讲,明白了你们还是为业主好、为小区好。你放心,我一会儿就叫人把空调改过来。"

至此,崔主管长出了一口气,问题终于圆满解决了。

问题:

崔主管采用了什么方法?如果是你,会怎样做?

案例 2

某日清晨,某大厦新来的保洁员阿霞在 18 楼的公共通道拖地时,发现 1805 号业主家的客厅亮着灯,“通透式”防盗门虚掩着,她便上前按业主家的门铃,但是按了好几次,室内也没有反应,阿霞便怀着好奇的心理,侧身进入室内,到客厅、阳台、厨房等一一查看有没有人。正在这时,业主张先生从电梯出来径直走回家(他原来“锻炼”去了,因粗心而忘了关好家门),一见大门未关,先是吃了一惊,进到家中又看见一陌生女子在自己家里,更是又急又气,大声质问阿霞是干什么的,不由分说要把她送到派出所。

问题:

阿霞错在哪里?如果碰到业主和家人都不在家而门又开着的情况,应该怎样处理?你认为该如何向张先生说明和解释才能平息事态?

第10章 物业管理危机公共关系管理

【学习目标】

1. 了解危机公共关系的特征及类型；
2. 熟悉危机公共关系的涵义；
3. 了解物业管理纠纷的特点及原因；
4. 熟悉物业管理中各种纠纷的种类；
5. 掌握物业管理纠纷的预防；
6. 掌握物业管理危机公共关系的处理方法。

【案例导入】

正当广州××广场因拖欠电费而险遭停电拉闸危机之际，××广场物业管理公司状告近60名欠费业主案件，广州市荔湾区人民法院日前作出一审判决。××广场物业管理公司获得胜诉，欠费业主需要在规定的时间内清缴所欠的物业管理费、公摊水电费、有线电视管理费及自用电费等费用，滞纳金按每天1/1 000计算。据了解，此案是全国首例物业管理公司采用集体诉讼方式对欠费业主提出起诉。

10.1 危机公共关系概述

危机公共关系(crisis public relations)，又称危机管理(crisis management)，它是当前国际公关领域非常热门的专业公关实务。危机公共关系能够帮助组织解决危机事件，使在危机中几乎濒临破产的组织起死回生，重新恢复信誉和市场。

10.1.1 危机公共关系的涵义及特征

1)危机公共关系的涵义

危机公共关系,是指组织在发生了危及组织和公众利益的重大纠纷、重大突发性事件时,(如组织内部纠纷,与其他社会组织的纠纷等),为了解决组织自身陷入的危机,挽回不良事件给公众造成的不良影响和带来的损失,而采取的一系列具有预防、扭转、挽救作用的策略和措施。

当危机事件发生时,组织工作人员要从不同的方面予以调整、处理和解决,以寻求公众对组织的谅解,重新树立和维持组织形象。公共关系是危机管理的一个重要组成部分,它担负着预防、策划和挽回三项重任。

2)危机公共关系的特征

(1)突发性和渐进性　企业公共关系危机总是在意想不到、没有准备的情况下突然爆发的,它具有突发性特征。从本质上说,公共关系危机的爆发是一个从量变到质变的过程。也就是说,酿成企业公共关系危机的因素经过一个累积渐进的过程,通过一定的潜伏期后,如果未能得到有效控制,它就会继续膨胀,到一定程度后,就会形成企业公共关系危机的总爆发,并迅速蔓延,产生连锁反应,使公众与企业关系突然恶化。

由于危机具有不可测性,因此再科学严密的社会组织也不可能清楚那些可能会真正发生的“灾祸”及发生的准确时间。

(2)必然性和偶然性　危机事件的必然性是指危机的不可避免性,只要有公共关系,就有危机事件。众所周知,信息传播是公共关系不可或缺的因素,任何公关策划和决策都是以信息为基础的;同时,决策执行过程也是一个信息过程,信息的失真现象成为无法避免的隐患。由于多层次、多渠道、多阶段的信息传递,其失真现象必然趋于严重,结果使危机事件成为必然。危机的偶然性是指危机事件往往由偶然因素促成。公共关系活动的任何一个薄弱环节都可能因某种偶然因素而失衡、崩溃,形成危害。

(3)破坏性和建设性　危机事件在事实上起到破坏作用,组织必须尽力防范和阻止。但是危机的爆发表明组织存在着不可忽视的问题,这就为组织检查审视自身状况做了提示,恰当地处理危机也会给组织带来新的收获。面对危机的破坏性,要求社会组织不能掉以轻心、麻痹大意。认识危机的建设性,要求组织采取主动姿态,沉着冷静、满怀信心地面对危机事件,只有勇于面对、善于面对,才能正确认识危机事件的破坏性,同时也为组织建立有竞争力的声誉,树立组织良好的形象创造机会。

(4)急迫性和关注性　社会组织的危机事件总是在短时间内爆发,具有很强的急迫性,往往造成巨大影响,成为社会和舆论关注的焦点和热点,能迅速引起社会各界的不同反应,令社会各界密切关注。在公共关系危机事件处理上,必须牢记"兵贵神速",强调公共关系危机事件处理的时效性。

10.1.2 危机公共关系的类型

1)组织行为不当引起的危机

组织行为不当引起的危机是指在社会组织发展过程中,由于组织在指导思想、工作方式、运行机制等组织本身方面的原因所引起的危机。一般是由于社会组织的政策失误或管理不善所造成的,如:过度地追求经济利益而不顾公众利益、社会利益所造成的毒气泄漏、废水污染;宾馆酒楼发生的严重食物中毒;因产品质量问题引起的企业信誉急剧下降;因某种政策失误引起的社会舆论的强烈谴责;因管理工作不完善造成浪费等。因这类原因导致的危机完全是组织的责任,最易激起公愤,受到公众和社会舆论的强烈抨击,对组织形象的损害极其严重,造成的影响也很恶劣。为求得公众谅解,公共关系活动的难度相应要大些。

组织行为不当引起的危机主要有以下几种:

①严重的内部事件。如因劳资矛盾引起的罢工、示威游行、官员腐败等。

②工作失误。如因管理机制不健全导致浪费、产品质量不合格等。

③决策失误。如物业管理公司未按章办事,饮食企业经营不卫生食品等。

④纠纷事件。如消费纠纷、经济合同纠纷等。

2)突发事件引起的危机

突发事件引起的危机是指由非预见性、外在因素引起的突发事件导致组织公共关系形象受损的危机。如自然灾害、火灾、交通事故等引起的事件。

突发事件引起的危机主要有以下几种:

①由不可抗拒的力量导致的重大伤亡事故。如地震和洪水、传染病流行、大楼倒塌等。

②外在因素引起的事故。如生产生活环境被"三废"污染,导致组织无法正常开展工作;伪劣产品导致严重的工伤以及瓦斯爆炸等。

③外来的故意行为。如其他组织假冒本组织名义行骗,假冒本企业生产伪劣产品以及重大盗窃案件、敌对行为等。

3)失实报道引起的危机

失实报道引起的危机主要是由于新闻媒介的报道失实,从而导致公众对组织的误解,使组织形象受损的危机。

失实报道引起的危机主要有以下几种:

①失实和不全面的报道。新闻界不了解事实的全貌和真相,导致报道以偏概全,

不如实反映事实全貌,引起公众误解。

②曲解事实。由于新科技、新思想、新方法未被广泛知晓,新闻界人士按照旧的或原有的观念、态度分析和看待事件,曲解事实,从而导致组织发生危机。

③报道失误。由于其他组织或人为的有意诬陷或编造,使新闻界被蒙蔽,从而引起误发报道,使组织产生危机。

10.2 物业管理中的各种纠纷

10.2.1 物业管理纠纷的概念

物业管理纠纷,是指物业管理服务的消费者在消费物业管理服务之前及过程中,因对物业管理服务或与其有关的权利和义务有一定看法时,与提供物业管理服务的物业管理公司所发生的不同程度的争执。在物业管理活动中物业管理公司与业主之间总会出现一些矛盾,并且发生一些纠纷。另外,不动产毗连房屋的产权人之间、使用人之间及产权人与使用人之间在物业的使用、维修、管理过程中也会发生一些纠纷。发生这些纠纷的主要原因是物业管理的内容多,数量大,涉及物业管理主体之间的利益,再加上相应的物业管理法律、法规尚不健全,许多人对物业管理的模式还比较陌生,物业管理行为尚不规范。

要充分理解这个概念,需把握以下两点:

1)当事人双方(业主、非业主使用人与物业管理公司)的法律主体地位

业主是物业的所有权人,对财产享有完全的占有、使用、收益和处分的权利。非业主使用人,是指合法使用单位的租客、分租客或其他人,但不包括该单位的业主。非业主使用人是房屋租赁关系中的承租人,他的权利来自于法律、法规的规定和业主通过业主公约的授权。

(1)业主委员会的法律地位

①业主委员会属社会团体法人,具有法律规定的法人地位和资格,可以与物业管理公司签订"委托管理合同"。

②业主委员会是业主、住户的权益代表,享有监督物业管理公司运作的权利,同时也有督促业主、住户履行各项义务的义务。

③业主委员会作为业主、住户的代表组织,其各种活动应处在全体业主、住户及政府相关行政部门的监督之下。

(2)物业管理公司的法律地位

①物业管理公司是企业法人,符合我国法律规定的法人的一般特征:依法成立;

有必要的财产和经费；有自己的名称、组织机构和场所；能够独立承担民事责任。

②物业管理公司与业主、非业主使用人之间是一种服务与被服务、被委托与委托的关系，双方之间是平等的民事主体和等价交换的关系，这种等价交换的关系是通过合同来建立的。

③物业管理公司在向业主、非业主使用人提供服务的同时，也承担了部分政府对城市管理的职能。如：建筑物外貌的保持，建筑物质量安全的保证，区域内环境的清洁、保安等。

2）物业管理中的民事纠纷

这是由于一方的行为影响另一方合法权益所引发的纠纷。如服务合同的纠纷（违约纠纷）、侵权纠纷等。这类纠纷如果不能得到及时、公正、公平、合理的解决，很容易演变成刑事纠纷。如，物业管理中保安与业主发生争吵，最后殴打业主致其重伤或致死等。

10.2.2　物业管理纠纷的特点

1）物业管理纠纷逐年增多

住房制度改革的深化，使住宅私有比例逐步增加。原来，住房为国家或单位所有，房屋管理也是国家或单位自己，所以也就谈不上物业管理纠纷。而住房私有比例的增加，必然带来业主业权的多元化和规模化，而业主对业权的反映与主张，在一定情况下必然会引致物业管理纠纷。

2）物业管理纠纷的类型复杂

目前所受理的物业管理纠纷，已从刚开始受理的物业管理公司与业主之间关于物业管理费的纠纷，发展到涉及民事诉讼、行政诉讼的各类型纠纷。其中包括：业主或使用人要求物业管理者承担停水、停电、停气等行为的侵权赔偿纠纷；业主或使用人要求物业管理者赔偿在提供特约服务中所造成的财产损失的纠纷；业主或业主委员会选聘或解聘物业管理公司产生的纠纷等等。在审判实践中依据的法律、法规欠缺且不健全，诉讼的成本也比较高，这给正确处理该类纠纷带来一定的难度。

3）物业管理纠纷的易发性和涉众性

物业管理服务大都直接面对业主或使用人，因此，物业管理服务人员的服务态度、知识水平、心理及情绪变化等，都直接影响着物业管理服务的质量。同时，由于各方考虑问题的不同角度、所具有的不同专业水准以及目前客观存在的一些评价缺陷等，很容易导致在物业管理服务中，供求双方对服务质量好坏的争执。这就是物业管理纠纷的易发性。另外，物业管理服务主要是公众性服务，质量好坏直接关系到物业管理区域大多数业主与使用人的利益,因此,一旦发生物业管理问题,往往就会引起业主们的集体争执或是业主委员会的集体诉讼。这就是物业管理纠纷的涉众性。

4)解决物业管理纠纷的法律、法规极不完善

在我国住宅建设和物业管理的实践中,法制建设远远落后于住宅建设的速度和物业管理的要求,全国性小区物业管理方面的法规很不健全,如物业管理体制、物业管理经费、住宅小区物业管理公司的资质审查、住宅小区的物业验收交接等关于住宅小区物业管理中的重大问题都有待于进一步明确规定。为此造成了物业管理很难纳入依法管理的法制化轨道,实行住宅小区物业管理的规范化和标准化等缺乏法制的根本保障。

10.2.3 物业管理纠纷的种类

1)前期物业管理纠纷

此类纠纷包括:新建房屋的建造方或委托方是否承担物业在保修期限和保修范围内的责任纠纷;前期物业管理费用承担的纠纷。

[示例1] 2006年4月,某物业公司正式进驻某高档小区,行使前期物业管理权。根据商品房预售合同附件约定,物业公司每月应收取每平方米4.5元的物业管理费,当业主入住该小区后,就发生有的业主以隔壁相近楼盘每平方米只收2.4元为由,拒付物业费并投诉到物价管理部门。物价管理部门接到投诉后,经过调查做出了处罚通知书,某物业公司不服,提出行政复议。

根据物业管理条例的相关规定,新建商品房物业管理费的收取标准应由建设单位与购房人协商确定,并应在预售合同的附件中予以明示,物价管理部门只是登记备案而已。

2)物业使用中的纠纷

此类纠纷包括:业主、使用权人是否遵守法律、法规,合理、安全地使用物业的纠纷;业主、使用权人是否有法律、法规规定物业使用中的禁止行为(如损坏房屋的承重结构、破坏房屋的外貌、占用损坏房屋的共用部位、共用设施设备或移装共用设施设备)的纠纷;业主、使用权人再装修房屋的纠纷等。

[示例2] 上海某小区住在19楼的业主卫某,在自己物业内卫生间的东墙开窗,将厚厚的外墙打穿。物业公司多次上门加以阻止,卫某不听劝阻,继续施工安装窗户,致使19层到底层墙面被泥浆污染。物业公司只得将卫某告上法庭。法院依据《上海市居住物业管理条例》第28条第1款第1项规定:“物业使用中禁止下列行为:损坏房屋承重结构和破坏房屋外貌”,判决卫某在法院判决生效之日起10日内拆除东墙上的窗户,恢复原状;清洗19层到底层因破墙开窗引起的墙面污染。

作为一个业主,应当遵守有关法律、法规及小区物业管理公约。卫某擅自在自己的房屋东墙破墙开窗,并由此造成外墙面的污染,严重损坏了房屋的承重结构,破坏了大楼的外貌,影响了周边的环境。物业管理公司根据物业管理条例及小区管理公约对卫某采取制止措施,维护了其他业主的合法权益。

3)房屋修缮时的纠纷

(1)共有部位和公共设备修缮不及时造成的纠纷　房屋的共用部位、共用设施设备出现质量问题,需要维修、保养,而物业管理公司未能及时修缮,又没有适当的理由解释,肯定会引起产权人和使用权人的不满而发生纠纷。

①房屋损坏危及他人权益纠纷。相邻房屋中,因个别房屋或设施损坏,影响他人正常住用而维修不及时,容易造成纠纷。如楼上厕所地面损坏致使污水渗透到楼下,因未能及时维修,影响他人正常生活而发生纠纷。

②修缮扰民纠纷。修缮施工与开发建设施工不同,修缮施工是在使用中进行的。在施工中,可能会影响用户工作和生活而造成一些纠纷。如:机器振动的噪音、电焊的弧光以及施工人员的喧闹声等引起的纠纷。

(2)房屋修缮费用承担的纠纷　此类纠纷包括:物业维修、更新费用承担的纠纷;公共部位、共用设施设备维修基金设立、使用、管理过程中发生的纠纷。

4)物业管理服务时所发生的纠纷

此类纠纷包括:物业管理企业是否履行或完全履行其职责的纠纷;物业管理企业对物业管理服务费的收取是否合理、规范的纠纷等。

5)物业管理公司与专业服务部门之间的纠纷

此类纠纷包括:小区环卫管理服务的职责和费用的纠纷;小区供水、供电、供热、供气设施管理职责的纠纷等。

6)物业租赁纠纷

此类纠纷包括对房屋租赁合同约定的有关条款是否履行的纠纷、房屋转租或转借的纠纷等。

[示例3]　2003年9月18日,某花园B栋5楼F座的一租赁户想要搬出一部分家私,他千方百计联系此时正在国外的业主,但就是联系不上。按照管理规定,租赁户搬出家私,必须有业主的书面许可,而没有业主的书面许可,管理处不予放行(这一规定有必要,现实中确实发生过个别租赁户拖欠业主房租、搬走业主家私而偷偷溜之大吉的事情)。急于搬出家私的租赁户万般无奈,找到管理处领导,恳请给以特殊照顾。管理处的领导考虑,若简单放行,恐怕损害业主的利益;若拒不放行,又会使租赁户感到不便。于是鉴于租赁户只是搬出部分家私,提出了一个变通办法:租赁户列出所搬出家私的清单,并暂交与家私价值相当的押金,管理处做好记录,并出具收取

押金的收据，一旦租赁户能够提供业主的书面许可，管理处立刻全额退回押金（这一办法可取，但前提是要让其正确理解，否则容易引起纷争）。这位租赁户觉得管理处的建议合情合理，便欣然接受。时隔不久，该租赁户拿到了搬出家私的业主书面许可，到管理处取押金时，还对管理处既对业主负责又为租赁户着想的做法赞许有加。

在物业租赁的管理过程中，执行规章制度必须一丝不苟，但一丝不苟并不等于死咬住条条框框不放。正确的做法应当是把握住规章制度的基本精神，把原则性与灵活性结合起来。

7）业主之间的邻里纠纷

这里所说的邻里纠纷主要是指房屋使用过程中的邻里纠纷，而不涉及其他关系处理不当所引起的纠纷。

（1）共有部位的使用纠纷　在居住楼宇和商贸楼宇都存在着共有部位使用纠纷。共有部位是多个产权人的共有财产，无法分割界定归属。任何一个产权人过多占用，都会引起其他产权人的异议而造成纠纷。

（2）损害他人利益纠纷　在使用时，侵占他人的部位或妨碍他人的正常生活等，也容易引起纠纷。如：维修共用墙体时可能会发生一些噪音，影响他人休息而引发纠纷。

8）物业管理公司与产权人及使用权人之间的纠纷

（1）管理不善引起的纠纷

①服务未能达到标准而引起的纠纷。物业管理合同签订之前，应就服务标准进行充分讨论，在合同履行过程中，再去付诸实施。但有时物业管理公司往往不能达到拟定的标准，从而引起产权人和使用权人的不满而造成纠纷。

②管理账目不清引起的纠纷。用户交纳管理费在得到相应服务的同时，他们对资金的使用情况也十分关注。若物业管理者的账目不清，肯定会受到用户的指责，产生一些纠纷。

[示例4]　某小区业主委员会成后办的第一件事，就是查查小区“家底”，可就这么简单地一查，却发现里面存在很大漏洞。他们发现，小区物业管理公司收取的部分物业管理费却没有下账。

上述例子属于物业管理公司账目不清引起的纠纷，但小区业主委员会的越权操作也是不对的。

（2）产权人和使用权人不服从管理引起的纠纷

①业主和使用权人拖欠物业管理费所引发的纠纷。业主和使用权人按时交纳物业管理费是其应尽的义务，但有时个别用户往往拖欠不交，使物业管理公司与之产生矛盾引起纠纷。

[示例5]　由于不便言明的非管理原因，某公司入伙某商城后，便不按时交纳管理费，甚至把交管理费作为与有关方面交涉的筹码，作为达到某种目的的交换条件。

1年后，已累计欠费达35万元之多。在此期间，管理处有关人员无数次上门催交未果。为了解决这一问题，管理处主要领导一方面主动与有关方面保持联系，帮助全面反映该公司的意见和要求，以取得其对管理处工作的信任和认可；另一方面盯住平时难得一见的该公司老板，频频征求意见并反映管理处的经济困难，以求得携手维护物业正常运行的共识。在赢得该公司理解与信任的基础上，管理处提出了适当减免滞纳金、分期付款等有利于促成该公司尽快缴清拖欠管理费的优惠条件，最后双方达成了一致，自约定之日起分10期，每期3万余元，随当月管理费一同交纳。10个月后，该公司拖欠的管理费已全部缴清。物业公司追缴有意(而非恶意)欠费，首先要使自己的管理服务无懈可击。

管理服务做到家了，才能封住对方拖欠费用的口实，赢得对方的理解和信任。在这个基础上，主动交流加适当让步，相信会感动"上帝"的。

②私搭乱建纠纷。住宅小区私搭乱建是物业管理中的严重问题，必须严格控制。如不能及时处理，很可能造成管理者与用户之间的纠纷。

③改变物业结构、外观和用途的纠纷。物业的所有权是相对而言的，产权人不能随意改变物业的结构、外观和用途，尤其是对不动产毗连房屋更是如此。但有些产权人为了自己使用之方便，擅自改变物业的结构、外观或用途，由此可能产生严重的后果。物业管理人员在制止和处理这些问题的过程中，也会与产权人之间产生一些纠纷。

9)物业管理公司与业主委员会之间的纠纷

物业管理公司与业主委员会之间签订了委托管理合同，委托管理合同是经济合同的一种，物业管理公司和业主委员会任何一方如果不能履行或完全履行合同，都应承担责任。如物业管理未能达到合同规定的标准，业主委员会未能按合同规定提供必要的条件，尤其是首次选聘物业管理公司，房地产开发企业未能按政府规定提供启动资金等，都属于未能履行合同而产生的纠纷。

10.2.4 物业管理纠纷的原因

1)思想观念

(1)业主的物业管理消费观念未转变 一方面，在传统福利型住房分配体制下，个人只需交纳水、电、气费和少量的房租，其他费用均由国家或单位承担。现在，社区开展市场化物业管理，业主不仅要交纳水、电、气费，还要交纳物业管理费。一些业主对此还未转变思想观念，甚至对物业管理服务有一种反感情绪。另一方面，在交纳比住公房时代交纳的费用还多的情况下，多数业主对物业管理服务质量的期望值高，有一种花1元钱就要消费10元钱物业管理服务的不正常心理。同时，由于中国物业管理公司起步较迟，大部分公司的专业水准和员工综合素质不是很高，因而业主花了钱而得不到消费的这种情况时有发生。在这种情况下,供求双方在处理一些具体问题时稍有不慎就会引起物业管理纠纷。

(2)物业管理公司从业人员的传统观念未改变　受计划经济体制以及传统房管思想的影响,在物业管理公司尚存在官商作风以及封建的“主仆”观念。他们错把自己当成管理者和领导者,把交费的业主当作被管理者和被领导者,没有弄清自己为谁服务,或者没弄清楚所追求的经济利益目标。为了自己的利益、为了展示自己的权势,以及为了实现管理的高效率,不少物业管理公司自定收费标准,不与业主协商,不报物价局批准,强制收费,或是只收费不服务或少服务、劣质服务。还有一些工作人员特别是保安,在业主稍有不满时,就动手打伤业主,导致严重纠纷。

2)法制观念

(1)部分业主的法制观念淡薄　有些业主的法制观念相当淡薄,不认真履行购房时签订的业主公约、物业管理服务合同,有的甚至故意侵犯物业管理公司的合法权益,无理取闹,从而酿成纠纷。例如:个别业主为一己私利,或因为一点矛盾,就处处散布谣言,污蔑物业管理公司,或者纠集一些不明真相的业主拒交管理费;还有的业主以“主人”自居,经常充满优越感,稍不满意,就“吵闹公堂”。另外,一些业主有意无意地把原本不属于物业管理服务范围的事项硬牵扯到物业管理公司身上,从而引发纠纷。

(2)物业管理公司的法制观念淡薄　鉴于目前政府立法具有滞后性,在法律、法规、政策、条例尚不健全的情况下,物业管理公司在借鉴国内外物业管理成功经验的基础上,应建立完备、严密、科学、合理的规章制度来参与市场竞争,并在物业管理的实践过程中逐步完善和提高,以强化法制观念。物业管理公司接受了业主的委托,就要想方设法为业主服好务,履行好合同约定的职责。如果自己尽职尽责了,还是有部分业主以各种不正当的理由拒缴费用,为了维护自己的权益,为了其他已缴费业主的权益,就要走法律途径来解决问题。

3)个体素质

(1)业主物业管理专业知识缺乏　由于物业管理在我国起步较晚,业主和住户的物业管理专业知识还相当缺乏,导致了业主及业主委员会与物业管理公司之间的纠纷。

[示例6]　在某一小区里,业主因为丢失东西,在楼门口张贴“寻物启事”,等他刚走开,该“寻物启事”就被物业管理人员撕掉。业主发现这种情况之后,就产生不满情绪,去找物业管理人员要求说明情况。物业管理人员解释,按照物业管理规定,“不得随意在户外张贴布告”。但业主却坚持认为,这栋楼是全体业主买的,在墙面上张贴布告,物业管理公司管不着。于是,这位业主再次张贴他的“寻物启事”,一来二去就有了纠纷。

(2)物业管理公司从业人员的整体素质不高　为了降低管理成本,一些物业管理公司大量招收农民工(有些物业管理公司甚至有50%的人员都是农民工);还有不少物业管理公司是由原来的房管所转变而来的,其中的某些人员仍然实施“官老爷”式的管理模式，服务意识薄弱。另外，不少单位认为物业管理不需要专业知识，把大量下岗、分流、年老、体弱的富余人员随意安排到物业管理岗位上，由此造成物管人员的低素质状况。

4）法律文件不健全

政府没有制定健全、完善、操作性强的物业管理法律、法规。从法律规范的角度来看，目前物业管理方面的法规制度不太完善，不太详细，既存在盲区，也缺乏较强的可操作性。例如，目前的法规只规定了应交纳哪些费用和交纳多少费用，而没有规定违反规定如何处罚；即使有些方面有处罚办法，但操作起来很难，如规定欠水、电费可以停水、停电，但对谁去执行，停水、停电的主体是谁，停了之后产生的后果谁负责等等，都没有明确规定。另外，若因一户或几户没有交费而停水、停电，就会影响其他交费住户的生活。再如，房改之后，产权人发生了变化，物业管理费由谁来交。对此，财政部有文件规定，原则上由业主个人承担，但实际上大部分仍然由单位交，也就是说单位不是产权人，但是还在替产权人交物业管理费（包括维修费）。这更是不合理的。

5）物业配套设施不健全

小区的投资建设与物业管理脱节，没有通盘设计和全方位考虑物业的生产、流通与消费，配套设施不健全，物业管理滞后于住房消费使用。共用设施少，商店、学校、银行、娱乐设施不足，使离市区较远的住户深感不便。物业管理的滞后，也带来了住房消费观念方面的一些摩擦和冲突。

[示例7]　一个中型小区的居民入住后，发现开发商原先承诺的几条线路的公交车根本没有开通。居民东奔西走终于了解到，开发商并未积极与公交企业协商此事，而且小区只建房不建车场，公交公司即使想为该小区增加线路，也因为没有车场及调度室而难以实现，开发商早已撤走，留下包括交通配套等一系列问题交给物业公司与居民周旋，物业纠纷就此产生。

6）物业管理水平低下

物业管理公司人员素质的低下和物业管理专业知识的缺乏，使得有些物业管理公司的“物业管理”只限于收租金和一般的养护维修，而对于如何保护好建筑物的外貌、共用部位、周围环境，主动维修设备，提高物业的使用功能和经济价值则未能很好顾及，使服务质量低下。

7）信息沟通不力

物业管理公司错误地对自己的角色予以定位，从自己的立场出发，实施下命令管理模式，不去与业主及业主委员会商量，对有些敏感问题，不去做深入的思想工作和宣传教育工作，导致业主既不理解也难支持，甚至产生反感情绪，这就难免会发生各种纠纷。

8)监督、自律的机制欠完善

在市场经济的发展过程当中,一些参与者或经营者不按市场的规则办事,在缺少完善的法律、规范的情况下,如果又没有好的监督机制,就很难避免纠纷的发生。

物业管理的监督机制需要有政府的监管、行业自律、业主委员会的监督以及社会媒体的监督几个方面,还需要这些方面良好的有机结合。现实情况是,很多小区没有成立业主委员会,很多纠纷媒体难以介入(拒绝采访、殴打采访记者),监督机制不健全。这是导致纠纷不断发生,难以从根本上解决问题的重要原因。

10.2.5 物业管理纠纷的预防

1)明确管理范围,谨慎承诺服务

(1)明确管理范围　物业管理范围一般包括“大”、“中”、“小”3 个方面:

从“大”的方面看,物业管理范围就是物业,即已建成并投入使用的各类房屋及其与之相配套的设备、设施和场地。其具体管理内容一般有 8 个方面:①房屋维修养护管理;②房屋设备管理;③环境环卫管理;④治安管理;⑤供暖管理;⑥消防管理;⑦装修管理;⑧车辆交通管理。

从“中”的方面来看,物业管理则主要负责公共区域、公共场所、私有部分、私人事务及私有物品的管理,需要相关业主另外委托。总的来看,在上述管理服务范围内,物业管理公司同样可以开展上述 8 个方面的管理服务工作。

从“小”的方面来看,具体到某一个小区(楼宇),到底提供哪些管理服务,提供什么范围的管理服务,则需要物业管理公司与开发商或业主委员会协商。只有规定到合同或协议中的管理服务与管理范围,才是该小区的管理服务内容及管理范围,保安管理、环境环卫管理等也未必委托给管理小区(楼宇)的物业管理公司。

所以,对物业管理公司而言,明确物业管理的范围,就能全面地衡量自己将要或正要管理的物业的情况,从而做出管理或不管理的决定。另外,物业管理公司也能正确地行使自己的管理权利和义务,既不漏掉该管的部分,如停车场、庭院等,又不去管理不属于自己管理的部分,如业主自用房屋内部(除非业主特约);同时,又可根据目前我国物业的管理情况,适时扩大自己的管理业务范围,增强自身竞争力。

目前,不少物业管理公司在没有弄清自己所管物业范围的情况下,盲目地去进行管理。如,有些业主并没有委托给物业管理公司管理的事项,如房屋装修,物业管理公司却把它作为一件管理的重点和难点来抓,到头来不但没有收到业主为此支付的管理费用,而且还因管理不好、管不了而引起业主的不满,为自己惹了很多麻烦,甚至导致物业管理公司自身信誉的下降,这实在是得不偿失。

(2)谨慎承诺服务　急于获得管理权或由于法律知识缺乏使一些物业管理公司患了急躁的毛病,往往做出一些不实的承诺,给物业管理公司带来了潜在的较大经营风险。所谓不实承诺,是指在物业管理投标书、委托服务合同或者管理公约中做出的不切实际、事实上根本不可能或基本上不可能兑现的承诺。物业管理的不实承诺主要集中在安全责任方面,如一些物业管理公司做出"不发生汽车丢失、不发生人身安全事故、不发生重大刑事案件"等承诺。这些承诺如果能够实现,对业主和物业管理公司来说,当然是再好不过了。问题是,在管理区域是否会发生这几种案件或不安全事故,要受很多因素的影响。比如,该物业管理区域所在城市、所在地区的总体社会治安状况如何,所管区域人员构成的复杂程度怎样等,对这些因素物业管理公司实际上是不可能控制而又难以预测的。再加上物业管理公司的员工本身也是人,也具有普通人所具有的弱点,如心情不好、精力短暂不集中、身体欠佳甚至人品不好等,这些都会带来一些安全方面的问题,而这些问题物业管理公司就很难预见、掌握和控制。

事实上,在物业管理比较发达的国家,如英美等国家的政府管理部门,均未规定物业管理公司应承担住户人身与财产的安全责任,它们的物业管理公司本身也不承诺对住户人身和财产安全负有保险责任。这说明,保安不是财产和人身保险,保安人员不是保镖,保安人员的职责是通过昼夜巡视配合和协助公安部门进行安全监控。住户的人身、财产风险应通过购买保险来解决。所以,物业管理公司在投标书、服务合同或者管理公约中做承诺时,应该谨慎行事,切忌做出不实承诺。

2)加强与业主(住户)的联系与沟通

很多纠纷的发生是由于物业管理公司与业主或用户缺乏一定的联系与沟通,以致业主或用户对物业管理不了解造成的。因此,物业管理公司应经常与业主进行联系和沟通,使他们能够正确理解、积极支持和配合物业管理公司的管理与服务。这是减少纠纷发生的重要措施。

(1)直接联系与沟通

①走访。即主动上门了解业主的要求,向业主解释物业管理的有关规定,征求业主对物业管理公司的意见和建议,当场解决业主的疑难问题,从而缩短业主与物业管理公司之间的距离,增进彼此间的了解。

②召开业主(住户)座谈会,举办居民联谊会,广泛征求业主(住户)对物业管理工作的意见和建议;对那些积极参与小区物业管理并主动献计献策的业主(住户)给予公开表彰或给予一定的物质奖励。

③开展丰富多彩的社区文化活动,活跃居民的文化生活。例如,开展形式多样的文艺、体育活动,召开各种座谈会,举办讲座、培训班等。通过这些途径,可消除与业主之间的感情隔阂,提高业主对物业管理公司的信任度。

(2)间接联系与沟通

①设立投诉电话和投诉信箱。投诉电话负责人应负责记录业主投诉的时间、地点、事由,耐心解答业主关于管理制度等方面的疑问,及时促使有关部门处理好投诉。另外,还需要有专人管理投诉信箱,及时处理信箱中的投诉信件。

②问卷调查、回访。这些属于主动的信息沟通方式,能了解用户需求,解决用户

困难。

③其他方式。如通过公告栏、简讯、业主大会等形式,宣传物业管理中的规定和要求,使用户理解和支持物业管理公司的工作。

3)强化内部培训、管理与监督

①加强员工培训,提高员工素质。要对员工进行职业道德、服务态度与专业技术方面的教育培训。要采取多层次的培训、教育和继续教育方式,如上岗培训、在职培训和交叉培训。在培训管理中,要坚持理论与实践相结合、长期培养和短期培训相结合以及脱产学习与在职学习相结合,努力提高员工的素质,为减少物业管理纠纷打下基础。

②建立和完善各项管理和服务制度,并严格实施规范化服务。同时,还要加大巡视检查力度,及时发现和解决问题。要通过巡视检查等手段,尽量减少物业管理纠纷。

③努力寻找新的服务方式和方法。这是减少物业管理纠纷的前提。物业管理公司要具有超前思维和"超前服务"意识,积极主动研究用户的潜在需要,不断创新,提供更完善的管理和更便利的服务,从而为减少物业管理纠纷打下基础。

4)妥善处理物业管理投诉

物业管理公司要高度重视物业管理投诉,对物业管理投诉要明确部门,确定专人负责,公布电话,做到24小时有人值班,在提高解决的及时率上下功夫,把问题解决在萌芽状态。在投诉处理机制方面,应规定"谁受理、谁跟进、谁回复",并且要有一定的时间限制。

(1)物业管理投诉处理程序

①接诉。员工在受理任何投诉的时候,首先应告知对方自己的姓名,要热情受理,正确引导并认真记录投诉的具体事项(具体可参见表10.1),还要根据不同的投诉性质(普通投诉、特殊或紧急投诉等)采取相应的跟进处理方式(包括转到有关部门核实处理、立即反映给当日值班的负责人、直接向总经理汇报),以便及时、正确地处理。

此外,物业管理公司也可以在网上设立投诉频道,以方便、广泛地接受业主(住户)的投诉。图10.1是一个频道模式,可供参考。

②处理。物业管理投诉的处理一定要及时。普通投诉的处理一般不超过当日,特殊投诉的处理一般不超过3天。各部门负责人处理完投诉后,要及时将处理情况反馈给物业管理公司的管理部门,以便确认和统计。

在处理物业管理投诉时,有关人员首先应有正确的态度,要表达自己理解业主(住户)抱怨的心情,尊重投诉方,认真倾听对方的投诉,满足对方的倾诉、发泄愿望;同时,也要承认自己及自己公司的一些不足,并表示歉意,不要推诿,要勇于承担相应责任;还要注意说话的语气,尽量风趣幽默,努力缓解紧张气氛,积极体现物业管理公司良好的工作作风。

表 10.1 业主(住户)投诉记录表

顾客姓名		房间号或车牌号		联系电话	
投诉内容					
记录人		日 期	年 月 日		
投诉原因					
处理办法					
负责处理人		日 期	年 月 日		
处理结果					
受理部门		日 期	年 月 日		
管理者代表		日 期	年 月 日		
总经理		日 期	年 月 日		
顾客意见			签 名		
			日 期	年 月 日	
备 注					

注意事项：	物业管理投诉与建议意见发表区
1. 本物业管理投诉与建议意见发表区一般仅用于对××市范围内开展物业管理工作提出建议与意见或对在开展物业管理工作中出现的服务不到位等情况进行投诉。 2. 发表人请使用真实地址与姓名，以便我们与您取得联系。 3. 发表人如是报修或要求我们处理急件，请使用电话联系，不要使用本区，以免延误时间。 4. 本发表区中投诉要实事求是，不得出现人身攻击等现象。 5. 所有建议与意见或投诉我们都将在网上公开。 看看已发表的意见与建议或投诉	业主姓名 ［　　］ 必填 业主职业 ［　　］ 业主住址 ［　　］ 必填 联系电话 ［　　］ 必填 电子信箱 ［　　］ 愿对物业管理工作○ 提出建议○ 投诉 ○其他 发表主题 ［　　］ 建议或投诉内容(必填) ［　　］ 提交 重设 窗体底部

图 10.1 物业管理网上投诉频道

③回复。当投诉的问题得到解决后,有关具体责任人应尽快以电话或信函形式反馈给业主(住户)。业主口头投诉可以电话回复,一般不应超过 1 个工作日;业主(住户)来函投诉则应回函答复,一般不应超过 3 个工作日。回复业主(住户)时,可以向业主(住户)表明其投诉已得到重视,并已妥善处理。同时,及时回复也可显示物业管理公司的工作效率。

(2)物业管理投诉的处理原则　当用户来电或上门投诉时,须坚持"五清楚,一报告"的处理原则。

①听清楚。在接待用户投诉时,应耐心听用户讲完,不得打断用户说话,更不能急于表态。

②问清楚。待用户讲完后,要进一步问清有关情况。切忌与用户正面辩驳,应客观、冷静地引导用户叙述清楚实际情况。

③跟清楚。受理用户投诉要一跟到底,直到问题得到解决并回复用户为止。对不能解决的投诉,应婉转地向用户讲清楚,并确定下次回复的时间。

④复清楚。对用户的投诉在充分了解有关情况后,应及时把处理的过程及结果清楚地回复用户,以表明用户的投诉已得到足够的重视和妥善的解决。

⑤记清楚。处理用户投诉后,应把投诉的事项、处理过程及结果清楚地记录于"用户意见受理表"内,由用户添加意见后收回存档。

⑥报告。重大投诉,必须马上报告部门主管或公司领导。

总之,在处理业主(住户)投诉时要讲究方法。首先,要耐心听取或记录投诉,不当面反驳业主(住户)意见;其次,要对业主(住户)的遭遇或不幸表示歉意或同情,让其心理得到平衡;再次,要向业主(住户)提出处理意见,满足其部分合理要求;最后,要感谢业主(住户)的意见和建议,并及时督促相关部门立即处理有关投诉。要确保不再发生同样问题,坚决杜绝同样问题"二次投诉"的发生。

10.3　物业管理危机公共关系策略

在物业管理公司公关危机处理过程中,策略是针对公众心态、需求的不同而进行的决策定位,它要为维护、恢复和发展物业管理公司形象服务,同时要适应公众的心理特征、个性背景。本节拟对物业管理公司公关危机处理的有关策略及处理方式等进行探讨。

企业公关危机处理策略,是指具体进行企业危机处理时所必须采取的对策与方式及其相应的原则规范。重视讲究企业公关危机处理策略,对于尽快平息企业公关危机,有效重塑企业形象,迅速恢复并改善公关状态,具有十分重要的意义。企业公关危机处理的总体策略实际上就是企业公关危机处理的原则规范。

10.3.1 物业管理危机公共关系处理的意义

1)妥善处理危机可以减少物业管理公司的损失

妥善处理危机事件,迅速控制事态的发展,就能使物业管理公司的损失减少到最低限度。这对于物业管理公司事后迅速恢复生产经营活动具有重要的意义。

2)妥善处理危机可以维护物业管理公司的形象

物业管理公司的形象是物业管理公司的重要资源,无论是纠纷事件,还是突发事件,都会给物业管理公司带来一定的形象损失。公共关系以维护物业管理公司形象为己任,处理好危机事件,对于维护物业管理公司形象这一资源的重要性就不言而喻了。

3)妥善处理危机可以增强物业管理公司的内部团结

处理危机事件不仅是对物业管理公司凝聚力的检验,也是加强其内部团结的好时机。

4)妥善处理危机可以创造经营时机

在处理危机事件中的公关人员应树立"妥善处理危机就等于赢利"的观念。成功的物业管理公司与失败的物业管理公司之间的差别,并不在于是否出现过与公众的纠纷等危机事件,而在于出现危机后所采取的截然不同的处理方法。妥善处理危机事件能为物业管理公司创造有利的经营因素和条件。

10.3.2 物业管理危机公共关系处理的原则

1)真实性原则

物业管理公司在实施危机公共关系过程中,无论是对物业管理公司内部员工,还是对新闻媒介和上级领导以及受害者都必须坚持实事求是的原则,不能隐瞒事实真相。同时,物业管理公司必须把事实真相以及物业管理公司正在做的努力报告给内外公众,使公众了解情况,理智地对事情做出分析判断。弄虚作假,封锁消息,只会使组织陷入流言蔓延、四面楚歌的境地。

2)及时性原则

凡危机都是突发性的,而且会很快传播到社会中去,引起新闻媒介和公众关注。尽管发生危机时物业管理公司面临极大的压力,但仍须迅速研究对策,做出反应,使公众了解危机的真相和物业管理公司采取的各项措施,争取公众的同情和支持,减少危机的损失。高效率和日夜工作是做到快速反应不可缺少的条件。

3)积极性原则

在物业管理公司处理公关危机时,无论面对的是何种性质、何种类型、何种起因的危机事件,物业管理公司都应主动承担义务,积极进行处理。即使起因在受害者一方,也应首先消除危机事件所造成的直接危害,以积极的态度去赢得时间,以正确的措施去赢得公众,创造妥善处理危机的良好氛围。而不应一开始就采取消极、被动的态度,追究责任,埋怨对方,推诿搪塞,从而耽误处理危机的时间,造成被动局面,引发更大的危机。

4)彻底改进原则

公共关系造成的影响及对物业管理公司的损害不可能随具体问题的妥善处理立即得以消除,故应做好事后处理的改进工作,采取新的管理制度,对物业管理的各种纠纷进行彻底改进;并把处理公共关系危机作为改善工作的新起点,主动策划进攻性的公共关系活动来弥补与公众在感情上的裂痕,重新赢得信任,以改善物业管理公司形象。

5)公众利益第一原则

最大限度地平衡物业管理公司与公众的利益,在物业管理公司利益与社会利益、公众利益发生矛盾冲突时,以公众利益为先,优先考虑公众和社会的利益。

6)情谊联络原则

在危机事件中,公众除了利益抗争外,还存在强烈的心理怨怒。因此,在处理中物业管理公司不仅要解决直接的、表面的利益问题,而且要根据人的心理活动特点,采取恰当的心理情谊策略,解决深层次的心理、情感关系问题。

情谊联络策略,主要是为了弥补、强化物业管理公司与公众的情感关系。有的因生疏造成的危机事件,直接利用情谊联络的方式,就可以达到消除危机、增进友谊、发展感情的目的。公众都是有感情需要的人。公众情感是在对物业管理公司的评价和情感体验的基础上形成的,具有重要的行为驱动作用,是公众理解和支持物业管理公司的动力源泉之一。在大量的危机处理过程中,有意识地施加情感影响,可以大大强化其他措施的影响力,树立物业管理公司的良好形象。

7)维护信誉原则

公共关系在危机管理中的作用是保护物业管理公司的声誉,这是危机管理的出发点和归宿。声誉对物业管理公司来说极其重要,是物业管理公司得到人们拥护和支持的基础。没有了声誉,物业管理公司的工作就难以进行,不但没有效率可言,甚至危及物业管理公司的合法性。在危机管理的全过程中,物业管理公司的公关人员都要努力减少对组织信誉带来的损失,争取公众的谅解和信任。

10.3.3 物业管理危机公共关系的处理方法

1)积极处置危机

(1)成立危机管理小组 这阶段速度是关键,危机不等人,迅速成立危机管理小组,制定或审核危机处理方案及其方针和工作程序,尽快遏制危机的扩散是当务之急。危机管理小组应以组织决策层为中心,吸收部分公关专家、技术专家和新闻宣传专业人士组成。其作用一是负责纠纷的协商与调解;二是进行组织内外的联络,加强与外界公众的传播沟通;三是为媒介准备材料。

(2)确定新闻发言人,尽快发出信息 危机突发时,公众的各种议论及新闻媒介的不同报道,确会造成一定程度的混乱,给人们造成一种心理紧张,甚至恐惧感。此时,应指定一名新闻发言人,代表物业管理公司向内外公众介绍危机事件真相和物业管理公司正在做出的努力,让公众尽快了解事实,杜绝谣传,理智地对事件做出分析判断,然后再采取合适的行动。

在危机过程中,物业管理公司的各类人员由于对事件真相的了解程度不一往往众说纷纭,最易使事实失真。因此,必须统一信息发布口径,由专人向传媒和公众发布权威性信息,以减少外部谣传对物业管理公司形象的冲击。

同时,应将所有已知信息在第一时间通告业主委员会并与之保持良好的沟通,寻求其理解与支持。而且,这类公众很可能会在危机中成为第二信息来源,其发出的信息对物业管理公司与公众的影响力是不容忽视的。因此说,物业管理小区的领袖意见往往会对危机处理起到决定性的作用。

(3)尽快调查公布事件真相,澄清事实 危机发生之后,在尽快将最新情况告诉公众的同时,还须尽快查明危机根源。如果是自身的原因,就应勇于承担责任,向公众道歉;如果是其他因素所致,也应将事实告诉公众,以减轻物业管理公司自身的压力。

(4)妥善处理与舆论界的关系 一方面,通过主动告诉事件详细背景材料与最新进展,积极配合传媒报道事件,争取媒体对物业管理公司行为的理解与支持;另一方面,通过传媒掌握物业管理公司自身尚不清楚的信息,如社会公众的反响、某些权威人士的观点等,以便采取针对性措施阻止各种错误信息的进一步传播。

新闻是政府的"喉舌",它代表着大众的利益,他们有权知晓他们认为有必要知晓或传播的信息。在这里,公开、坦诚的态度和积极、主动的配合是处理媒体关系的关键。也只有这样,才能取得新闻界朋友的信任和支持,更何况物业管理公司与公众的沟通也只有借助媒体的支持才有可能进行。因此,物业管理公司应该非常乐意,且与媒体做更深层次的沟通(让媒体成为危机事件的新闻咨询顾问)。

(5)慎重处理危机中的有关人员伤亡事宜　一旦出现人员伤亡事故,组织务必要引起足够重视,充分认识到受难者家属在危机事件中的微妙地位。

导致出现伤亡的危机事件不外乎3种:一种是由不可抗拒的力量所造成,如地震、战争、自然灾害;另一种是由人为因素造成,如投毒、纵火、操作失误;还有一种则是组织决策失误所致。受害人及其家属一般说来,只会在第一种危机条件下能谅解物业管理公司。虽然第二种危机起因的直接责任不在物业管理公司本身,但他们还是会认为,如果物业管理公司认真负责,就可以避免此类危机的发生。至于第三种类型,则纯属组织自身原因所致,一旦受难者家属对处理不满,就会迅速转化为敌对公众,对物业管理公司形象造成直接打击。

2)重塑组织形象

危机事件对物业管理公司造成的损害会在今后显露出来,因此,公关危机得到处置后,还要进入重建物业管理公司良好形象的阶段。只有当物业管理公司形象得到重新建立,才谈得上转危为安。

针对物业管理公司内部公众,一是要以诚实、坦率的态度进行双向交流,增强管理的透明度和员工的信任感;二是以积极、主动的态度动员其参与决策;三是进一步完善组织管理制度、措施,有效规范组织行为。

对物业管理公司外部公众,一是保持联络,及时告知危机后物业管理公司的新局面和新进展;二是针对形象受损的内容与程度,重点开展有益于弥补形象缺损、恢复形象的公关活动;三是设法提高物业管理公司的美誉度,提高其产品或服务的质量,从本质上改变公众对物业管理公司的不良印象。

小　结

危机是任何物业管理公司都不能回避且必须面对的,但"每一次危机既含导致失败的根源,又孕育着成功的种子",因此防范危机的发生以及事先周密的应急计划的制订是危机管理的重点,尤其要重视危机的内因分析。危机一旦发生,应迅速成立危机管理班子,及时发出正确信息,并与媒介保持通畅的联络;正视谣传的危害性,妥善处理好危机中的伤亡事件,并在危机消除后,对危机处理过程做深刻的反省,切实改进工作,重新塑造物业管理公司形象,以利物业管理公司的长期发展。

复习思考题

1. 判断并改错

(1) 只要有公共关系,就有危机事件。 ( )

(2) 业主和使用权人拖欠物业管理费引发的纠纷属管理不善引起的纠纷。 ( )

(3) 物业管理公司应与业主签订物业管理合同。 ( )

(4) 在投诉处理机制方面,应规定"谁受理、谁跟进、谁回复",可以没有回复时间限制。 ( )

(5) 物业管理企业出现危机事件使企业的形象受损后通过公共关系也无法重塑企业的形象。 ( )

2. 选择题

(1) 公共关系是危机管理的一个重要组成部分,它负担着( )三项重任。

A. 预防 B. 策划 C. 挽回 D. 解除

(2) 组织行为不当引起的危机主要有( )。

A. 严重的内部事件 B. 工作失误
C. 决策失误 D. 纠纷事件

(3) 为减少纠纷的发生,物业管理公司可以采用( )途径与业主进行直接联系和沟通。

A. 问卷调查 B. 走访
C. 设立投诉电话、投诉信箱 D. 召开业主座谈会

(4) 业主口头投诉可采用电话回复,一般不超过( )工作日。

A. 1 个 B. 2 个 C. 3 个 D. 若干个

(5) 危机公共关系的处理方法是( )。

A. 置之不理 B. 积极处理 C. 重塑组织形象 D. 一致对外

3. 填空题

(1) 危机公共关系能帮助组织解决__________,重新恢复信誉和市场。是组织采取的一系列具有__________作用的策略和措施。

(2) __________属物业管理中的民事纠纷。

(3) 物业管理纠纷产生的原因是__________、__________、__________、__________等原因。

(4) 物业管理投诉的处理要及时。普通投诉的处理一般不超过当日,特殊投诉的处理一般不超过__________日。

4. 简答题

(1)业主与物业管理公司之间存在哪些纠纷？如何预防纠纷的产生？

(2)怎样妥善处理物业管理投诉？

(3)当物业管理公司发生危机事件时，怎样积极处置危机？

案例讨论

案例1

楼上业主顾某在房屋的储藏室内擅自安装了电动抽水马桶、洗脸盆，改变废水立管的下水三通，致使楼下业主王某储藏室内的储柜及物品受损。物业管理部门两次向顾某发出整改通知，责令其拆除私装物，未果。

问题：

顾某能否在自己的房屋内添装卫生设备？为什么？如何妥善处理？

案例2

李某住某小区一楼，由于该楼六层业主张某装修，将装修残余物等倒入下水道造成堵塞。楼上各单元排出的污水不能流出，逐渐从李某的房间地漏处冒出，造成了损失。李某认为物业管理公司未尽管理职责，遂向其提出索赔要求，从而发生与物业管理公司之间的赔偿责任纠纷。

问题：

你认为物业管理公司应怎样对待李某提出的索赔要求？

第11章 物业管理公共关系工作机构和人员

【学习目标】

1. 了解物业管理公共关系工作机构;

2. 掌握物业管理公共关系人员的素质和职业道德。

【案例导入】 **万科成都物业客户服务经验分享会**

为了给公司客户服务人员提供一个分享专业、技能、经验的机会,帮助进一步提高客户服务的能力,缓解客户服务人员的工作压力,品质部于3月31日组织召开了2007年度客户服务经验分享会。踏着浓浓的春意,沐浴着和煦的阳光,成都物业客户服务系统的相关人员齐聚美丽的龙泉湖畔。

首先,品质部副经理赵××、金色家园客户服务员周××给大家分享了在客户服务工作的很多收获、感悟,以及对客户投诉的处理技巧等,增加了大家对客户服务工作的认识和了解。接着与会人员分别就如何拥有一个轻松快乐的工作心情和如何提升客服人员的专业技能两个议题展开了激烈的讨论,大家纷纷踊跃发言,各抒己见;通过讨论,大家更坚定了以客户为导向的服务理念,认为积极快乐的工作心态将有助于更好地工作和快乐地生活,尤其是新进的客服人员,纷纷表示将保持空杯的心态,尽快提升自己的业务技能以达到公司和客户的要求。

最后,由公司总经理助理宋××给本次会议的最佳团队和最佳发言人颁奖并作会议总结。宋××强调:我们在工作和生活中都需要有一颗"感恩的心",并提出了2007年的客户服务思路:对客户进行细分、对资源进行整合、提升专业技能以维持良好的客户关系。(资料来源 http://cdwy.vanke.com/vanke_wy_cd/default.aspx)

11.1 物业管理公共关系工作机构

物业管理公共关系机构是实现公共关系目标、执行公共关系职能、开展公共关系活动、处理公共关系日常事务的由专门人员组成的职能部门,或者说是物业管理公司内部负责本组织公共关系工作、由专职工作人员组成的专业职能机构。

11.1.1 设置物业管理公共关系机构的必要性

公共关系机构的出现是组织管理复杂化、公共关系活动职能化的客观要求。物业管理公司设立公共关系部的必要性表现在以下方面:

1)公共关系部在物业管理公司活动中所处的特殊地位

公共关系部是代表整个物业管理公司工作的。对内,它代表最高决策层协调内部员工关系、股东关系;对外,它代表整个公司向社会公众发布信息、征询意见、接待来访、处理问题。公共关系部所担任的角色及工作性质是其他部门所无法替代的。

2)形象竞争与公关专业化发展

随着社会主义市场经济的发展及房地产体制的改革,物业管理公司形象竞争的作用越来越凸现。《物业管理条例》第3条规定:"国家提倡业主通过公开、公平、公正的市场竞争机制选择物业管理企业。"物业管理公司的形象对能否获得物业管理项目至关重要。为了确保物业管理公司在形象竞争中取胜,就需要有一个专门的职能机构。

随着改革的深入,很多组织已经意识到公共关系的必要性。1988年北京进行首次公共关系问题调查表明,已设立公关部的组织普遍比未设立公关部的组织经济效益要好。

11.1.2 公共关系机构设置的原则

物业管理企业内部公共关系机构的设置应该遵循以下原则:

1)经济性原则

经济性就是根据物业管理公司的类型、规模和具体的经济情况来设置物业管理公共关系机构,使该机构既能完成所担负的公关工作,又是最精干的机构。具体包括两个内容:

(1)公共关系机构的人员配备要精干　要从物业管理公司的具体情况出发,大型公司配备的人员可较多;中型公司相应少些;小型公司可设置一名专职人员,另配备几名兼职者。

(2)公共关系机构内部的管理幅度和层次要恰当　管理幅度是指公司领导能够直接、有效指挥的部门的数量;管理层次是指公司领导属下的不同等级的数日。一般来说,如果组织机构的管理职能和范围不变,管理幅度与管理层次是呈反比的。

2) 专业性原则

公共关系部是专门开展公共关系工作的机构,它的每一项工作都应致力于维护物业管理公司的良好声誉。有些组织把公关部当作“不管部”,随便抽调人员,把与公关无关的事务性工作推到公关部,而目前多数物业管理公司没有成立单独的公关部。这势必影响公关部履行正常职能,是不可取的。

3) 权力与责任平衡原则

责任是权力的基础,权力是责任的保障。设立公关部时,应该明确其享有的权力与必须承担的责任,责权不平衡,工作就不能正常进行。

11.1.3　物业管理公共关系机构的地位及作用

要充分发挥物业管理公共关系机构的管理职能,就必须对其在物业管理公司内的地位和作用有一个正确的认识。公共关系部在物业管理公司中的地位表现在以下几方面:

1) 情报信息部

公关部在当代信息社会中首要的职能就是采集信息、加工信息、管理信息、传播信息。建立公关部可加强社会联系,进而使信息网络通畅,起到组织“耳目”的作用。

2) 整体形象策划部

企业 CIS 的设计,企业文化的构想,知名度、美誉度的定位,各种方案的选定等,都要精心策划,公关部起到企业形象设计师的作用。

3) 决策参谋部

公关部要为整个物业管理企业塑造形象。公关部是物业管理公司的“智囊团”、“思想库”,是环境监测中心、趋势预报中心,负责提供成套可供选择的决策方案,协助企业进行决策。

4) “宣传部”、“外交部”

物业管理公司要获得公众的了解、理解和信任,赢得公众的喜爱,取得公众的支持与合作,就要不断向公众进行宣传。

11.1.4　物业管理公共关系机构在物业管理公司的位置

物业管理公共关系机构所起的作用与其在物业管理企业中所处的地位密切相

关。物业管理企业的规模、类型不同,物业管理公共关系机构在其中的位置也不一样,可以是二级或者三级机构。

①物业管理公共关系机构直接隶属于公司最高领导,如图11.1所示。

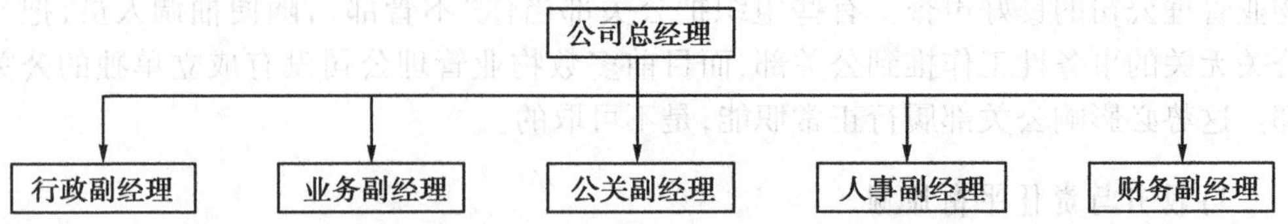

图11.1 物业管理公共关系机构直接隶属于公司最高领导

②物业管理公共关系机构与其他机构平行设置,如图11.2所示。

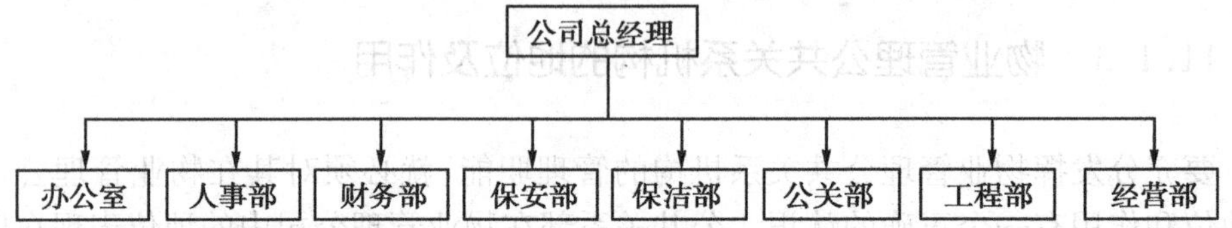

图11.2 物业管理公共关系机构与其他职能机构平行

③物业管理公共关系机构隶属于某个职能部门,如图11.3所示。

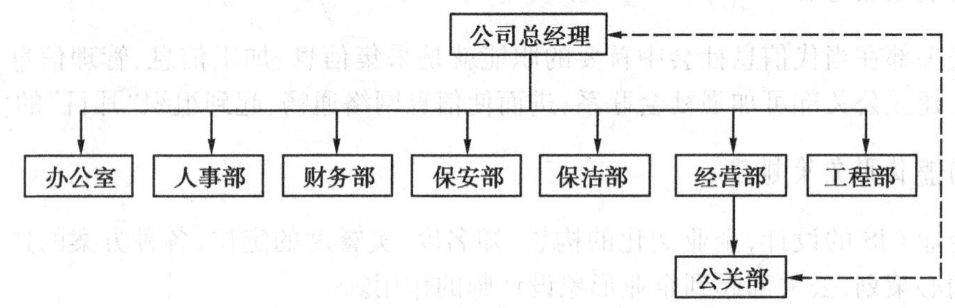

图11.3 物业管理公共关系机构隶属于某个职能部门

④物业管理公共关系机构属于最高领导人直接领导的三级机构,如图11.4所示。

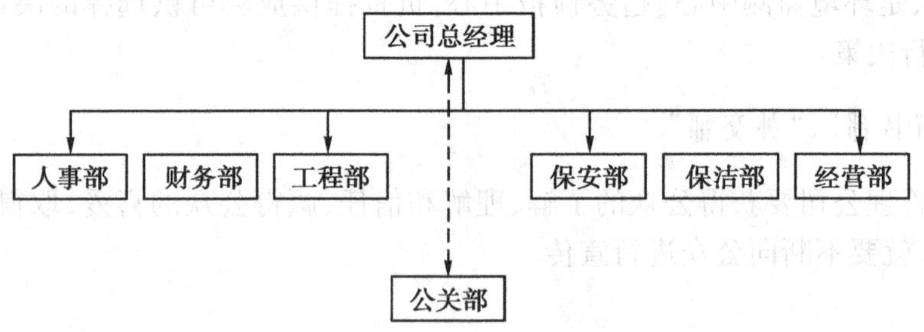

图11.4 物业管理公共关系机构属于最高领导人直接领导的三级机构

11.2　物业管理公共关系人员的素质

狭义的素质是指人的生理解剖特征;广义的素质则是指人的社会心理特征,包括人的感知能力、思维能力、反应能力和运动能力,以及个人的性格、兴趣、知识、品格及气质等特征。物业管理公共关系人员应该具备以下素质:

11.2.1　公共关系意识

公共关系意识是物业管理公司公共关系人员必备的基本素质的核心,是指一种尊重公众,自觉树立企业形象、传播沟通、争取公众理解与支持的观念和指导思想。包括以下 6 个方面的内容:

1) 尊重公众的意识

尊重公众的意识是公关意识中最重要和最基本的意识,是一种投公众所好、公众优先的意识。比如"公众就是上帝"、"业主至上"、"公众永远是对的"等口号就是这种意识的表现。树立尊重公众的意识可从以下几方面入手:

①在物业管理公司的发展决策中,要尊重公众的需求。

②当物业管理公司与公众发生矛盾时,应尊重公众权威性。

③为公众服务时要热情,要负责到底。

④于细微处体现公众意识。

⑤要主动投公众所好。

2) 塑造形象的意识

塑造形象的意识是公关传播工作的核心。在计划经济体制下,物业管理公司属于政府职能部门,只要完成上级的计划就能生存,形象问题不突出。但是在市场经济体制下,物业管理公司是自主经营、自负盈亏的经济实体,物业管理市场竞争日益激烈,物业管理公司的形象与名牌是公司的无形资产和无价之宝。

3) 真诚互惠的意识

真诚互惠的意识是公共关系的交往意识和功利意识。物业管理公司要与业主、股东、政府各职能部门、相关行业部门、房地产开发商以及其他专业性公司交往,要在竞争中求生存。竞争应该是现代文明的竞争,即既竞争又合作,共同发展。物业管理公司应该树立互利互惠的意识,具体表现在以下几方面:

①目的的互利互惠。

②计划的互利互惠。

③行为的互利互惠。

④效果的互利互惠。

4）传播沟通的意识

传播沟通的意识是一种重视信息的意识，是一种平等民主的意识。物业管理公司为了塑造良好的形象，必须做到：

（1）重视信息传播　公共关系竞争是开发信息资源、开发舆论力量、开发智力的竞争。只有具备传播沟通意识，才能自觉传播，争取到广大公众，赢得其理解和支持。

（2）要具备民主意识　当企业与外界发生矛盾时，要遵循双向对称原则，平等竞争、公平合作，要有意识地主动与公众沟通，在沟通中寻求理解与支持，在沟通中谋求和谐发展。

5）创新审美的意识

公共关系作为人类精神文明的成果充分反映了对美的追求。公关实务需将组织形象按照公众心中的美的规律去塑造，唯有美的形象才能为人们所欣赏和接受，才能吸引人、打动人，让人们参与和投入。

6）立足长远的意识

立足长远的意识是塑造组织形象稳定性的要求。组织形象不是一朝一日可以完成的，一个形象一旦传播出去、树立起来，就具备了相对稳定性。这就要求树立组织形象时一定要慎重，有立足长远的意识，而不能朝三暮四。

7）全员公共关系意识

全员公共关系意识又称“全员 PR”，是指组织全体人员都要具备公共关系的意识。物业管理中，公共关系的对象可分为内部公众和外部公众。内部公共关系对象主要有小区的业主、住户、商户、发展商等，外部公共关系对象主要有：政府各职能部门、行政管理部门、街道居民委员会、公共事业部门（如供电、供水、供气等）、新闻传媒、周边辖区居民等。公共关系对象的广泛性要求物业管理公司要具有全员公共关系意识。培养全员公共关系意识有利于塑造良好的组织形象；有利于维护组织良好形象，使公共关系策划不至于落空；有利于员工素质的提高，使物业管理公司立于不败之地。

11.2.2　公共关系人员的心理素质

根据公共关系工作的实际需要，物业管理公共关系人员必须具备以下心理素质：

1)追求卓越、渴望成功的心理

成功首先需要的是成功的心态、成功的欲望,需要成功的动力。公共关系需要人发挥自己最大的聪明才智,以不断创新的能力去竞争,要敢想,敢于创造。

2)易于投入、热情工作的心理

公共关系行业在很大程度上是一种中介行业、代理行业,要获得成功必须要求公关人员能够迅速转换角色,迅速投入新领域。公共关系又是一个既动脑又动手,既有学又有术的职业,公关人员要做到嘴、手、腿三勤,要动脑想,要动手写、做,要到处跑。其能否胜任工作和受欢迎,关键看是否具备易于投入、热情工作的心理素质。

3)自信的心理

公共关系需要创新,而要创新就必须能够承受巨大的压力,所以必须有自信心。这是公关人员职业心理最基本的要求。

4)开放乐观的心理

公共关系是一种开放型的工作,因此要求物业管理从业人员以一种开放的心理适应这一工作。公关人员在同外界打交道时会遇到各种各样的人,应该能够应付自如,善于与各种类型的人建立良好的关系。

11.2.3 公共关系人员的知识素质

1)公共关系的基本理论知识

公共关系理论是人们对公共关系社会实践活动的科学总结和理论概括。知识应该包括公共关系的基本概念、公共关系的基本原则、公共关系的三大要素(即社会组织、公众和传播的概念和类型)、不同类型的公共关系机构的构建原则和工作内容、公共关系工作的基本程序。

2)公共关系的基本实务知识

公共关系的基本实务知识包括:公关调查的基本知识、公关活动策划的知识、公关活动实施与评估的知识、处理各种危机的知识、公众对象分析的知识。

3)与公共关系密切相关的学科知识

公关人员可以通过各种方式学习以下4方面的课程:

①专业骨干课程。公共关系学、公关人员素质、专业公关、公关策划。

②传播学及相关门类课程。传播学原理、媒介理论与实务、演讲与口才、人体语

言、公关应用写作、电脑应用、谈判理论与技巧。

③管理学及其相关课程。管理学原理、组织文化、市场营销、广告概论、会计学原理、法律门类课程。

④基础课程。社会学、心理学、文化学、逻辑学、实用美学。

4)与对象相关的特定公共关系知识

公共关系部应是一个人才能力互补的群体,公共关系人员应该有自己的专长,或擅长于对内关系,或擅长于传播交往,或擅长于专题策划,或擅长于国际公关,以便在群体中发挥自己的作用。

11.2.4 公共关系人员的能力素质

1)较强的文字和口语表达能力

文字和口语表达能力是公关人员从事公关工作的基本功。因为公关人员担负对内对外宣传、塑造公司形象的任务,要编写宣传材料、公司刊物,要撰写新闻稿、领导人发言稿和演讲稿,要起草活动计划方案、各种总结和报告,因此必须具备良好的文字功夫。另外,公关工作在很大程度上是一种劝说工作,因此公关人员必须具备一定的口头表达能力。

2)健全的思维能力

公共关系属于一种智力产业,公关人员健全的思维能力至关重要。公关人员的思维应具有:

①系统性,要求有一定的深度,善于分析,全面思考。

②能善解人意,能进行换位思维。

③能够明确自己的地位,在客户面前要甘当助手、配角,尊重客户。

3)良好的创造能力与学习能力

公关工作是一项创造性的工作,按部就班,踩着他人的脚印走路,是不会有所作为的。尤其是在塑造组织形象的典型活动和确定组织各种标志(企业名称、企业徽标、企业口号、广告等)中,如果缺乏创新,仅是模仿、搬用他人的做法,则很难在公众心目中确定与众不同的地位。只有别具一格,才能有效地提高知名度和美誉度,在形象竞争中出奇制胜。所以有人说,创造是公关的灵魂。因此,公关人员要善于捕捉新信息,增长新知识,确立新设想,敢于创新,巧于立异,提出不同凡俗的工作方式,采取新颖的方法,把公关工作开展得充满活力,生机勃勃。如果公关人员安于现状,习惯随大流,怕冒险,急于走捷径,势必落后于开放发展的步伐,甚至面临被淘汰的危险。

4）较强的组织策划能力

组织策划能力包括策划决断能力、计划设计能力、组织实施能力、指挥调度能力和平衡协调能力。这是公关人员有计划、有步骤地从事公关活动并使之达到预期目标的实际操作能力。

5）信息采集处理能力与知识管理能力

从信息科学的角度看，公关实务工作是一种信息工作，属于信息产业的一部分。因此，一个合格的公关人员必须具备信息意识，学会运用现代化的信息技术，掌握计算机、多媒体、互联网、E-mail、电子商务等，还要掌握信息调查方法和信息加工管理、处理的方法。

6）善于与他人交往的能力

公共关系大量的日常工作是同方方面面的社会公众打交道，社会交往能力是打开工作局面的基本能力。

7）自控、自制和处理危机的应变能力

公关人员代表公司面对公众，因此在公众面前应展示一种“公务性自我”，要求公关人员不管遇到什么困难、内心多么烦躁甚至痛苦，不管遇到多么挑剔的公众，都应通过自我调节加以控制。

8）正确掌握政策、理论的能力

中国的组织公关实务是在社会主义制度下、在党和政府的领导下开展的，这是公共关系的政治环境。因此，必须具备正确掌握政策、理论的能力。

11.3　物业管理公共关系职业道德

公共关系作为一种职业，同时又是一门科学和艺术，与其他职业一样，有其独特的道德标准。物业管理公共关系从业人员要经常与各种公众打交道，对外是组织的化身和象征，必须要求所有专业和非专业的物业管理公共关系人员树立一定的职业形象。

1965 年，雅典国际公共关系大会通过了《国际公共关系协会行为准则》。1968 年，德黑兰会议对该准则进行了修改。美国、英国、尼日利亚等国的公共关系协会结合自己的实际情况制定了自己的职业道德准则。我国于 1989 年第二届全国公共关系联席会议通过了《中国公共关系职业道德准则》，并于第四届全国公关联席会议正

式通过了此准则。在众多公关组织制定的职业道德准则中,很多国家的公关组织都采用了《国际公共关系协会行为准则》。

11.3.1 《国际公共关系道德准则》主要条款

①应该努力做到:

A. 为建设应有的道德、文化条件,保证人类可以享受《联合国人权宣言》所规定的诸种不可剥夺的权利做贡献。

B. 建立各种传播网络与渠道,以促进基本信息自由流通,使社会的每一成员都有被告知感,从而产生归属感、责任感、与社会合一感。

C. 牢记由于职业与公众的密切关系,个人的行为(即使是私人方面的)也会对事业的声誉产生影响。

D. 在自己的职业活动中尊重《联合国人权宣言》的道德原则与规定。

E. 尊重并维护人类的尊严,确认个人均有自己做判断的权利。

F. 促进为真正进行思想交流所必须的道德、心理、智能条件的形成,确认参与的各方都有申诉情况与表达意见的权利。

②应该保证做到:

A. 在任何时候、任何场合,自己的行为都应赢得有关方面的信赖。

B. 在任何场合,自己均应在行为中表现出对他所服务的机构和公众双方的正当权益的尊重。

C. 忠于职守,避免使用可能引起误解的语言,对目前及以往的客户或顾主都始终忠诚如一。

③应该避免:

A. 因某种需要而违背真理。

B. 传播没有确定依据的信息。

C. 参与任何冒险行为或承揽不道德、不忠实,有损于人类尊严与诚实的业务。

D. 使用任何操纵性方法与技术引发对方无法以其意志控制因而也无法对之负责的潜意识动机。

11.3.2 《中国公共关系职业道德(草案)》主要条款

①每个公共关系从业人员必须使自己的公共关系实践和理论符合我国的宪法、法律和社会公认的道德规范,必须铭记他自身的一举一动都将影响到社会公众对这种职业的总体评价。

②在任何情况下,公共关系从业人员必须做到全心全意为我国的社会主义事业服务,都应该考虑到有关各方的利益,首先应该考虑社会公众的利益,同时也应该考虑到自己所在组织的利益。

③公共关系从业人员的专职人员应该在借鉴、钻研和实践的基础上努力提高各自的公共关系业务水平。

④公共关系从业人员在进行公共关系活动的时候,力求真实、准确、公正和对公众负责。

⑤公共关系教育工作者应该以一种严肃、认真、诚实的态度对待公共关系高等教育和普及教育。

⑥公共关系从业人员不得参与不道德、不诚实或有损本职业尊严的行为。

⑦公共关系从业人员不得为了个体利益故意传播虚假的或使人误解的信息。

⑧每个公共关系从业人员不应该有意损害其他公共关系从业人员的信誉和公共关系实务,但是如果有证据证明其他公共关系从业人员有不道德、不守法或不公正行为,包括违反准则的行为,应该向自己所属的公共关系组织如实反映。

⑨公共关系从业人员不得借用公共关系名义从事任何有损公共关系信誉的活动。

⑩公共关系从业人员不得利用贿赂和其他不正当手段来影响传媒人员真实客观的报道。

⑪公共关系从业人员在国内外公共关系实务中应该严守国家和各自组织的有关秘密。

11.3.3 物业管理公共关系人员的职业道德

①为社会进步做贡献。
②尊重人格。
③以自己的言行赢得公众的尊敬和信赖。
④坚持真理,真实传播信息。
⑤对公众必须公正。
⑥维护公众利益。
⑦不谋私利。
⑧不得损害其他组织的正当利益。

小 结

物业管理公共关系机构是实现公关目标、开展公关活动、处理公关日常事务、进行公司形象管理的专业部门。其设立应该遵循经济性、专业性、权力与责任平衡原则。

物业管理公共关系人员首先应该具备公关意识。公关意识包括:尊重公众、塑造形象、真诚互惠、传播沟通、创新审美、立足长远、全员公关等意识。

公关人员还应具备追求卓越、渴望成功，易于投入、热情工作，自信，开放乐观的心理素质和开展公关工作的基本知识素质。

物业管理公共关系职业道德表现为：为社会进步做贡献；尊重人格；以自己的言行赢得公众的尊敬和信赖；坚持真理，真实传播信息；对公众必须公正；维护公众利益；不谋私利；不得损害其他组织的正当利益。

复习思考题

1. 判断并改错

(1)广义的素质就是指人的生理解剖特征。 ( )

(2)公共关系需要创新，公关人员必须能够承受巨大心理压力，所以必须有自信心。 ( )

(3)公共关系是一种开放型的工作，因此要求物业管理公共关系从业人员以开放的心理适应工作。 ( )

(4)公共关系行业在很大程度上是一种中介行业、代理行业，要获得成功必须要求公共关系人员能够迅速转换角色。 ( )

(5)公关调查和策划等知识属于公共关系的基本理论知识。 ( )

2. 选择题

(1)物业管理企业内部公共关系机构设置应该遵循( )原则。

A. 经济性　　B. 统一性　　C. 专业性　　D. 权力与责任平衡

(2)物业管理公司为了塑造良好的形象，必须做到( )。

A. 真诚互惠　　B. 重视信息传播　　C. 塑造形象　　D. 有民主意识

(3)物业管理公共关系人员必须具备( )心理素质。

A. 追求卓越　　B. 开放乐观　　C. 创新审美

D. 自信　　E. 热情工作　　F. 尊重公众

(4)物业管理公共关系人员应当具备( )的能力素质。

A. 文字表达　　B. 乐观开放　　C. 口语表达

D. 创造　　E. 组织策划　　F. 信息采集

(5)公共关系人员应该学习与公共关系密切相关的学科知识( )。

A. 专业骨干课程　　B. 传播学

C. 管理学原理　　D. 基础课程

3. 填空题

(1)物业管理公共关系部门在物业公司，它代表最高决策层协调__________、

__________关系；对外它代表__________向社会公众发布信息、征询意见、__________、__________。

(2)公关部在当今信息社会中的首要职能是__________、__________、__________、__________。

(3)公关部是物业管理公司的智囊团、思想库，是__________，__________负责提供成套可供选择的决策方案。

(4)公共关系意识是物业管理公司公共关系人员必备的__________，是指一种尊重公众__________、__________、__________理解与支持的观念和指导思想。

(5)公共关系部应该是一个__________，公共关系人员应该有自己的专长。

4. 简答题

(1)如何认识物业管理公共关系机构的地位？

(2)物业管理公司公共关系机构的类型。

(3)物业管理公共关系人员应该具备的基本素质。

案例讨论

1996 年 8 月底，××花园的业主从国外度假探亲回来，到物业管理公司气愤地投诉：1996 年下半年的管理费他已经在 5 月份缴过(但收据已经丢失)，但是管理员还反复催缴。当这位业主投诉后，物业管理公司的工作人员不耐烦地回答说："你没有收据，怎么证明你已经缴了，再说这是财务部的事，你找他们去吧！"后来，这位业主又跑到财务部，可是财务部又要这位业主去大厦管理部开证明以证明其身份等。业主来回跑了几次回来后，财务部又推说现在是月底太忙，要求这位业主等他们空下来后再去查验。经过反反复复的核查，终于弄清了真相，是财务部方面出了差错。虽然事情了结了，但是这位业主还是很不高兴。

问题：

(1)如果你是公关部的人员，看到这样的场面应该如何处理？

(2)你认为物业管理公关人员以及一般从事物业管理的人员应该具备怎样的素质？

参考文献

[1] 袁维国,陆瑜芳,黄番娇等.公共关系学.北京:高等教育出版社,1991
[2] 李兴国.公共关系实用教程.北京:高等教育出版社,2000
[3] 范克危,徐家凤,盛承懋.物业管理公司实务.南京:东南大学出版社,2000
[4] 方芳,吕萍.物业管理实务.上海:上海财经大学出版社,2001
[5] 范铨远,张晓舟,贺玲.公共关系学.成都:成都科技大学出版社,1994
[6] 林广志,甘元薪.物业管理学.中山:中山大学出版社,2000
[7] 张连生,杨立万,盛承懋.物业管理案例分析.南京:东南大学出版社,2000
[8] 罗杰斯.如何搞好物业管理.北京:石油工业出版社,2000
[9] 劳动和社会保障部中国就业培训技术指导中心组织编写.物业管理员(师)职业资格培训教程.北京:中国广播电视大学出版社,2001
[10] 叶茂康.公共关系写作教程.上海:复旦大学出版社,2003
[11] 国英.公共关系与现代礼仪案例.北京:机械工业出版社,2004
[12] 刘用卿,段开军.公共关系学.重庆:重庆大学出版社,2003
[13] 张大成.现代礼仪文书写作.北京:首都经济贸易大学出版社,2004
[14] 李莉.实用礼仪教程.北京:中国人民大学出版社,2004
[15] 陈萍.最新礼仪规范.北京:线装书局,2004
[16] 邵光远.物业服务规范.北京:中国经济出版社,2003
[17] 栗玉香.公共关系教程.北京:经济科学出版社,2002
[18] 张岩松.企业公共关系危机管理.北京:经济管理出版社,2000
[19] 姚建平,胡立和.实用公共关系.重庆:重庆大学出版社,2002
[20] 肖北婴,胡春香,杨帆.现代公关新编.北京:北京工业大学出版社,2003
[21] 张百章,何伟祥.公关原理与实务.大连:东北财经大学出版社,2002
[22] 颜真,杨吟.物业管理危机处理及案例分析.成都:西南财经大学出版社,2002
[23] 谭善勇.现代物业管理实务.北京:首都经济贸易大学出版社,2003
[24] 孙兰,白丽华.物业管理实务与典型案例分析.北京:中国物资出版社,2002
[25] 贝思德教育机构.物业管理培训教程.西安:西北大学出版社,2003

[26] 赵永庄. 商务物业管理模式与操作实务. 北京:冶金工业出版社,1998
[27] 冯佳. 物业管理公司管理实务. 上海:上海科学技术文献出版社,2000
[28] 黄荣生. 公共关系学. 大连:东北财经大学出版社,2000
[29] 王培才. 公共关系. 北京:中国科学技术出版社,2003
[30] 宋建阳. 物业管理概论. 广州:华南理工大学出版社,2002
[31] 胡永铨. 商务公共关系. 北京:中国物资出版社,2002
[32] 周维富,实用公共关系学. 重庆:西南师范大学出版社,1999
[33] 单振运. 新编公共关系学. 北京:中国审计出版社,2001
[34] 张百章,何伟祥. 公共关系原理与实务. 大连:东北财经大学出版社,2002
[35] 张志国,郑实. 物业管理沟通艺术,北京:机械工业出版社,2006
[36] 谭善勇. 现代物业管理实务. 北京:首都经济贸易大学出版社,2003
[37] 王培才,公共关系. 北京:中国科学技术出版社,2003